本书受到河南省高校人文社会科学研究一般项目(批准号:2024-ZZJH-016)、
国家自然科学基金青年科学基金项目(批准号:72302078)资助。

竞合环境下线上零售供应链运营决策研究

Research on Operational Decision of Online Retailing Supply Chain under Co-opetition Background

王桐远◎著

中国经济出版社
CHINA ECONOMIC PUBLISHING HOUSE
·北京·

图书在版编目（CIP）数据

竞合环境下线上零售供应链运营决策研究 / 王桐远著. -- 北京 : 中国经济出版社，2024. 5. -- ISBN 978-7-5136-7798-1

Ⅰ. F713. 365. 2

中国国家版本馆 CIP 数据核字第 2024XU6315 号

策划编辑　崔姜薇
责任编辑　张　博
责任印制　马小宾
封面设计　任燕飞装帧设计工作室

出版发行　中国经济出版社
印 刷 者　宝蕾元仁浩（天津）印刷有限公司
经 销 者　各地新华书店
开　　本　710mm×100mm　1/16
印　　张　15
字　　数　230 千字
版　　次　2024 年 5 月第 1 版
印　　次　2024 年 5 月第 1 次
定　　价　98. 00 元
广告经营许可证　京西工商广字第 8179 号

中国经济出版社　**网址** http://epc. sinopec. com/epc/　**社址** 北京市东城区安定门外大街 58 号　**邮编** 100011
本版图书如存在印装质量问题，请与本社销售中心联系调换（联系电话：010-57512564）

序 言

PREFACE

我国经济社会发展进入新时代，以电子商务为核心的数字经济蓬勃发展，给传统产业及供应链管理带来了深刻变革。电子商务服务于国家和地方重大战略需求，成为企业和产业转型升级的关键驱动力。此外，网络用户数量的激增和网络零售交易额的迅速扩张推动了电子商务平台的崛起和繁荣，平台模式因此风靡全球从而重塑零售业竞争格局。与传统交易模式不同，平台模式下电商平台不再满足于仅仅为零售商提供交易平台的单一业务，更多地开始转变经营模式积极参与到供应链运营中，并期望影响供应链其他成员的决策。经营模式的转变主要体现在两个方面：一方面，电商平台不但为零售商提供交易平台，而且直接从制造商处采购商品，此时其不仅收取零售商的许可费，还作为电子零售商从产品再销售中获利；另一方面，电商平台利用自身优势开展大数据分析，从而预测消费者需求并进行个性化的营销和推荐，以获得信息优势，并将此类信息作为自身的核心能力与供应链其他成员进行谈判。

新经营模式下，电商平台积极参与供应链运营，并通过提供交易平台和充当电子零售商两种方式与供应链其他成员建立既竞争又合作的竞合关系。这种竞合关系给供应链成员的运营决策带来了前所未有的挑战：一方面，电商平台的进入加剧了供应链竞争，因为其直接与传统供应链成员争夺市场份额；另一方面，电商平台为供应链成员提供了新的合作机会(比如信息共享、物流支持和售后服务等)，此时电商平台与供应链成员均从合作中获益。面对这种复杂的竞合关系，传统供应链管理模式已经难以有效应对平台模式带来的挑战，供应链成员亟须优化相关运营决策以提升运营效率和企业竞争力。因此，本书构建了面向电商平台的线上零售供应链竞合博弈模型，重点探究供应链成员的运营决策问题。通过对利益相关者的战略决策进行深入分析，本书旨在为企业决策提供理论支撑和实践指导框架，助力其提升供应链运营水平、增强市场竞争力。

基于以上背景，本书围绕电商平台经营模式转变展开以下几点探究。第一，电商平台经营模式转变和企业自身实力提升为供应链及其成员提供了分销、代售、直销等销售模式，此时供应链及其成员应如何根据市场环境（如竞争类型、竞争强度、许可费率等）选择最优销售模式。第二，电商平台凭借其接近消费端的优势，应用大数据、云计算等技术获取、分析、预测消费者需求信息，成为供应链中的信息优势方，并期望通过信息分享增加企业利润及提升核心竞争力。供应链中往往存在多个决策主体，此时信息分享决策不再局限于是否分享，而逐渐演变为平台商是否以及应与谁分享消费者需求信息。第三，在存在多个决策主体的供应链中，成员之间普遍存在合作关系，然而共同的合作对象使得成员之间出现竞争，这使得多数情形下供应链成员间表现为“既合作又竞争”的竞合关系。此外，相对于理想状态下的完全合作，部分合作表现出更强的战略意义，此时供应链成员是否应进行部分合作以及如何选择最优的合作对象。

为解决上述问题，本书构建由一个制造商、一个零售商和一个平台商组成的面向平台模式的线上零售供应链，并分别从制造商、零售商、平台商以及整个供应链的角度分析其相关运营决策优化问题。各部分主要研究内容如下：第1章阐述研究背景及研究意义，分别从线上零售、信息分享、合作策略三个方面对国内外现有文献进行总结和评述，并明确研究目标、研究内容、研究方法和技术路线。第2章研究制造商销售模式选择问题，分别构建分销模式、代售模式和直销模式三种模型，通过利润对比分析其最优选择以及不同销售模式选择对零售商、平台商及供应链整体绩效的影响，在此基础上，拓展讨论零售商和平台商同时决策产品价格以及进行数量竞争两种情形下制造商的销售模式选择。第3章研究零售商销售模式选择问题，构建代售模式和直销模式两种模型，分析并对比价格竞争和数量竞争两种情形下零售商的销售模式选择，通过数值仿真探究不同因素对供应链成员利润的影响。第4章研究供应链成员销售模式均衡选择问题，基于制造商和零售商的不同销售模式选择构建博弈模型，通过利润对比探究供应链成员的销售模式均衡选择以及不同模式对消费者剩余和社会福利的影响，并分析不同因素对供应链成员利润的影响。第5章探究平台商信息分享策略选择问题，分别构建不分享、仅与制造商分享、仅与零售商分享、与制造商和零售商均分享四种信息分享模型，继而研究平台商信息分享动机及其最优信息分享模式选择，分析供应链整体及其他成员的信息分享模式偏好，并拓展讨论平台商销售成本为正、零售商与制造商联盟、零售商与平台商联盟三种情形下供应链及其成员的信息分享模式选择。第6章研究制造商合作策略选择问题，从制造商的视角分别构建不合作、与零售商合作、与平台商合作三种策略模型，探究制造商是否有与下游成员合作的动机及其最优合作策略选择，拓展讨论零售商与平台商进行数量竞争、平台商为Stackelberg领导者两种情形下制造商的最优合作策略选择。第7章研究供应链成员合作策略均衡选择问题，分别构建不合作、制造商与零售商合作、制造商与平台商合作、零售商与平台商合作四种模型，研究供应链成员之间合作的动机以及两两合作对第三方成员利润的影响，分析不同成员的最优合作对象选择(即合作动机大小问题)以及供应链的合作模式均衡选择，并拓展讨论制造商生产成本为正、平台商为Stackelberg领导者、决策顺序不随合作模型改变而变化三种情形下供应链的合作模式均衡选择。第8章对全书进行总结，指出本书研究局限，并展望未来研究。

本书运用供应链管理理论、产业组织理论、博弈论、最优化理论、概率论和数理统计等相关知识研究供应链成员的运营决策优化问题，借助Mathematica、Matlab等工具进行模型求解和图形分析，通过定性与定量相结合的方法对模型均衡解进行对比分析从而明确供应链成员的最优运营决策。本书研究内容具有重要的理论意义和实践意义：一方面，本书构建面向平台模式的线上零售供应链模型，丰富和拓展了现有供应链管理的理论研究，揭示了供应链成员间决策的相互影响，完善了博弈论研究体系，拓宽了供应链决策优化相关研究，为企业科学决策提供了更多理论依据和参考价值；另一方面，本书聚焦于销售模式选择、信息分享模式选择、合作模式选择等企业决策优化问题，旨在为制造企业、零售企业以及电商平台提供一套系统性的策略框架，使其能够充分把握平台模式带来的机遇，做出最优决策以提高整个供应链系统的运作效率。

同时，本书在撰写过程中得到了硕士研究生团队的大力支持：研究生李彬参与撰写第一章、第七章（部分）、第八章和附录；研究生陈怡参与撰写第二章、第三章、第四章和第五章；研究生孙康佳参与撰写第六章与第七章（部分）。此外，孙康佳和陈怡参与全书的校对和格式统一工作，并对本书的数据搜集、整理及分析工作给予协助。

本书受到河南省高校人文社会科学研究一般项目（批准号：2024-ZZJH-016）、国家自然科学基金青年科学基金项目（批准号：72302078）等资助。

最后，本书在写作过程中，对国内外有关文献进行了大量的引证和标注，若有疏漏与不足之处，还请见谅，在此向相关文献作者表示由衷感谢！

王桐远

2024年5月

目　录

CONTENTS

第 1 章

绪 论

1.1 研究背景与研究意义

1.1.1 研究背景

随着互联网的深入发展和信息技术的进步，网上购物越来越普遍。电子商务研究中心调查显示，中国网络用户从 2013 年的 3.12 亿人增长到 2022 年的 9.04 亿人；网上零售交易额从 2013 年的 1.89 万亿元增长到 2022 年的 13.79 万亿元，年均增长 30%，连续六年位居全球网络零售市场第一。同时，中国网络零售交易规模占社会消费品零售总额的比例也持续上升：从 2013 年的 8.0%增长到 2022 年的 31.34%（见图 1-1）。用户规模的快速增长和交易规模的迅速扩大也反过来成就了电商平台的崛起与壮大。由此可见，线上零售发展迅猛，已经成为现代企业销售渠道中必不可少的一部分。在此背景下，如何对线上零售供应链决策进行优化，成为亟待解决的问题。

随着市场环境的变化，平台商不再满足于仅仅为零售商提供交易平台的单一业务，更多地开始转变经营模式从而积极参与到供应链的运营中，并期望影响到供应链其他成员的决策。其中较明显的两个改变为：一方面平台商直接从制造商处采购商品。此时的平台商不仅收取零售商的许可费，而且作为一个电子零售商从产品再销售中获利。另一方面，平台商利用自身优势开展大数据分析，从而预测消费者需求并进行个性化的营销和推荐，以获得信息

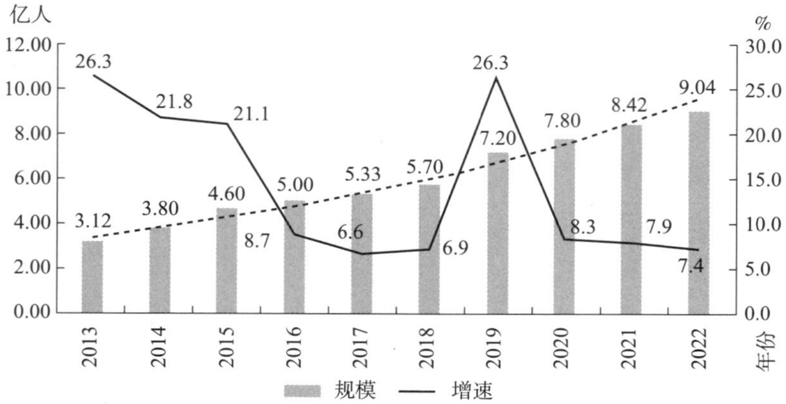

（a）网络用户规模及其增速

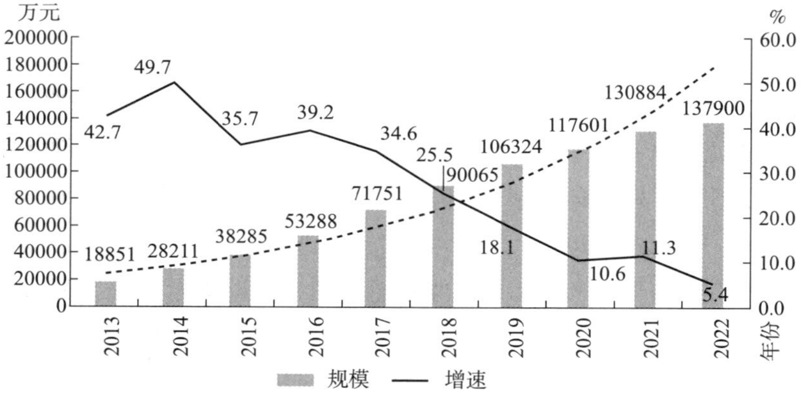

（b）网络零售商市场交易规模及其增速

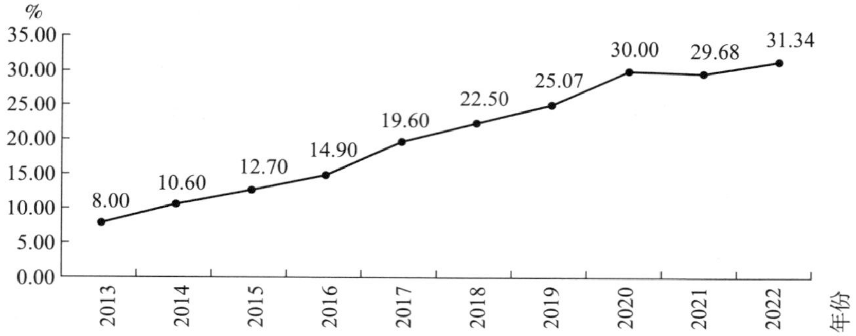

（c）网络零售交易规模占比

图 1-1　2013—2022 年中国网络零售发展概况

资料来源：电子商务研究中心。

优势，并将此类信息作为自身的竞争力与供应链其他成员谈判，例如拼多多等平台商企业。同时，对于制造商来说，其一方面通过电商平台直接对接消费者，逐渐摆脱了零售商的钳制；另一方面通过将产品直接销售给平台商拓宽了销售渠道，例如美的、格力等制造企业。对于零售商而言，其一方面在电商平台上开通线上销售渠道，积极融入网上零售的浪潮中；另一方面也在其实力成长到一定阶段后开始考虑构建自己的销售平台，例如当当、国美等零售企业。

本书在电子商务背景下构建面向平台模式的线上零售供应链模型。其中，基础模型包含一个制造商、一个零售商和一个平台商。平台商既作为一个双边匹配平台为零售商和消费者提供服务，也作为零售商直接向制造商采购商品；而零售商仅在平台商提供的交易平台上销售产品并支付一定的许可费。此外，平台模式是指企业借助互联网交易平台进行的产品由上游制造端到下游消费者所产生的 B2B 交易及第三方借助 B2C 电商平台进行的交易[1]。针对市场环境的变化及以上所构建的模型，本书着力研究面向平台模式的线上零售供应链中的制造商销售模式选择和零售商销售模式选择、平台商信息分享模式选择、供应链成员合作模式选择等决策优化问题，为企业线上渠道的决策优化提供理论支持，从而进一步提升供应链效率和企业竞争能力。

1.1.2 研究意义

本书在电子商务背景下构建了面向平台模式的线上零售供应链模型，分别从制造商、零售商、平台商及供应链的角度研究了销售模式选择、信息分享模式选择、合作模式选择等决策优化问题，此研究具有重要的理论意义和实际意义。

(1)理论意义。本书构建的面向平台模式的线上零售供应链模型丰富和拓展了现有供应链管理的理论研究。同时，本书分别考虑了制造商、零售商的销售模式选择，平台商的信息分享模式选择以及供应链成员之间的合作模式选择问题，揭示了供应链成员间决策的相互影响，完善了博弈论研究体系，拓宽了供应链决策优化相关研究范围，为企业科学决策提供了更多的参考依据。

(2)实际意义。随着市场环境的变化及企业的发展壮大，其相应的运营策略也需要做出及时有效的调整。本书针对面向平台模式的线上零售供应链中企业销售模式选择、信息分享模式选择、合作模式选择等决策优化问题的研究能帮助制造商、零售商以及平台商等企业做出有利的运营决策，从而使其更快地适应市场环境变化以及在激烈的竞争中发展壮大，并提高供应链系统的运行效率。因此研究具有一定的实际应用价值。

1.2 国内外研究现状

本书主要研究面向平台模式的线上零售竞合供应链决策优化问题。为奠定后续研究的理论基础，本节将从以下三个方面总结已有研究：线上零售供应链相关研究、信息分享相关研究、合作策略相关研究。

1.2.1 线上零售供应链相关研究

随着互联网的普及和电子商务的发展，消费者网上购物的需求和现象激增，资本逐利的特性使得电商平台越来越多。例如，天猫、京东、苏宁、国美、拼多多等。相应地，零售商也相继在这些电商平台上开设店铺对接消费者。同时，这些现象的出现也引起了诸多专家学者对线上零售相关问题进行研究。此部分从供应链结构的角度将文献划分为以下几种情形来分析线上零售供应链的研究现状：单渠道情形、双渠道情形、制造商竞争情形、零售商竞争情形及链与链竞争情形。

(1)单渠道情形。在单渠道线上零售供应链的相关文献中，一些学者从平台商的角度研究了相关决策优化问题。王玉燕和李璟[1]考虑了闭环供应链中平台商公平关切对不同权力结构下供应链决策的影响。Geng 等[2]研究了制造商捆绑销售策略对平台商合同选择的影响，研究结果表明企业在批发价格合同下选择捆绑销售，而在收益共享合同下选择单独销售。李佩等[3]研究了平台商拥有自有品牌下的电商平台开放策略。其中，制造商销售模式在平台商开放平台时为代售模式，在不开放时为分销模式，并对比分析了不同策略下的选择条件。Chen[4]对比了平台商的三种平台收费方式，即固定费用、收益共享及单位产品费用，并给出了最优收费方式选择条件。Wang 等[5]根据制造商是否分担服务成本以及平台商是否采用贷款策略构建了四种供应链决策模型，研究了平台商自有资金约束下其贷款与服务投资决策的选择条件。Zhang 等[6]对比了平台商销售过程中的两种合同结构：收益共享合同和固定费用合同，分析了制造商产品质量决策对平台商合同选择的影响。研究结果表明，当产品质量外生时，平台商始终选择收益共享合同；当产品质量内生时，若此时市场异质性程度较大，则平台商选择收益共享合同，否则选择固定费用合同。Sun 和 Ji[7]研究了制造商物联网投资决策和平台定价模型选择的交互作用，结果发现：当平台选择批发定价模型时，制造商更倾向于投资物联网技术。

此外，也有学者从渠道选择的角度分析了制造商的决策。孙自来等[8]在由一个制造商和一个平台商组成的供应链中研究制造商销售模式选择问题。分别构建了制造商网上直销渠道、平台旗舰店、批发销售等三种销售模式，通过对比分析得到了制造商最优销售模式选择条件。Yi 等[9]在报童模型研究框架下，分别构建了制造商直销和代售两种销售模式结构，研究了消费者公平关切对制造商渠道结构选择的影响。研究结果表明在消费者极其关注公平的情况下，制造商选择代售模式可能更加有利；而当消费者对公平性的关注较弱时，制造商更倾向于直销模式。Zhang 等[10]分析了存在二手市场情形下平台供应链的最优运营策略，揭示了如何选择最优渠道模式以及影响该选择的关键因素。结果表明：制造商将选择批发模式销售新产品，最优渠道模式选择主要取决于新产品和二手产品之间的相对单位成本。Huang 等[11]研究了异质消费者意识到在自有品牌引入情形下在线销售模式选择和自有品牌引入策略的交互影响。结果表明：制造商销售模式选择取决于消费者的战略水平，而平台自有品牌质量受制造商销售模式影响。具体而言，当消费者战略水平较低时，制造商采取代售模式；否则，制造商采取转售模式。Wei 和 Dong[12]研究了平台商引入市场渠道情形下供应商差异化产品的最优分销策略，结果表明产品最优分销策略取决于产品差异化水平和订单履行费用。Luo 等[13]研究了制造商的销售渠道决策（转售渠道、代售渠道和双渠道）及产品质量对该决策的影响。结果表明：当许可费率较低时，制造商选择通过双渠道销售低质量产品；否则，制造商选择仅通过转售渠道销售高质量产品。

（2）双渠道情形。在双渠道线上零售供应链的相关文献中，部分学者研究了制造商双渠道下的定价与渠道选择问题。文悦等[14]研究了平台商自营和制造商销售竞争下，消费者渠道接受度和权力结构对供应链成员决策的影响，结果发现平台商自营渠道的开通始终损害制造商利益。Tan 和 Carrillo[15]研究了存在纸质书销售渠道的前提下，电子书销售渠道合同选择问题。分别构建了代售合同和批发价格合同下的决策模型，结果表明代售合同始终优于批发价格合同。Kim[16]同样研究了双渠道下电子书销售合同选择问题，其研究结果表明适当降低平台准入许可费可以使出版商和平台商达到双赢。Ye 等[17]研究了酒店在线下渠道的基础上，是否选择在线上服务提供商处开通双渠道及其渠道合同选择的问题。Li 等[18]分别构建了制造商双渠道下的分销模式、制造商双渠道下的代销直供模式、零售商双渠道下的分销模式、零售商双渠道下的代销直供模式，研究了双渠道开通主体以及双渠道销售模式的选择问题。He 等[19]研究了企业社会责任对双渠道线下旅游服务提供商销售模式选择的影响。分别构建了代售模式、分销模式、双渠道模式下的供应链决策模型，并得到了最优销售模式选择条件。石国强等[20]研究了制造商存在直销渠道情形下其与电商平台的合约选择。结果表明：制造商和电商平台并不总是偏好代售合约或批发合约，其合约选择主要取决于收益分配系数和直销渠道的折扣系数。Liu 等[21]研究了代销渠道分别由供应商、第三方平台、零售商控制时供应链成员之间的互动。结果表明：当直销成本处于中等水平时，与供应商控制代销渠道相比，第三方平台控制代销渠道更有益于供应链成员；若代销渠道由零售商控制，则供应商的直销能力发展会受阻碍。Xie 等[22]研究了有限产能对供应商销售渠道选择(代售渠道、转售渠道、混合渠道—代售渠道和转售渠道)的影响。结果表明：混合渠道始终主导纯代售渠道；适度的产能同时使供应商、零售平台和消费者受益，实现共赢。刘震等[23]研究了存在数据驱动营销情形下制造商的最优销售策略——分销模式、使用平台物流的代理(FBP)模式、非平台物流的代理(SOP)模式、分销+FBP 模式和分销+SOP 模式。结果表明：当数据驱动营销的效率较高时，若许可费率较低，则制造商选择分销模式；若许可费率较高，则制造商倾向分销+代理模式。此外，Shi 等[24]研究了第三方线上渠道引入策略和电子零售商销售模式选择之间的交互作用。结果发现：当制造商销售效率较高时，电子零售商的销售模式选择主要取决于许可费率；当制造商销售效率处于中间水平时，电子零售商的销售模式选择主要受第三方线上渠道的影响；当制造商销售效率较低时，电子零售商选择转售模式。

此外，也有学者研究了信息分享的影响。Dong 等[25]研究了两销售周期下制造商销售模式动态选择问题。其中，在第一周期内，制造商不能获悉市场需求以及消费者偏好；而在第二个销售周期内获悉，从而研究不同阶段制造商销售模式选择条件。Yan 等[26]研究了在制造商销售效率低、无市场需求信息等不利条件下的双渠道开通条件。Wei 和 Huang[27]研究了双渠道销售模式下平台商信息分享策略选择，结果表明平台商有无偿分享需求预测信息的动机。Zhang 和 Zhang[28]研究了在零售商选择开通线下销售渠道情形下，其线上销售模式选择对其信息分享策略的影响。

还有学者研究了溢出效应的影响。Chen 等[29]研究了溢出效应对制造商开通线上双渠道的影响。Yan 等[30]研究了在双渠道混合销售模式下溢出效应的影响，结果表明溢出效应下供应链成员能实现绩效改进。

(3)制造商竞争情形。在制造商竞争的线上零售供应链的相关文献研究中，部分学者对制造商经营模式进行了研究。Hagiu 和 Wright[31]研究了多个制造商竞争情形下营销活动对零售商销售模式选择的影响。Chen[32]在多个制造商竞争情形下分别构建了分销模式、代售模式、混合模式的供应链模型，研究了非线性和不对称性需求对平台商销售模式选择的影响。李佩和魏航[33]构建了零售商三种经营模式：分销模式、平台模式、混合模式，并分析了网络外部性对其模式选择的影响。在此基础上，研究了市场环境改变时经营模式的转变机制。与文献[33]研究类似，Tian 等[34]同样研究了制造商竞争下的平台商销售模式选择问题，结果发现订单履行成本和上游制造商之间竞争强度会影响平台商的最优销售模式选择。Li 等[35]研究了不同决策顺序对零售商采购策略的影响，分别构建零售商批次订货和代销直运下的采购模型，并对比分析得到了最优模式选择。Hu 和 Zhou[36]研究了制造商竞争下平台商的最优全渠道策略选择(转售模式、混合模式—转售模式和代售模式)。结果表明：当产品间竞争强度较低时，转售模式下的全渠道策略是最优选择；当产品间竞争强度较高时，混合模式下的全渠道策略是最优选择。

此外，也有学者研究了外部因素对经营模式选择的影响。Zennyo[37]研究了不同市场潜在需求下的零售商经营模式(合同)选择问题。Kwark 等[38]研究了第三方产品质量信息分享对零售商销售模式选择的影响。Zhao 等[39]研究了制造商产品质量信息披露策略对零售商销售模式选择的影响。Li 等[40]研究了在线推荐系统对线上零售供应链决策的影响。Chen 等[41]研究了顾客忠诚度对平台商销售模式选择的影响，结果表明：当顾客忠诚度足够高时，零售商应该采用代售模式；否则，分销模式是占优选择。Liu[42]研究了在制造商竞争、渠道交叉影响和线上线下渠道成本不对称的情况下，零售商销售模式的最优选择，结果表明当线上渠道对线下渠道的溢出效应为负时，零售商总是倾向于代售模式。Du 等[43]对比了效益最大化和利润最大化两种策略对平台商广告投资的影响。Alaei 等[44]研究了两个制造商通过网络商店直销产品情形下退货政策和跨渠道溢出效应对制造商销售模式选择的影响。结果发现：网络商店渠道的退货政策不影响制造商的销售模式选择；无论制造商是否提供退货政策，随着跨渠道效用系数增大，制造商均倾向于选择分销渠道。

（4）零售商竞争情形。在零售商竞争的线上零售供应链的相关文献中，部分学者研究了两个线上零售商竞争情形下溢出效应的影响。Abhishek 等[45]研究了零售商竞争下销售模式选择问题，结果表明代售模式更有优势且会使零售价格更低；随着零售商之间竞争的加剧，其更偏好选择代售模式。此外，文章还研究了网络外部性和溢出效应对销售模式选择的影响。Nie 等[46]在文献[45]的基础上，研究了两个线下零售商开通线上渠道时，溢出效应对其渠道开通策略的影响。结果表明：当溢出效应为负时，零售商可能会放弃开通线上渠道；而当溢出效应为负且不显著或其为正时，两个零售商均倾向于开通线上渠道。Tan 等[47]针对代售模式损害了消费者利益的说法，研究了电子书市场代售模式的战略影响，结果表明在数字商品销售中代售模式比分销模式表现出更多优势。Hao 等[48]研究了移动应用平台中广告收益分配问题。Luo 等[49]对比分析了垄断零售商和两个寡头零售商竞争两种情形下不同销售模式的产品定价问题。Zhu 和 Yao[50]研究了在由一个出版商和两个零售商组成的供应链中，不同销售模式下的电子图书定价问题，结果表明分销模式下出版商的利润高于其在代售模式下的利润。Chen 等[51]研究了不同销售模式下，零售商促销策略的影响，结果表明代售模式可能导致比分销模式更高的价格；而在没有零售竞争的情况下，存在一个“双赢”的促销策略。Wei 等[52]研究了电子零售商的渠道角色、许可费率和市场份额差异对其最优销售模式选择的综合影响。结果表明：无论一个电子零售商选择何种销售模式，另一个电子零售商的最优销售模式选择取决于许可费率和市场份额差异，与电子零售商的渠道角色无关。

部分学者研究了线上零售商和平台商竞争的情形。Jiang 等[53]研究了两个销售周期下，需求信息和服务水平对零售商是否加入平台销售产品决策的影响。Ryan 等[54]研究了零售商在拥有自身销售渠道的前提下，其是否加入平台商提供的平台进而进一步扩大消费者市场的问题。Chen 和 Guo[55]研究了在平台商拥有估值优势和信息优势前提下，零售商是否加入平台及其影响。Mantin 等[56]研究了零售商是否引入第三方平台商的策略问题，结果表明通过接入第三方平台，增强了零售商与制造商的议价能力。Cao 和 He[57]研究了零售商和平台商销售努力投资下的最优定价问题，结果表明交易费用对零售商的销售努力水平有负向影响；而平台商可以从零售商的销售努力中“搭便车”。王玉燕和于兆青[58]研究了在由一个制造商、一个零售商和一个平台商构成的供应链系统中，消费者需求差异对不同权力结构下的供应链决策定价的影响。Shen 等[59]构建了制造商单传统渠道、单线上渠道、双渠道等三种结构下的供应链模型，并对比分析了制造商销售渠道选择问题。段玉兰等[60]研究了平台开放后市场规模增长量、消费者的服务敏感程度和产品偏好对在线销售平台开放策略的影响。结果表明：当市场规模增长量较大或市场规模增长量属于中等范围且消费者服务敏感程度较高时，开放为最优选择；否则，不开放为最优选择。魏杰和常美静[61]构建了由多渠道零售商和平台商组成的供应链，研究了零售商的销售模式选择（代理模式、转售模式）及转售模式下的定价顺序。孙自来等[62]基于电商的零售属性和平台属性构建了新旧产品的渠道运营模式（新旧产品分销、新产品代销且旧产品分销、新产品分销且旧产品代销、新旧产品代销）。研究发现：新旧产品的渠道选择取决于交易费比例和消费者对旧产品的接受程度。He 等[63]研究了在线零售商在已开通线上直销和分销渠道的基础上是否开通线下渠道及实施商店配送策略。结果发现：若线下库存成本较低，则零售商将开通线下渠道并采取商店配送策略。Siqin 等[64]根据电子零售商的渠道选择构建了直销渠道、平台渠道、由直销和平台组成的双渠道三种模型，并从系统的角度分析了电子零售商的最优渠道选择。赖雪梅和聂佳佳[65]分析了制造商的风险态度（风险中性、风险规避）对其销售模式选择的影响。研究结果表明：当制造商风险中性时，销售模式选择与许可费比例有关；当制造商风险规避时，销售模式选择取决于风险规避程度和许可费比例。

此外，亦有部分学者研究了线上零售商和线下零售商竞争情形。Wang等[66]研究了不同渠道结构对制造商线上渠道销售模式选择的影响，结果表明在分销模式下，制造商和传统零售商能获得双赢。Dennis等[67]研究了线上零售商采购策略选择，构建了批量采购和代售转运模式下的供应链模型，并分析了权力结构对制造商分销策略选择的影响。Lu等[68]分析了分散决策和集中决策下，电子书销售模式选择问题，研究结果表明分散决策下存在帕累托区间使出版商和电子零售商在代售模式中受益。梁喜等[69]构建了制造商三种双渠道结构：网上直销双渠道、网上分销双渠道、网上代销双渠道，并对比分析了制造商定价决策和销售渠道选择问题。梁喜和蒋琼[70]在文献[69]的基础上进一步研究了自营模式、平台模式、混合模式下的制造商定价及销售模式选择问题，结果表明混合模式对线下零售商和制造商更有利，而平台模式对线上零售商更有利。Fu等[71]研究了在供应商通过实体零售商分销产品情形下电子零售商销售模式由分销转变为代销产生的影响，得到一个违反直觉的结论——相较于分销模式，代销模式并不总是使供应商和实体零售商受益。He等[72]研究了实体零售商是否实施O2O(Online to Offline，线上到线下)策略及其最优模式选择(自建模式、平台模式和混合模式)。结果表明：只有当市场部分覆盖或者市场完全覆盖且商店交付成本较低时，实体零售商实施O2O策略，当商店为线上消费者和实体店消费者提供统一价格时，自建模式和混合模式主导平台模式。Liu等[73]基于区块链技术研究了电商平台进入生鲜市场时的最优销售模式选择。结果表明：存在渠道竞争情形下，电商平台最优销售模式主要取决于渠道竞争强度、批发价格和许可费率。梁喜和梁伦海[74]研究了存在零售商竞争情形下网络零售商的线下市场进入策略，分析了网络零售商进入线下市场对供应链决策的影响。结果发现：网络零售商、制造商和供应链从开设线下渠道中受益。马德青等[75]在多渠道零售背景下讨论了反展厅现象对制造商销售模式选择的影响。结果表明：无论是否存在反展厅现象，当许可费率较低且零售价格较高时，制造商选择转销模式。

(5)链与链竞争情形。在链与链竞争的线上零售供应链相关文献中，Renato等[76]研究了在线性需求和非线性需求下，制造商是选择一个共同零售商进行销售，还是通过两个零售商分别销售两种结构对供应链决策的影响。李晓静等[77]研究了在链与链竞争中，两个制造商交叉销售下，其销售模式选择对供应链成员决策的影响。Li 和 Ai[78]基于链与链竞争模型，对比分析了制造商独家销售策略和交叉销售策略对零售商销售模式选择的影响。

1.2.2 信息分享相关研究

随着电子商务零售业的发展，越来越多的消费数据可以被收集和处理。由于更接近终端消费者市场，诸多平台商投入大量时间和金钱安装基础设施，以收集可以用于预测需求的客户级信息数据集，这些都使平台商拥有更多优势和能力预测市场需求。关于信息分享的价值，Chen[79]做了详细的分析，其中包括减缓“牛鞭效应”、更好地匹配供需、降低库存和产能成本等。然而平台商是否有动机与其他成员分享需求信息一直是学者争论的焦点。根据供应链结构的不同，此部分亦将信息分享相关研究分为以下几种情形：单渠道情形、双渠道情形、制造商竞争情形、零售商竞争情形以及链与链竞争情形。下面将分别对以上供应链结构下的信息分享文献研究进行总结。

(1)单渠道情形。在由一个制造商和一个零售商构成的单渠道供应链模型中，Cachon 和 Lariviere[80]研究了制造商信息分享对供应商产能决策的影响。Taylor 和 Xiao[81]研究了零售商信息预测精度对制造商利润的影响，结果表明预测精度较高时对制造商有利，反之则有害。Mittendorf 等[82]研究了制造商进行投资以刺激需求增长时零售商的信息分享决策，结果表明信息共享可以为零售商、制造商及消费者带来收益。Zhang 和 Chen[83]研究了制造商和零售商均预测需求信息时的信息共享问题，结果表明在批发价格合同下企业不一定共享需求信息；而在收益共享合同下两者均选择共享信息。Khanjari 等[84]研究了两周期供应链决策中零售商信息分享问题，结果表明零售商是否分享信息与产品的耐用性和生产成本有关。Jha 等[85]研究了新产品开发过程中企业间信息分享的影响。Raza[86]研究了企业社会责任投资对信息分享策略的影响。Zhang 等[87]研究了制造商和零售商均预测需求信息时，服务投资决策(制造商投资或零售商投资)对信息分享策略的影响。结果表明当制造商提供服务时，零售商在制造商服务效率较高时分享信息，否则不分享；当零售商提供服务时，不分享信息是均衡结果。士明军等[88]在绿色供应链中，研究了订货型生产方案和库存型生产方案下零售商的信息分享策略，结果表明零售商只有在制造商绿色投资成本系数较低时才有分享需求信息的动机。Avinadav 等[89]研究了在开发者和平台均接收与不确定需求相关的信号情形下平台的信息分享策略。结果表明平台无法从开发者的信号中获益，但开发者拥有平台的信号时获益。Chen 等[90]研究了存在与不存在在线推荐两种情形下分销合同和代销合同对电商平台信息分享的影响。结果表明：分销合同下，电商平台更倾向于保留需求信息；代销合同下，电商平台自愿与制造商共享需求信息。Ha 等[91]研究了制造商渠道入侵策略（在现有分销渠道的基础上是否开通代销渠道）与平台信息分享策略，结果表明策略选择取决于许可费率、渠道替代度和信息准确度，且入侵决策与信息分享决策是互补的。Xu 和 Li[92]研究了在分销模式和代销模式下供应商公益营销活动对电子零售商信息分享策略的影响，结果表明公益营销活动在一定条件下激励电子零售商向供应商分享需求信息。

此外，亦有部分学者研究了闭环、逆向供应链中的信息分享问题。聂佳佳和熊中楷[93]分析了在由一个制造商、一个零售商和一个回收商组成的闭环供应链中，零售商信息分享的动机问题。研究结果表明零售商始终没有动机无偿分享预测信息，而在信息补偿机制下能实现绩效改进。聂佳佳[94]对上述文献进行了拓展，进一步研究了零售商信息分享对制造商旧产品回收模式的影响，分别构建了制造商回收、零售商回收和第三方回收模型，结果表明信息分享能使制造商回收模式下的供应链利润增加。黄燕婷[95]分别研究了供应商、制造商、零售商、回收商等成员从事再制造活动下的零售商信息分享策略选择问题。张盼[96]在制造商回收的闭环供应链中，考虑了政府奖惩机制对零售商信息分享策略选择的影响，并设计机制来协调供应链从而使零售商分享预测信息。Shen 和 Zhang[97]在零售商回收的闭环供应链中，对比研究了零售商主导、零售商和制造商 Nash 博弈下的供应链决策问题。Huang 和 Wang[98]研究了再制造技术许可下，制造商、零售商、回收商从事再制造活动时零售商的信息分享问题。Huang 和 Wang[99]对比分析了制造商再制造和供应商再制造下零售商信息分享策略的选择，结果表明零售商始终没有动机分享需求预测信息。

（2）双渠道情形。在双渠道供应链结构中，部分文献研究了零售商信息分享的动机问题。其中，艾兴政等[100]研究了不同渠道份额下，零售商信息分享对双渠道供应链绩效的影响。李波等[101]研究了市场需求信息和增值服务成本信息分享对制造商和零售商定价的影响，结果表明制造商总能从信息分享中获利，而零售商在一定条件下有自愿分享信息的动机。Yue 和 Liu[102] 对比分析了“make-to-order”和“make-to-stock”情形下信息分享的价值。Li 等[103] 研究了在线平台与零售商存在合作关系情形下其需求信息分享策略(不分享、仅与制造商分享、仅与零售商分享、与制造商及零售商分享)，结果表明当制造商与零售商间竞争强度较低且需求方差适中时，在线平台倾向与制造商及零售商分享需求信息，否则其倾向仅与制造商分享需求信息。Wang 等[104] 研究了制造商和零售商通过平台销售产品情形下平台的信息分享策略。结果表明：平台总有动机与其他成员分享需求信息，且最优分享策略取决于渠道间竞争强度和许可费率。

此外，也有学者分析了信息分享对制造商直销渠道开通的影响。聂佳佳[105] 研究了零售商需求信息预测对制造商直销渠道开通的影响，结果表明零售商始终没有动机分享预测信息，而当零售商信息预测精度较低时，制造商应该开通直销渠道。慕艳芬等[106] 拓展了文献[105]的研究，分析了在信息对称情形下制造商的渠道销售策略选择以及信息不对称下，零售商需求信息分享对制造商直销渠道开通的影响。

同时，亦有学者分析了一些因素对信息分享策略的影响。Huang 等[107] 研究了制造商渠道侵蚀下零售商信息分享策略。结果表明在制造商渠道侵蚀下，零售商有无偿分享需求预测信息的动机。石纯来和聂佳佳[108] 研究了网络外部性对零售商信息分享的影响，结果表明当网络外部性较大时，零售商愿意与制造商分享预测信息。Zhao 和 Li[109] 研究了制造商渠道侵蚀和非线性生产成本对零售商信息分享决策的影响。结果表明在不考虑生产成本情形下，制造商渠道侵蚀会促使零售商分享信息，这与文献[107]的研究结论一致。此外，当制造商生产不经济时，信息分享在一定条件下有利于零售商利润增加；而当制造商生产经济时，信息分享会损害零售商利润。Zhang 和 Zhang[28] 研究了考虑分销和代销两种模式下电子零售商的信息分享策略和供应商的线下进入策略，并讨论了考虑消费者行为(展厅效应和反展厅效应)下均衡策略选择。结果表明，电子零售商的信息分享策略与线上销售模式、供应商的线下进入成本、渠道竞争强度及信息不确定性有关。Zheng 等[110] 考虑了已开通分销渠道的供应商是否开通代销渠道情形下线上零售商的信息分享策略。结果表明在线零售商有动机与供应商分享需求信息，且信息分享可能促使供应商开通代销渠道。Tsunoda 和 Zennyo[111] 研究了供应商通过线上平台和线下零售商销售产品情形下供应商的线上销售模式选择和在线平台的信息分享策略间的互动机理。结果表明在线平台的信息分享促使供应商选择代销模式。Zha 等[112]讨论了制造商的销售模式选择和平台的信息分享策略。结果发现无论制造商选择分销模式还是代销模式，平台总有动机与至少一方分享需求信息。Wu 等[113]分析了供应商改进产品质量情形下零售商的信息获取策略(承诺获取策略—信息获取决策早于质量改进决策、偶然获取策略—信息决策晚于质量改进决策)。结果表明：仅当信息获取成本较小时，零售商才有动机获取信息。此外，相较于偶然获取策略，承诺获取策略增强了零售商获取信息的动机。Yang 等[114]研究了制造商进行售后服务投资情形下电子零售商的信息分享策略。结果表明只有当制造商的售后服务投资效率较高时，电子零售商才倾向与制造商分享需求预测信息。

(3)制造商竞争情形。在制造商竞争供应链中，高鹏等[115]研究了制造商信息分享对再制造供应链的影响。分别建立并对比分析了集中决策、分散合作决策、分散竞争决策等三种供应链模式。结果表明竞争模式下信息分享对供应链成员均有利。谢印成等[116]研究了制造商绿色投资对零售商信息分享的影响，结果表明信息分享总是有利于制造商而对零售商不利。罗春林等[117]研究了制造商生产成本结构对网络平台商信息分享的影响，结果表明在一定条件下零售商有动机分享需求信息。周建亨和冉芸[118]研究了制造商信息分享对对手制造商决策的影响。王桐远等[119]研究了在制造商成本降低投资背景下零售商信息分享的条件，并拓展分析了横向溢出效应的影响。Shang 等[120]研究了制造商非线性生产成本下零售商信息分享策略，结果表明在生产经济程度较大时零售商有动机分享预测信息。Wu 等[121]研究了制造商不同产能约束下，供应商价格决策对制造商信息分享策略的影响。Huang 等[122]研究了多个制造商竞争情形中零售商促销努力下的信息分享策略对制造商库存减少和利润增加的影响。Zhou 等[123]研究了集中采购对制造商信息分享决策的影响，结果表明在批发价格合同下制造商不分享预测信息，此时集中采购损害了供应链的利润。最后其提出一个补偿方案从而实现供应链协调。Wang 等[124]研究了在原始设备制造商和合同制造商竞争情形下的信息分享问题。结果表明当批发价格外生时，信息共享对原始设备制造商有利，而对合同制造商不利；当批发价格内生时，信息共享对合同制造商有利。Zhao 等[125]研究了零售商信息分享对供应链“牛鞭效应”及制造商库存水平的影响。Liu 等[126]研究了在线旅游平台的旅游服务提供商引入策略和需求信息分享策略。结果表明无论选择何种引入策略，在线平台总是与采取代理模式的旅游服务提供商分享信息，可能与采取批发模式的旅游服务提供商分享信息。Zhang 和 Ma[127]研究了电子零售商与上游竞争供应商分享需求信息的动机，其中供应商可以选择代销或分销模式进行产品销售。结果发现当供应商选择代销模式时，电子零售商愿意与其分享信息。

(4)零售商竞争情形。在零售商竞争供应链中，Li[128]研究了多个零售商竞争供应链中直接效应和间接效应对零售商信息分享的影响。Li 和 Zhang[129]对文献[128]进行了拓展，进一步分析了制造商对获得的信息是否保密对多个零售商竞争供应链的信息分享的影响。Yan[130]研究了传统零售商和线上零售商竞争下的横向信息分享问题，结果表明双方均能从信息分享中获利。Jain 等[131]针对制造商统一定价下分享信息不是最终均衡的情形，提出了两种差别定价机制，并分析了其对零售商信息分享的影响。Shamir[132]研究了多个零售商竞争供应链中其信息分享策略问题，结果表明在某些条件下零售商与制造商分享预测信息有利于增加利润。肖美丹等[133]分析了额外服务和渠道地位对竞争零售商信息分享策略的影响。周建亨和王晓敏[134]研究了收益共享机制对竞争零售商纵向信息分享策略的影响。Yu 和 Li[135]研究了在碳排放约束下，制造商碳减排投资对零售商信息分享的影响。Shamir 和 Shin[136]研究了排他性政策和非排他性政策下竞争零售商的信息分享策略，结果表明零售商信息共享可能会损害制造商的收益。Li 等[137]研究了数量竞争情形下不同信息分享模式(非对称信息分享和对称信息分享)对零售平台信息分享决策的影响。结果表明非对称信息分享模式下，零售平台选择与部分卖家分享真实的需求信息；对称信息分享模式下，零售平台有动机降低共享信息的准确性。Huang 等[138]研究了数量竞争情形下不同成本结构(线性成本、规模不经济以及规模经济)对在线平台信息分享策略的影响，结果表明当且仅当成本结构表现出不经济、线性或中等规模经济时，在线平台有动机与卖家分享需求信息。Cui 等[139]研究了平台产品信息和需求信息的分享策略(无信息分享、分享产品信息、分享需求信息、分享产品信息和需求信息)。结果表明卖方市场中平台应该分享产品信息和需求信息，买方市场中平台最优策略为隐藏产品信息。

(5)链与链竞争情形。在链与链竞争的供应链中，Fiala[140]指出信息不对称是产生“牛鞭效应”的来源之一，通过信息分享可以有效减小“牛鞭效应”的影响。Ha 和 Tong[141]研究了合同类型对供应链中信息分享价值的影响。Ha 等[142]研究了价格竞争和数量竞争下制造商生产规模不经济对零售商信息分享的影响，结果表明制造商生产不经济程度影响零售商信息分享策略，且一个供应链的信息分享会导致对手供应链的竞争反应，而这一反应在数量竞争下对第一个供应链有害，但在价格竞争下可能是有利的。Guo 等[143]分析了竞争供应链中的策略信息分享问题，研究发现当零售市场变得更具竞争力时零售商应该共享更少的信息，而当其获取信息的能力提高时应该共享更多的信息。Shamir 和 Shin[144]研究了在有一条新的供应链进入市场时，零售商公开需求预测信息的动机问题。Ha 等[145]研究了竞争供应链中制造商成本降低投资对零售商信息分享策略的影响。Bian 等[146]研究了制造商和零售商都具有部分需求信息的两个竞争供应链中的制造商、零售商双边信息共享问题，结果表明信息分享总是对制造商有利而对零售商不利。与文献[146]类似，Wei 等[147]研究了竞争供应链中的双边信息分享问题，结果表明信息分享总是有利于制造商，而在一定条件下对零售商和供应链有利。Guan 等[148]研究了在价格和服务双重竞争下的零售商信息分享策略及其价值。

1.2.3 合作策略相关研究

随着经济全球化的发展，企业间的竞争环境逐渐由卖方市场转变为买方市场。企业意识到“既合作又竞争”逐渐成为市场环境的常态，而仅靠单打独斗已经无法凸显竞争优势，只有协同合作才能满足消费者的异质性需求，从而实现长期利润的增长，求得生存与发展的空间。对供应链成员合作模式的研究中，Bouncken 等[149]对供应链竞合问题进行了定义，并总结了合作策略和合作管理等相关研究，最后对未来研究方向进行了展望。Wang 等[150]研究了制造商是纵向合作还是外包生产的问题。Wu 等[151]研究了需求不确定和生产成本对合作结构的影响，结果表明生产成本总是有利于分散决策结构下的利润增加，而对集中决策结构下的利润有害。Li 等[152]运用案例分析研究了合作与否对制造商知识获取的影响。Zhang 和 Liu[153]运用博弈论方法构建了集中决策模型、无合作模型、供应商和制造商合作模型、制造商和零售商合作模型等四个供应链模型，通过建立收益共享机制、Shapley 值法协调机制和非对称

Nash 协商机制来对供应链进行协调。Zhou 等[154]研究了面对潜在上游供应商侵蚀时零售商联盟结构的构建与选择问题，结果表明如果供应商之间的价格竞争相对激烈，则零售商应与竞争能力较强的供应商合作，否则应与两个供应商均合作。Glock 和 Kim[155]研究了在一个单一供应商和多零售商的供应链结构中，供应商与一家零售商合并对供应链绩效的影响，结果表明合并对供应商、零售商、供应链和消费者均有利。Huang 等[156]研究了不同权力结构下，竞争零售商合作与否对供应链绩效的影响，结果表明零售商间的合作使销售价格升高、销售量降低。Wan 和 Sanders[157]研究了纵向整合对产品多样性以及信息预测偏差的影响。Wang 等[158]将市场分为价格敏感型和质量敏感型两种类型，研究了市场类型对渠道结构(集中决策和分散决策)的影响。Li 和 Chen[159]在生产不同质量产品的制造商竞争供应链中，研究了零售商合作策略对价格和质量竞争的供应链绩效的影响，结果表明当质量内生时，零售商更倾向与低质量制造商合作。Xiao[160]研究了寡头垄断市场中企业产量竞争的横向兼并问题，并分析了其对企业生产量和预期利润的影响。Yuan 等[161]研究了竞争效应、收益率不确定性和成本协同效应对企业并购的影响，结果表明收益不确定性效应与成本协同效应是互补的，两者对并购后结果的影响与竞争效应相反。

在链与链竞争供应链中，一部分学者研究了供应链的纵向合作策略。Lin 等[162]研究了由一个供应商、一个制造商和一个零售商组成的链与链竞争供应链结构中，制造商前向整合、后向整合、不垂直整合等三种策略的选择问题，结果表明当竞争加剧时后向整合更有优势。李晓静等[163]研究了制造商技术创新投资对竞争供应链中制造商整合策略(前向一体化策略和后向一体化策略)的影响。Anderson 和 Bao[164]研究了链与链竞争供应链中价格竞争对分散决策和集中决策下的供应链绩效的影响。Li 和 Li[165]研究了可持续供应链中成员纵向合作对供应链绩效的影响，结果表明虽然纵向一体化总是纳什均衡，但只有当竞争程度较低时，纵向一体化才是帕累托最优。Chen 等[166]研究了供应链纵向合作问题，结果表明纵向合作往往会使最终产品数量和社会福利提高。Li 等[167]研究了链与链竞争供应链中，分散决策、集中决策、部分集中决策三种合作策略下的均衡选择问题，结果表明在一定条件下部分集中决策是均衡选择。Jin 等[168]研究了供应商成本降低投资下，制造商整合策略选择以及其对供应链成本分担策略选择问题。An[169]研究了竞争供应链中制造商成本降低投资对其合作策略选择的影响。另一部分学者研究了供应链的横向合作策略。Cho[170]研究了多个竞争供应链中成本降低对供应链成员横向合作的影响。Zhu等[171]研究了双寡头垄断链与链竞争供应链系统中，协同效应和市场效应对上、下游横向合作的影响。此外，Wei 等[172]研究了竞争供应链中横向合作、纵向合作对供应链决策和绩效的影响，结果表明供应链的总利润随着合作主体的数量的增加而增加，纵向合作比上下游合作的利润更高。然而，出乎意料的是，上下游的合作策略并不影响利润总额。

在闭环供应链中，聂佳佳[173]研究了第三方回收的闭环供应链中，成员间合作对供应链的影响，结果表明供应链任意两个成员间均有合作动机。Chen 和 Chang[174]研究了制造商与再制造商之间合作与否的问题，结果表明两者合作与否取决于再制造成本和竞争强度大小。Sheu 和 Gao[175]研究了竞争闭环供应链中，谈判能力对逆向供应链成员合作联盟的影响。Jena 和 Sarmah[176]研究了制造商竞争下，零售商不合作、与一个制造商合作、与两个制造商均合作情形下的策略选择问题，并提出一个加权 Shapley 值协调机制来协调部分合作情形。Ma 等[177]研究了制造商合作策略选择对闭环供应链决策的影响，结果表明合作可以实现双赢。石纯来和聂佳佳[178]研究了政府奖惩机制对制造商合作策略选择的影响。石纯来等[179]研究了规模不经济对制造商合作策略选择的影响，结果发现制造商与零售商和回收商均有合作动机。Zheng 等[180]分别构建了不合作、分销商与制造商合作、分销商与零售商合作、分销商与制造商和零售商均合作四个模型，研究了零售商公平关切对分销商合作策略选择的影响，并提出了一个基于 Shapley 值的协调机制。Zheng 等[181]构建了不合作、制造商与零售商合作、制造商与回收商合作、零售商与回收商合作、均合作等五个合作策略模型，研究了供应链成员合作策略选择问题，并提出了一个可变加权 Shapley 值来协调供应链。

1.2.4 国内外研究现状评述

综合分析以上国内外研究现状，可以发现尽管有诸多关于线上零售供应链的研究成果，但是由于市场环境的多变以及研究视角的不同，对于线上零售供应链的研究仍然存在很多不足，还有诸多问题有待进一步研究与探讨，如下：

(1)制造商开通线上双渠道时的销售模式选择。电商平台迅猛崛起后，在面向平台模式的供应链中考虑混合销售模式下的制造商双渠道结构选择研究迫在眉睫，线上零售供应链中制造商开通双渠道时的销售模式选择问题有待进一步研究。

(2)不同竞争类型下零售商销售模式选择。随着市场环境的改变，个别零售商逐渐壮大并脱颖而出从而有能力自建网上销售平台往更具优势的电商平台方向转型，此时的零售商对销售模式的选择也更加多样。此外，在不同情形下，零售商和平台商之间的竞争类型也不尽相同，其有可能是价格竞争也有可能是数量竞争。在此背景下，不同竞争类型下线上零售商对自身渠道销售模式的选择问题有待进一步研究。

(3)平台商信息分享模式选择。在现实企业经营中，往往存在多个决策主体的供应链结构，此时信息分享决策不再局限于单个是否分享的问题，而逐渐演变得更加复杂。信息的拥有者不仅需要决定是否与其他成员分享其需求预测信息而且要决定与谁分享。因此，在面向平台模式的线上零售供应链中，平台商信息分享模式选择问题有待进一步研究。

(4)供应链成员之间合作模式选择问题。在存在多个决策主体的供应链中，成员之间合作普遍存在，而多数情形下由于存在相互竞争关系，供应链成员多表现为“既合作也竞争”的态度，即均合作并不是理想情况，部分合作表现出更强的战略意义。那么，在线上零售供应链中，成员之间是否有合作动机及与谁合作更有利于自身利润的增加有待进一步研究。

1.3 研究目标与研究内容

1.3.1 研究目标

本书的主要研究目标是探讨在电子商务背景下，面向平台模式的线上零售供应链优化决策问题。分别从制造商、零售商、平台商及供应链的角度构建模型，探讨其销售模式选择、信息分享模式选择、合作模式选择均衡，并分析不同模式选择对供应链整体及其他成员的影响，以期通过本书为企业的运营模式选择或转变提供参考依据，从而提高供应链的运营效率，增加企业的利润及核心竞争力。

1.3.2 研究内容

在电子商务背景下，本书研究由一个制造商、一个零售商和一个平台商组成面向平台模式的线上零售供应链，并分别从制造商、零售商、平台商以及整个供应链的角度分析了其决策优化问题。本书主要研究内容如下：

第 1 章：绪论。阐述本书的研究背景与研究意义，分别从线上零售、信息分享、合作策略等三个方向对现有文献进行总结和评述。然后说明了本书的研究目标、研究内容、研究方法和技术路线。

第 2 章：线上零售竞合供应链制造商销售模式选择研究。研究了制造商销售模式选择问题，分别构建了制造商三种销售模式模型：分销模式、代售模式、直销模式。通过对比得到其均衡选择并分析制造商不同销售模式选择对零售商、平台商及供应链整体绩效的影响。在此基础上，拓展讨论了零售商和平台商同时决策、平台商为渠道领导者以及数量竞争情形下的均衡选择。

第 3 章：线上零售竞合供应链零售商销售模式选择研究。研究了零售商销售模式选择问题，构建了零售商两种销售模式模型：代售模式和直销模式。分别在价格竞争和数量竞争下研究零售商最优模式选择条件并分析其选择对平台商利润的影响。最后，通过数值仿真的方法分析了各参数对零售商和平台商利润影响。

第 4 章：线上零售竞合供应链成员销售模式均衡选择研究。研究了供应链销售模式均衡选择问题，根据线上销售模式类型构建四个供应链博弈模型（model RA、model AA、model RD、model AD），通过对比研究制造商和零售商的线上销售模式选择及其均衡，并分析不同模式对最优定价策略和渠道成员利润的影响。

第 5 章：线上零售竞合供应链平台商信息分享策略选择研究。在混合销售模式供应链中研究了平台商的信息分享模式选择问题。分别构建了平台商四种信息模式下的模型：不分享模型、与制造商分享模型、与零售商分享模型、与制造商和零售商均分享模型。继而研究了平台商信息分享的动机及其信息分享模式选择均衡。最后，分析了平台商不同信息分享模式选择对供应链整体及其他成员的影响。在此基础上，拓展讨论了平台商销售成本为正、零售商与制造商联盟和零售商与平台商联盟等情形下的均衡选择。

第 6 章：线上零售竞合供应链制造商合作策略选择研究。在混合销售模式供应链中研究了制造商合作策略选择问题，运用博弈论方法从制造商的视角分别构建了不合作、与零售商合作、与平台商合作三种策略模型。在此基础上，首先，以不合作模型为基准，分析了制造商是否有动机与下游成员进行合作。其次，比较了不同策略下的合作动机大小问题。最后，拓展并讨论研究了数量竞争、平台商为 Stackelberg 领导者等两种情形下制造商的合作策略。

第 7 章：线上零售竞合供应链成员合作策略均衡研究。在混合销售模式供应链中研究了供应链成员合作模式选择均衡问题。分别构建了四种模型：不合作、制造商与零售商合作、制造商与平台商合作、零售商与平台商合作。首先，通过与不合作模型进行对比，研究供应链成员之间合作的动机及两两合作对第三方成员利润的影响。其次，从不同成员的角度分析其最优合作对象(合作动机大小问题)并总结得到均衡。最后，分析不同合作模式对供应链整体利润和消费者剩余的影响。在此基础上，拓展分析了制造商生产成本为正、平台商充当 Stackelberg 领导者以及决策顺序不随合作模型改变而变化三种情形下均衡。

第 8 章：总结与展望。对全书进行总结，并概括全书研究的创新点。最后指出本书研究的局限并展望未来研究。

1.4 研究方法与技术路线

1.4.1 研究方法

本书总结和归纳已有研究文献，运用供应链管理理论、产业组织理论、博弈论、最优化理论、概率论和数理统计等相关知识，在理论分析的同时，首先利用数理方法构建 Stackelberg 博弈模型，其次采用逆向求解法并借助 Mathematica、Maple、Matlab 等工具进行求解和图形分析，最后通过定性与定量相结合的方法对模型均衡解进行对比分析，得出最优模式选择。

1.4.2 技术路线

本书研究的技术路线如图 1-2 所示。

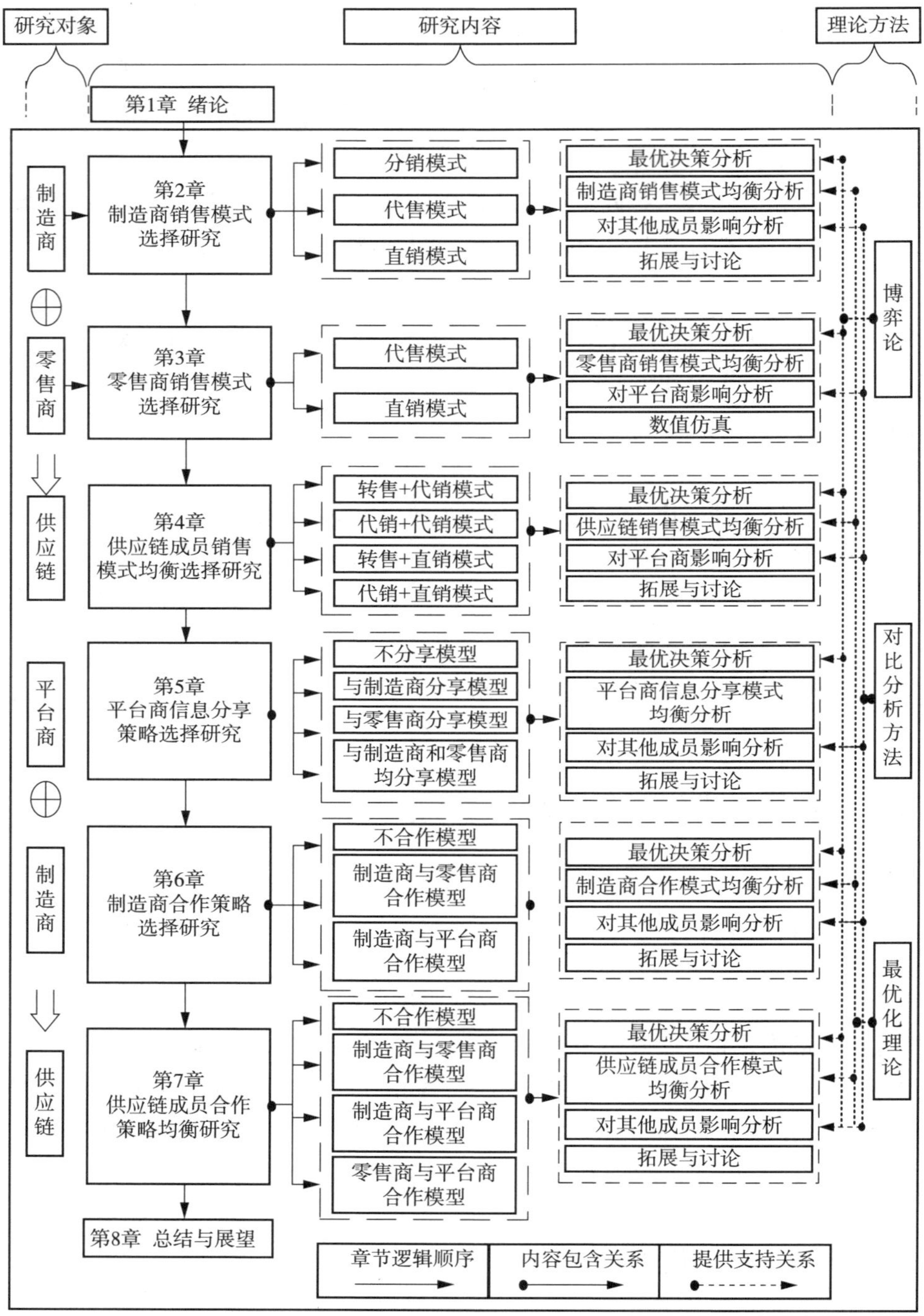
研究对象
研究内容
理论方法
第1章 绪论
制造商
第2章
制造商销售模式
选择研究
分销模式
代售模式
直销模式
最优决策分析
制造商销售模式均衡分析
对其他成员影响分析
拓展与讨论
零售商
第3章
零售商销售模式
选择研究
代售模式
直销模式
最优决策分析
零售商销售模式均衡分析
对平台商影响分析
数值仿真
供应链
第4章
供应链成员销售
模式均衡选择研究
转售+代销模式
代销+代销模式
转售+直销模式
代销+直销模式
最优决策分析
供应链销售模式均衡分析
对平台商影响分析
拓展与讨论
平台商
第5章
平台商信息分享
策略选择研究
不分享模型
与制造商分享模型
与零售商分享模型
与制造商和零售商
均分享模型
最优决策分析
平台商信息分享模式
均衡分析
对其他成员影响分析
拓展与讨论
制造商
第6章
制造商合作策略
选择研究
不合作模型
制造商与零售商
合作模型
制造商与平台商
合作模型
最优决策分析
制造商合作模式均衡分析
对其他成员影响分析
拓展与讨论
供应链
第7章
供应链成员合作
策略均衡研究
不合作模型
制造商与零售商
合作模型
制造商与平台商
合作模型
零售商与平台商
合作模型
最优决策分析
供应链成员合作模式
均衡分析
对其他成员影响分析
拓展与讨论
第8章 总结与展望
博弈论
对比分析方法
最优化理论
章节逻辑顺序
内容包含关系
提供支持关系

图 1-2　技术路线

第 2 章

线上零售竞合供应链制造商销售模式选择研究

2.1 引言

随着电子商务的发展，越来越多的制造商开始重新审视自己的销售渠道，其不再满足于仅仅将产品通过零售商销售，而相继选择开通额外的销售渠道。同时，现代信息技术和商业模式的发展为制造商开通线上销售渠道提供了多种选择。在现实企业经营中有多种销售模式：如美的、格力等企业选择将产品销售给京东等电商平台的分销模式，又如优衣库等企业选择在天猫等平台上开设旗舰店的代售模式，再如华为、联想等企业选择自己构建网上商城进行销售的直销模式。然而不同销售模式各有特点，并没有绝对的优势选择。同时开通双渠道势必会增加渠道冲突，这对制造商选择提出了难题。科学研究调查表明，企业由于没有选择合适的销售模式而失败的案例有49%之多[33]。

由于双渠道的开通加剧了渠道冲突，如何选择合理的双渠道结构以最大化自身利润值得深入研究。鉴于以上分析，本章主要研究以下问题：

(1)制造商开通双渠道时，其最优销售模式如何选择？

(2)制造商不同销售模式选择如何影响零售商、平台商及整个供应链的利润？

(3)零售商和平台商之间的决策顺序及竞争类型是否影响制造商的均衡选择？

为了回答上述问题，本章研究了由一个制造商、一个零售商和一个平台商组成的线上零售供应链结构，在此结构下构建了三种销售模式下的供应链模型，并对比分析得到了制造商销售模式均衡选择条件。同时，分别从零售商、平台商、供应链整体及消费者的角度分析了制造商不同销售模式选择对其利润的影响。此外，本章还在基础模型之上拓展讨论了零售商和平台商同时决策情形、平台商为渠道领导者以及两者数量竞争决策时的制造商销售模式选择均衡。

本章接下来的结构安排如下：在 2.2 节对本章所研究的问题、需求函数、假设条件、供应链模型等进行详细地说明；在 2.3 节构建三种模型并分别进行求解；在 2.4 节对三种销售模式下的模型最优解进行对比并分析；在 2.5 节对模型进行拓展研究与讨论；在 2.6 节总结本章研究结论。

2.2 问题描述

本章考虑由一个制造商、一个零售商和一个平台商组成的线上零售供应链。其中，平台商既作为一个双边匹配平台为零售商和消费者提供服务，也可以作为零售商分销制造商的产品。零售商在平台商提供的交易平台上销售产品并支付一定的许可费。在实际企业经营中，平台商和零售商之间达成的是收益共享合同，其收取的许可费为零售商销售收入的一定比例，这一收费方式亦在诸多文献中得到运用[45,53-56]。同时，在零售商销售渠道之外，制造商亦选择开通双渠道。则此时制造商有三种销售模式可供选择：将产品销售给平台商(分销模式)、在平台商的网上交易平台上开设旗舰店(代售模式)、自己构建网上交易平台(直销模式)。

2.2.1 销售模式

本章中销售模式是指制造商在通过零售商销售产品这一渠道之外开通的双渠道战略下，另一销售渠道构建的形式。在本章中制造商的销售模式共有三种：代售模式(agency selling)、分销模式(reselling)和直销模式(direct selling)。具体三种模式所表示的含义及意义如下所述。

2.2.1.1　代售模式

代售模式是指制造商或零售商通过缴纳许可费而在平台商搭建的网上交易平台上开设旗舰店，从而将产品销售给终端消费者的一种销售模式。例如美的、格力等制造商均通过缴纳一定许可费而在京东、天猫等平台商开设旗舰店。根据文献[53-56]的研究，将此处的许可费定义为一定比例的销售收入，即平台商和制造商或零售商之间为收益共享合同。需要说明的是在现实企业经营中，除此费用外，平台商还往往收取少量的固定费用，即许可费为固定费用和一定比例的销售收入的总和。然而由于此固定费用相较于销售收入的分享比例来说微不足道，因此在此处将固定费用标准化为零[34,45]。

2.2.1.2　分销模式

分销模式是指制造商将产品以批发价格销售给平台商或零售商，后者再以零售价格销售给终端消费者的一种销售模式。例如京东直接向制造商采购并在自建的网络平台上开设自营专卖店。

2.2.1.3　直销模式

直销模式是指制造商或零售商自建网上交易平台并将产品销售给终端消费者的一种销售模式。例如华为网上商城、苏宁易购网上商城等。根据文献[9，25，69，70]的研究，此处将直销模式下的渠道构建成本定义为单位直销成本。

2.2.1.4　销售模式之间关系

三种销售模式属于三种不同的销售渠道，其相互之间既有联系也有区别。三种销售模式之间的联系：三者均为网上销售渠道并将制造商产品销售到终端消费者手中。三种销售模式之间的主要区别在于产品的定价权、收益分配和渠道构建成本。代售模式下决策者直接将产品销售给终端消费者并决策零售价格，但需分出部分比例的收入充当许可费；分销模式下决策者将产品以批发价格销售并决策批发价格，而零售价格的决策者为下游零售商；直销模式下决策者直接将产品销售给消费者并决策零售价格，但需要付出构建网上交易平台的成本。现实中企业案例表明：制造商三种销售模式情形均存在，而零售商只有代售模式和直销模式两种情形。平台商一般不会选择从零售商处采购商品，这是因为经过零售商加价后的产品价格高于直接从制造商处采购的产品价格。

2.2.2 符号说明

本章所用符号及说明如表 2-1 所示。

表 2-1 符号说明

符号	说明
w_r	制造商销售给零售商的产品批发价格
w_o	制造商销售给平台商的产品批发价格
p_r	零售商的产品零售价格
p_o	平台商的产品零售价格
q_r	零售商的产品销售量
q_o	平台商的产品销售量
a	产品的市场潜在需求量
θ	渠道间竞争强度，$0<\theta<1$，其值越大表明竞争越激烈
λ	平台商的许可费率，$0<\lambda<1$
c	直销模式下制造商单位产品直销成本
π_X^Y	供应链成员 X 在销售模式 Y 下利润，其中 $X=\{M, R, P, SC, CS\}$ 分别表示制造商、零售商、平台商、供应链及消费者剩余，$Y=\{R, A, D\}$ 分别表示分销、代售和直销模式

2.2.3 模型假设

为了更严谨地进行研究，本章做出以下假设：

(1)制造商为 Stackelberg 博弈的领导者，零售商和平台商为追随者[69,70]；

(2)供应链成员均为风险中性且以各自利润最大化为目标进行决策[182]；

(3)制造商生产成本及零售商、平台商的销售成本为零[69]；

(4)供应链成员间没有信息不对称[182]；

(5)考虑单周期决策且在此周期内每个消费者至多购买一个产品[41-43,45]。

2.2.4 需求函数

根据 Singh 和 Vives[183]的研究，设消费者购买产品的总效用为：

$$U(q_r, q_o)=a_rq_r+a_oq_o-\frac{1}{2}q_r^2-\frac{1}{2}q_o^2-\theta q_rq_o \tag{2-1}$$

其中，$q_i(i\in\{r, o\})$表示 i 渠道的销售量；$a_i(i\in\{r, o\})$表示 i 渠道的市场潜在需求；$p_i(i\in\{r, o\})$为 i 渠道产品销售价格。θ 表示两个销售渠道间的竞争强度，θ 越大表示渠道间竞争越激烈。若 $\theta\to 0$，则表示两个销售渠道间竞争较弱，此时零售商和平台商或制造商近似为各自终端渠道市场的垄断者；随着 θ 增大，下游市场竞争逐渐加剧，当 $\theta\to 1$ 时，表示两个销售渠道之间的竞争十分激烈。

每个消费者以自身消费者剩余最大化为目标进行决策，此时的消费者剩余为：

$$\overline{U}=U(q_r, q_o)-p_rq_r-p_oq_o \tag{2-2}$$

此需求函数已在诸多文献中运用[45,46]。通过使消费者剩余最大化，可以得到两个渠道的需求函数为：

$$\begin{cases} q_r=\dfrac{a_r-\theta a_o-p_r+\theta p_o}{1-\theta^2} \\ q_o=\dfrac{a_o-\theta a_r-p_o+\theta p_r}{1-\theta^2} \end{cases} \tag{2-3}$$

其中$\dfrac{a_r}{a_o}=1$ 表示两个渠道是对称的。类似地，$\dfrac{a_r}{a_o}>1$ 表明在市场潜在需求上 r 渠道强于 o 渠道。此处，本书假设 $a_r=a_o=a=1$，即两个渠道的潜在需求相等[28,45,46,184-186]。则需求函数可表示为：

$$\begin{cases} q_r=\dfrac{1}{1+\theta}-\dfrac{1}{1-\theta^2}p_r+\dfrac{\theta}{1-\theta^2}p_o \\ q_o=\dfrac{1}{1+\theta}-\dfrac{1}{1-\theta^2}p_o+\dfrac{\theta}{1-\theta^2}p_r \end{cases} \tag{2-4}$$

2.2.5 销售模型

在线上零售供应链中当制造商决定开通双渠道时，其三种销售模式下所对应的供应链结构模型如图 2-1 所示：(a)分销模式(model R)；(b)代售模式(model A)；(c)直销模式(model D)。

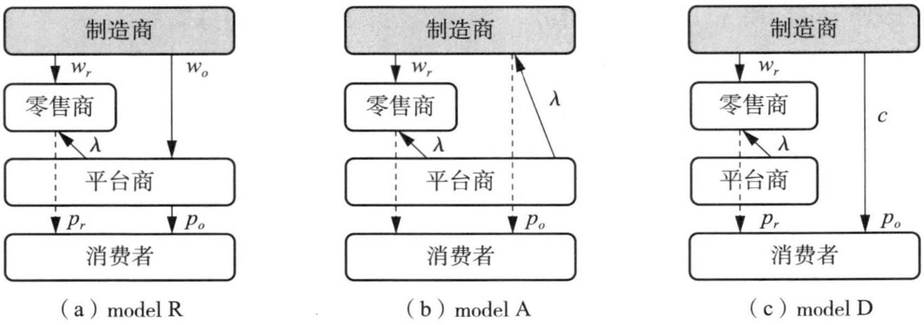

图 2-1　销售模型

2.3　模型构建与求解

此部分构建制造商三种销售模式模型，并通过逆向求解法对模型最优解进行求解。

2.3.1　分销模式模型

当制造商选择分销模式(model R)时，制造商、零售商和平台商利润函数可表示为：

$$\max_{w_r,w_o} \pi_M^R = w_r q_r + w_o q_o \tag{2-5}$$

$$\max_{p_r} \pi_R^R = (1-\lambda) p_r q_r - w_r q_r \tag{2-6}$$

$$\max_{p_o} \pi_P^R = \lambda p_r q_r + (p_o - w_o) q_o \tag{2-7}$$

在制造商选择分销模式模型中，供应链各成员的决策顺序：首先，制造商作为 Stackelberg 领导者决策其对零售商和平台商的产品批发价格分别为 w_r 及 w_o；其次，零售商决策其零售价格为 p_r；最后，平台商决策其零售价格为 p_o。求解可得最优决策变量，如引理 2.1 所示。

引理 2.1　在分销模式下，各决策变量最优解分别为：$w_r^{R*} = \frac{(1-\lambda)}{2}$，$w_o^{R*} =$

$\frac{(1-\lambda\theta)}{2}$，$p_r^{R*}=\frac{(-2\theta^2\lambda-3\theta^2-\theta+6)}{4(-\theta^2\lambda-\theta^2+2)}$，$p_o^{R*}=\frac{[\theta(\theta^2-7\theta+2)\lambda+\theta^3-7\theta^2-2\theta+12]}{8(-\theta^2\lambda-\theta^2+2)}$。

将以上最优解分别代入制造商、零售商及平台商的利润函数中，则其最优利润分别为：$\pi_M^{R*}=\frac{[4(\theta+1)\theta^2\lambda^2+(\theta^3-5\theta^2-8\theta-4)\lambda-\theta^3-3\theta^2+4\theta+8]}{16(\theta+1)(-\theta^2\lambda-\theta^2+2)}$，

$\pi_R^{R*}=\frac{(1-\lambda)(1-\theta)(\theta+2)^2}{32(\theta+1)(-\theta^2\lambda-\theta^2+2)}$，$\pi_P^{R*}=\frac{\begin{bmatrix}16(\theta+1)\theta^4\lambda^3+(23\theta^3+29\theta^2-56\theta-60)\theta^2\lambda^2+\\(6\theta^5+18\theta^4-36\theta^3-52\theta^2+48\theta+48)\lambda-\\(\theta-1)(\theta^2-2\theta-4)^2\end{bmatrix}}{64(\theta+1)(-\theta^2\lambda-\theta^2+2)^2}$。

2.3.2 代售模式模型

当制造商选择代售模式(model A)时，其通过平台商的网上交易平台将产品销售给消费者并支付平台商一定的许可费，则制造商、零售商和平台商的利润函数可表示为：

$$\max_{w_r,p_o}\ \pi_M^A=w_rq_r+(1-\lambda)p_oq_o \tag{2-8}$$

$$\max_{p_r}\ \pi_R^A=(1-\lambda)p_rq_r-w_rq_r \tag{2-9}$$

$$\max\ \pi_P^A=\lambda p_rq_r+\lambda p_oq_o \tag{2-10}$$

在制造商选择代售模式模型下，供应链成员的决策顺序：首先，制造商作为领导者先决策其对零售商的批发价格 w_r 和通过平台销售的零售价格 p_o；其次，零售商决策其零售价格 p_r。求解可得最优决策变量，如引理 2.2 所示。

引理 2.2 在代售模式下，各决策变量的最优解为：$w_r^{A*}=\frac{(1-\lambda)}{2}$，$p_r^{A*}=\frac{(3-\theta)}{4}$，$p_o^{A*}=\frac{1}{2}$。

将以上最优解分别代入制造商、零售商及平台商的利润函数中，则求得最优利润分别为：$\pi_M^{A*}=\frac{(1-\lambda)(\theta+3)}{8(\theta+1)}$，$\pi_R^{A*}=\frac{(1-\lambda)(1-\theta)}{16(\theta+1)}$，$\pi_P^{A*}=\frac{(\theta+7)\lambda}{16(\theta+1)}$。

2.3.3 直销模式模型

当制造商选择直销模式(model D)时，即其选择自己构建网上交易平台将

产品销售给消费者。则制造商、零售商和平台商的利润函数可分别表示为：

$$\max_{w_r,p_o} \pi_M^D = w_r q_r + (p_o - c) q_o \tag{2-11}$$

$$\max_{p_r} \pi_R^D = (1-\lambda) p_r q_r - w_r q_r \tag{2-12}$$

$$\max \pi_P^D = \lambda p_r q_r \tag{2-13}$$

在制造商选择直销模式模型下，供应链成员的决策顺序：首先，制造商作为领导者先决策其对零售商的批发价格 w_r 和通过平台销售的零售价格 p_o；其次，零售商决策其零售价格 p_r。求解可得最优决策变量，如引理 2.3 所示。

引理 2.3 在直销模式下，各决策变量的最优解分别为：

$$w_r^{D*} = \frac{[\theta\lambda(2-\theta^2)(1-\lambda)c-(1-\theta)(1-\lambda)(\theta^2\lambda-2\theta\lambda-4\lambda+4\theta+4)]}{\theta^2\lambda^2+8(1-\theta^2)\lambda-8(1-\theta^2)},$$

$$p_r^{D*} = \frac{[(3\lambda-2\lambda\theta^2+2\theta^2-2)\theta c-(1-\theta)(2\lambda\theta^2-3\theta\lambda-6\lambda-2\theta^2+4\theta+6)]}{\theta^2\lambda^2+8(1-\theta^2)\lambda-8(1-\theta^2)},$$

$$p_o^{D*} = \frac{[(4\lambda-3\lambda\theta^2+4\theta^2-4)c+(1-\theta)(1-\lambda)(\theta\lambda-4\theta-4)]}{\theta^2\lambda^2+8(1-\theta^2)\lambda-8(1-\theta^2)}。$$

将以上最优解代入制造商、零售商及平台商的利润函数中，可求得其最优利润分别为：$\pi_M^{D*} = \frac{(1-\lambda)[(\theta^2-2)c^2+(\theta\lambda-2\theta^2-2\theta+4)c-(1-\theta)(\theta+3-\lambda)]}{\theta^2\lambda^2+8(1-\theta^2)\lambda-8(1-\theta^2)}$，

$$\pi_R^{D*} = \frac{(1-\lambda)(1-\theta^2)[(\lambda-2)\theta c+(2-\theta)\lambda-2(1-\theta)]^2}{[\theta^2\lambda^2+8(1-\theta^2)\lambda-8(1-\theta^2)]^2},$$

$$\pi_P^{D*} = \frac{\lambda\begin{bmatrix}(3\lambda-2\lambda\theta^2+2\theta^2-2)\theta c-\\(1-\theta)(2\lambda\theta^2-3\theta\lambda-6\lambda-2\theta^2+4\theta+6)\end{bmatrix}[(\lambda-2)\theta c+(2-\theta)\lambda-2(1-\theta)]}{[\theta^2\lambda^2+8(1-\theta^2)\lambda-8(1-\theta^2)]^2}。$$

2.4 对比分析

本节对以上各模型最优解进行对比分析。首先，确定本章研究的可行域。引理 2.4 描述了为保证各模型最优解存在且唯一时各参数需满足的约束条件。其次，分析得到制造商销售模式均衡选择。再次，分析制造商不同销售模式选择对供应链其他成员（零售商和平台商）利润的影响。最后，从供应链整体以及消费者的角度分析其影响。具体如命题 2.1～命题 2.5 所示。

引理 2.4　为保证各模型最优解存在且唯一，各参数需满足以下约束条件：$\left\{(\theta,\ \lambda,\ c) \mid 0<\theta<1,\ 0<\lambda<\lambda_0=\dfrac{2(1-\theta)}{2-\theta},\ 0<c<c_0=\dfrac{\lambda\theta-2\theta^2-2\theta+4}{2(2-\theta^2)}\right\}$。

引理 2.4 中参数取值范围保证了各模型最优解的存在及其唯一性，也是本章研究的可行域。从中可以看出，平台商收取的许可费率和制造商直销成本均不会太高。这是因为零售商的销售利润占销售收入的比例不会太高，较高的许可费会使零售商无利可图，这也符合实际情况。同样，制造商较高的直销成本会导致其在直销模式下没有收益，此时直销模式模型也就失去了讨论的价值。引理 2.4 既保证了各模型最优解的存在及供应链成员的利润为正，也使得此研究具有了现实意义。

推论 2.1　许可费率 λ 对零售价格的影响如下：

(1) $\partial p_r^{R*}/\partial\lambda>0$，$\partial p_o^{R*}/\partial\lambda>0$；

(2) $\partial p_r^{A*}/\partial\lambda=0$，$\partial p_o^{A*}/\partial\lambda=0$；

(3) (i) 当 $\lambda\in[0,\ \min(\lambda_1^V,\ \lambda_0)]$ 时，若 $c\in(0,\ c_1^V)$，则 $\partial p_r^{D*}/\partial\lambda>0$；若 $c\in(c_1^V,\ c_0)$，则 $\partial p_r^{D*}/\partial\lambda<0$。当 $\lambda\in[\min(\lambda_1^V,\ \lambda_0),\ \lambda_0]$ 时，$\partial p_r^{D*}/\partial\lambda>0$。(ii) 当 $\lambda\in(0,\ \lambda_2^V)$ 时，$\partial p_o^{D*}/\partial\lambda<0$；当 $\lambda\in(\lambda_2^V,\ \lambda_0)$ 时，若 $c\in(0,\ c_2^V)$，则 $\partial p_o^{D*}/\partial\lambda>0$；若 $c\in(c_2^V,\ c_0)$，则 $\partial p_o^{D*}/\partial\lambda<0$。

从推论 2.1(1) 中可以看出，在模型 R 中，许可费率 λ 可以在一定程度上影响供应链成员的定价策略。更具体地说，当制造商选择模型 R 时，零售价格（p_r^{R*} 和 p_o^{R*}）与 λ 呈正相关。相反，推论 2.1(2) 揭示了在模型 A 中，零售价格（p_r^{A*} 和 p_o^{A*}）与 λ 无关。这是因为在这种模式下，平台商是终端市场的垄断者，为零售商和制造商提供市场，并控制消费市场。推论 2.1(3) 表明，在模型 D 中，如果 λ 较低但直接运营成本 c 较高，则零售商的零售价格（p_r^{D*}）降低；否则，零售商的价格以 λ 为单位递增。相反，当 λ 超过阈值但 c 较低时，平台商的零售价格（p_o^{D*}）与 λ 呈正相关；否则，则存在负向关系。这表明，即使制造商没有加入市场，平台商仍然可以通过调整许可费率来影响制造商的定价。

推论 2.2　许可费率 λ 对需求量的影响如下：

(1) $\partial q_r^{R*}/\partial\lambda=0$，$\partial q_o^{R*}/\partial\lambda<0$；

(2) $\partial q_r^{A*}/\partial\lambda=0$，$\partial q_o^{A*}/\partial\lambda=0$；

(3) $\partial q_r^{D*}/\partial\lambda<0$，$\partial q_o^{D*}/\partial\lambda>0$。

推论 2.2 表明了许可费率 λ 如何影响市场需求。具体而言，当制造商选择模型 R 时，更多的消费者可以被 λ 较低的平台吸引，而零售商渠道的需求不会改变。原因是较低的 λ 降低了 p_r^{R*}，可从推论 2.2(1) 中看出。此外，由于不变的零售价格不会影响消费者的行为，我们推断需求与模型 A 中的 λ 无关，如推论 2.2(2) 所示。在推论 2.2(3) 中，可以看到在模型 D 中，更高的 λ 可以降低 q_r^{D*}，同时为制造商带来更多的消费者。这是因为在这种情况下，制造商不加入市场，而零售商加入市场；较大的 λ 可以抑制零售商渠道的需求，并刺激制造商渠道的需求。

推论 2.3 不同模型下最优价格高低关系如下：

(1) $p_r^{R*}>p_r^{A*}$；$p_o^{R*}>p_o^{A*}$。

(2) (i) $p_r^{D*}>p_r^{A*}$。(ii) 当 $c\in(0, c_3^V)$ 时，$p_o^{D*}<p_o^{A*}$；当 $c\in(c_3^V, c_0)$ 时，$p_o^{D*}>p_o^{A*}$。

(3) (i) 当 $\lambda\in[0, \min(\lambda_3^V, \lambda_0)]$ 时，若 $c\in(0, c_4^V)$，则 $p_r^{R*}>p_r^{D*}$；若 $c\in(c_4^V, c_0)$，则 $p_r^{R*}<p_r^{D*}$。当 $\lambda\in[\min(\lambda_3^V, \lambda_0), \lambda_0]$ 时，$p_r^{R*}<p_r^{D*}$。(ii) 当 $c\in(0, c_5^V)$ 时，$p_o^{R*}>p_o^{D*}$；当 $c\in(c_5^V, c_0)$ 时，$p_o^{R*}<p_o^{D*}$。

推论 2.3 提供了当制造商引入双渠道策略时供应链成员定价的一些见解。与模型 A 相比，可以看到模型 R 下的零售价格更高（$p_r^{R*}>p_r^{A*}$；$p_o^{R*}>p_o^{A*}$），其中零售商和平台相互竞争。此外，模型 D 中零售商的零售价格（p_r^{D*}）高于模型 A 中的零售价格。在直接运营成本 c 较低的情况下，价格 p_o^{A*} 高于 p_o^{D*}；否则 p_o^{A*} 较低。比较模型 R 和模型 D，当 c 和 λ 都较低时，零售商 p_r 的零售价格在模型 R 中较高。否则，模型 D 中的价格会更高。此外，当 c 较低时，双渠道中的零售价格在 R 模型中较高，而当 c 较高时，在 D 模型中较高。

2.4.1 销售模式均衡

通过对比制造商三种销售模式模型下的最优利润可求得其销售模式选择均衡，具体如命题 2.1 和图 2-2 所示。

命题 2.1 制造商销售模式选择均衡如下。

(1) 当 $\theta\in(0, \theta_1)$ 时，(i) 若 $\lambda\in(0, \lambda_1)$ 且 $c\in(0, c_1)$，或 $\lambda\in(\lambda_1, \lambda_0)$ 且 $c\in(0, c_2)$，制造商选择均衡为直销模式 D；(ii) 若 $\lambda\in(0, \lambda_1)$ 且 $c\in(c_1, c_0)$，则制造商选择均衡为代售模式 A；(iii) 若 $\lambda\in(\lambda_1, \lambda_0)$ 且 $c\in(c_2,$

c_0)，则制造商选择均衡为分销模式 R。

(2)当 $\theta \in (\theta_1, 1)$时，(i)若 $c \in (0, c_1)$，则制造商选择均衡为直销模式 D；(ii)若 $c \in (c_1, c_0)$，则制造商选择均衡为代售模式 A。

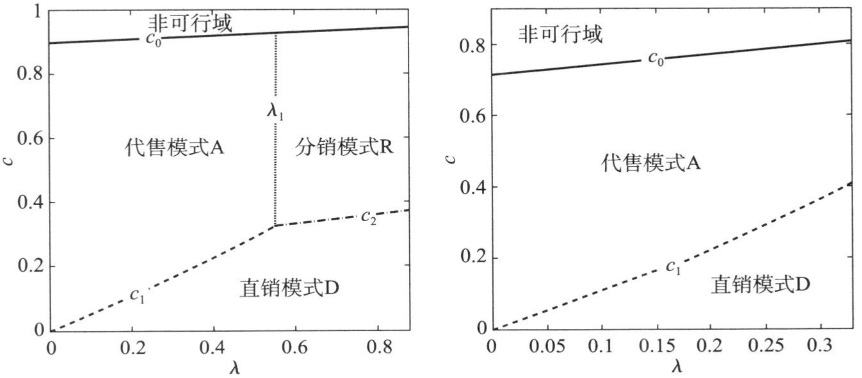

(a) 当渠道竞争较弱时　　(b) 当渠道竞争较强时

图 2-2　制造商销售模式选择均衡

命题 2.1 表明当单位产品直销成本较低时，直销模式是占优选择；而当其直销成本较高时，最优模式选择为代售模式或分销模式。这一结论符合直观认知，制造商只有在销售成本较低时选择直销模式才能获得额外收益。此外，当单位产品直销成本较高时，制造商对代售模式和分销模式的选择则取决于渠道竞争强度和许可费率的高低。当渠道间竞争较弱时，若许可费率较低，则制造商选择代售模式；若许可费率较高，则制造商选择分销模式。这是因为竞争较弱时，较高的许可费率使得制造商利润分成较高，此时选择分销模式可以有效抵销许可费率高造成的利润损失；反之，若许可费率较低，制造商选择代售模式可以获得更多利润。当渠道间竞争较强时，制造商始终选择代售模式。这是因为分销模式下，零售商和平台商间激烈的竞争会使得销售量降低，从而损害制造商的收益。命题 2.1 同时也说明制造商对于销售模式的选择并不是一成不变的，随着市场环境的变化，其也需要调整策略从而最大化自身收益。

2.4.2　不同销售模式的影响

此部分分析直销成本、渠道间竞争强度、许可费率对不同销售模式下渠道成员利润影响。

命题 2. 2 制造商不同销售模式选择对零售商利润的影响。

(1)当 $c\in(0,\ c_3)$时，零售商利润大小关系为：$\pi_R^{R*}>\pi_R^{A*}>\pi_R^{D*}$。

(2)当 $c\in(c_3,\ c_4)$时，零售商利润大小关系为：$\pi_R^{R*}>\pi_R^{D*}>\pi_R^{A*}$。

(3)当 $c\in(c_4,\ c_0)$时，零售商利润大小关系为：$\pi_R^{D*}>\pi_R^{R*}>\pi_R^{A*}$。

命题 2. 2 表明在制造商分销模式下的零售商利润始终高于制造商代售模式下的零售商利润。这是因为零售商从制造商处购买产品并在平台商提供的交易平台上销售，其一直需要缴纳许可费。当制造商选择分销模式时，零售商与平台商竞争销售，此时的平台商销售产品亦经过双重加价；而当制造商选择代售模式时，零售商与制造商竞争销售，此时制造商优势较为明显，其销售会损害零售商的收益。此外，不同销售模式下的零售商利润大小与制造商直销成本大小有关，而与渠道竞争强度和许可费率无关。具体来说，当制造商直销成本较低时，零售商在制造商分销模式下获得最大利润，其次是在代售模式下，而在直销模式下获得的利润最小。随着制造商直销成本的升高，制造商直销模式下的零售商利润逐渐变大，并最终达到最大值。这是因为制造商在直销渠道的销售成本越高，其产品定价越高、需求越低，而零售商渠道的需求越高，利润越大。相应地，此时分销模式和代售模式的优势逐渐变小。具体地，当 $\theta=0.5$ 时，不同销售模式下的零售商利润大小关系如图 2-3 所示。

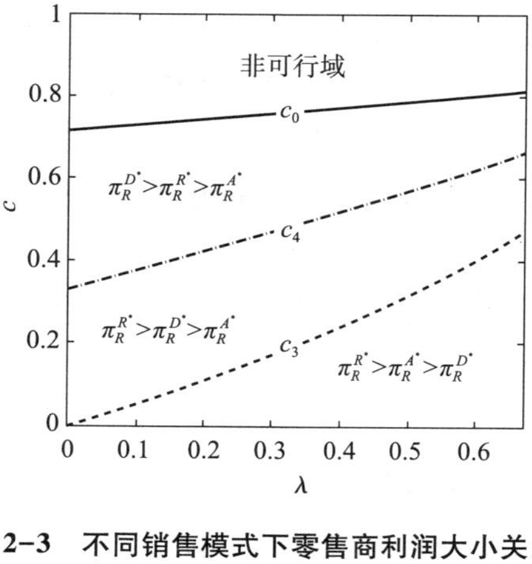

图 2-3 不同销售模式下零售商利润大小关系

命题 2.3　制造商不同销售模式选择对平台商利润的影响。

(1) 当 $\theta \in (0, \theta_2)$ 且 $\lambda \in (0, \lambda_2)$ 时，平台商利润大小关系：$\pi_P^{R*} > \pi_P^{A*} > \pi_P^{D*}$。

(2) 当 $\theta \in (0, \theta_2)$ 且 $\lambda \in (\lambda_2, \lambda_0)$ 时，平台商利润大小关系：$\pi_P^{A*} > \pi_P^{R*} > \pi_P^{D*}$。

(3) 当 $\theta \in (\theta_2, 1)$ 时，平台商利润大小关系：$\pi_P^{R*} > \pi_P^{A*} > \pi_P^{D*}$。

命题 2.3 表明当制造商选择直销模式时，平台商所得利润始终最低。这是因为在分销模式下平台商的利润来源于零售商的许可费和自身销售收入；在代售模式下来源于零售商和制造商的许可费；而在直销模式下仅来自零售商所支付的许可费。此时的平台商不能从直销渠道销售产品中获利，因此直销模式下平台商的利润最低。此外，在分销模式或代售模式下，平台商利润大小与渠道间竞争强度和平台商的许可费率有关。当渠道间竞争较弱且许可费率较低时，在分销模式下平台商利润最大；当渠道间竞争较弱且许可费率较高时，在代售模式下平台商利润最大；当渠道间竞争较强时，在分销模式下平台商利润最大。这是因为在分销模式下，平台商可以通过分销产品获得收益，此收益要大于同等条件下所收取的许可费，且此优势在渠道竞争较强时更加突出，故此时分销模式下平台商利润最大。而当渠道间竞争较弱且许可费率较高时，分销模式下的收益较少且低于代售模式下收取的制造商的许可费，故此时平台商利润在代售模式下最高。具体地，制造商不同销售模式下平台商利润大小关系如图 2-4 所示。

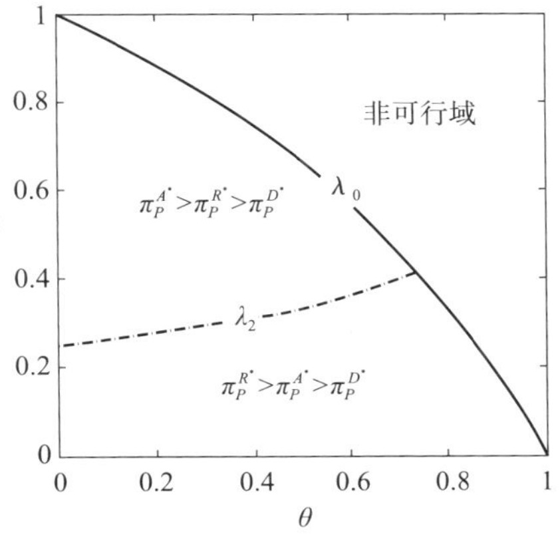

图 2-4　不同销售模式下平台商利润大小关系

命题 2.4 制造商不同销售模式选择对供应链利润的影响。

(1)当 $\theta\in(0,\ \theta_3)$时：(i)若 $\lambda\in(0,\ \lambda_3)$且 $c\in(0,\ c_5)$，则供应链利润大小关系为：$\pi_{SC}^{A*}>\pi_{SC}^{D*}>\pi_{SC}^{R*}$；(ii)若 $\lambda\in(0,\ \lambda_3)$且 $c\in(c_5,\ c_0)$，则供应链利润大小关系为：$\pi_{SC}^{A*}>\pi_{SC}^{R*}>\pi_{SC}^{D*}$；(iii)若 $\lambda\in(\lambda_3,\ \lambda_0)$，则供应链利润大小关系为：$\pi_{SC}^{A*}>\pi_{SC}^{R*}>\pi_{SC}^{D*}$。

(2)当 $\theta_3<\theta<\theta_4$ 时：(i)若 $\lambda\in(0,\ \lambda_4)$，则供应链利润大小关系为：$\pi_{SC}^{R*}>\pi_{SC}^{A*}>\pi_{SC}^{D*}$；(ii)若 $\lambda\in(\lambda_4,\ \lambda_0)$，则供应链利润大小关系为：$\pi_{SC}^{A*}>\pi_{SC}^{R*}>\pi_{SC}^{D*}$。

(3)当 $\theta\in(\theta_4,\ 1)$时，供应链利润大小关系为：$\pi_{SC}^{R*}>\pi_{SC}^{A*}>\pi_{SC}^{D*}$。

命题 2.4 说明了制造商不同销售模式选择对整个供应链利润大小关系的影响。从中可以看出：当渠道间竞争较强时，供应链整体在制造商选择分销模式下利润最大；而在其他情形下供应链整体在制造商选择代售模式下利润最大，此时直销模式始终不是占优选择。这是因为对于整个供应链来说，直销模式下产生了额外的销售成本，使得供应链整体利润较低。但当渠道竞争较弱、许可费率较低且直销成本较低时，直销模式下的供应链利润大于分销模式下的供应链利润。具体如图 2-5 所示。

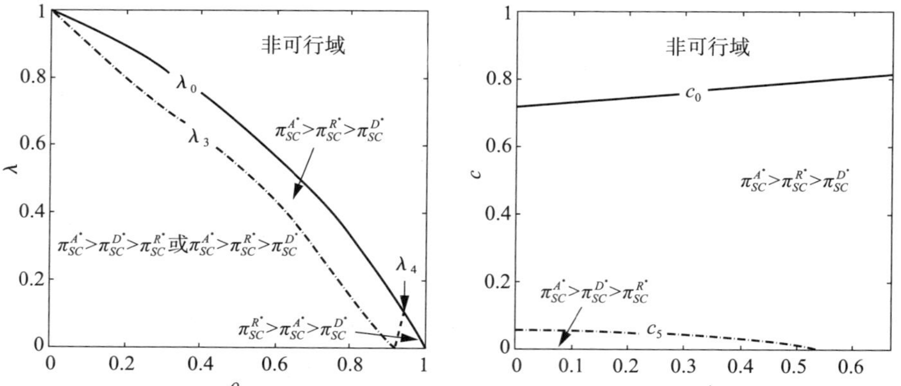

(a) $\theta-\lambda$ 对供应链利润大小关系影响　　(b) 当θ=0.5时，$\lambda-c$对供应链利润大小关系影响

图 2-5 不同销售模式下供应链利润大小关系

命题 2.5 制造商不同销售模式选择对消费者剩余的影响。

(1)当 $\lambda\in(0,\ \lambda_5)$时：(i)若 $c\in(0,\ c_6)$，则 $\pi_{CS}^{D*}>\pi_{CS}^{A*}>\pi_{CS}^{R*}$；(ii)若 $c\in$

$(c_6,\ c_7)$，则 $\pi_{CS}^{A*}>\pi_{CS}^{D*}>\pi_{CS}^{R*}$；(iii)若 $c\in(c_7,\ c_0)$，则 $\pi_{CS}^{A*}>\pi_{CS}^{R*}>\pi_{CS}^{D*}$。

(2)当 $\lambda\in(\lambda_5,\ \lambda_0)$时：(i)若 $c\in(0,\ c_7)$，则 $\pi_{CS}^{A*}>\pi_{CS}^{D*}>\pi_{CS}^{R*}$；(ii)若 $c\in(c_7,\ c_0)$，则 $\pi_{CS}^{A*}>\pi_{CS}^{R*}>\pi_{CS}^{D*}$。

命题 2.5 表明制造商选择分销模式对于消费者来说始终不是最优选择。在代售模式下的消费者剩余始终高于在分销模式下的消费者剩余。这是因为在代售模式下制造商只需向平台商支付一定的许可费；而在分销模式下，从平台商处销售的产品经过双重加价后价格始终要高于在代售模式下的价格。此外，对消费者而言，直销模式在制造商直销成本较低时是占优选择，随着直销成本的升高，此模式逐渐演变为次优选择。这是因为当制造商选择直销模式时直接将产品销售给消费者。若直销成本较低，则相应的产品零售价格较低，消费者剩余较大。而随着直销成本的升高，价格优势也逐渐消失，消费者剩余逐渐变小。具体地，制造商销售模式选择对消费者剩余的影响如图 2-6 所示。

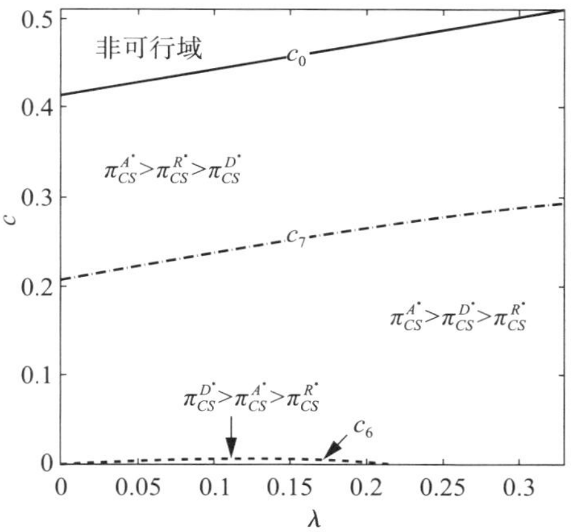

图 2-6　不同销售模式下消费者剩余大小关系

2.5　拓展与讨论

在以上研究的基础上，本节对模型进行拓展从而进一步研究不同条件下制造商销售模式选择均衡。此处主要有以下三个拓展与讨论：(1) 零售商和平台商同时决策；(2) 平台商为渠道领导者；(3)零售商和平台商之间进行数量竞争。具体如命题 2.6~命题 2.8 所示。

2.5.1 同时决策情形

同时决策是指零售商和平台商在制造商选择分销模式下渠道权力相等，进行 Nash 博弈，同时决策产品的零售价格。随着平台商的不断发展壮大，其与零售商之间的权力结构会出现对等的情形，从而使得两者同时决策。当零售商和平台商同时决策时模型的可行域为：$\left\{(\theta,\ \lambda,\ c)\mid 0<\theta<1,\ 0<\lambda<\lambda_0=\dfrac{2(1-\theta)}{2-\theta},\ 0<c<c_0=\dfrac{\lambda\theta-2\theta^2-2\theta+4}{2(2-\theta^2)}\right\}$。在此可行域内，本节通过对比制造商三种销售模式模型可得出其最终销售模式选择均衡，如命题 2.6 所示。

命题 2.6 零售商和平台商同时决策情形下，制造商销售模式选择均衡如下。

(1)当 $\theta\in(0,\ \theta_5)$时：(i)若 $\lambda\in(0,\ \lambda_6)$且 $c\in(0,\ c_8)$，或 $\lambda\in(\lambda_6,\ \lambda_0)$且 $c\in(0,\ c_9)$，则制造商选择均衡为直销模式 D；(ii)若 $\lambda\in(0,\ \lambda_6)$且 $c\in(c_8,\ c_0)$，则制造商选择均衡为代售模式 A；(iii)若 $\lambda\in(\lambda_6,\ \lambda_0)$且 $c\in(c_9,\ c_0)$，则制造商选择均衡为分销模式 R。

(2)当 $\theta\in(\theta_5,\ 1)$时：(i)若 $c\in(0,\ c_8)$，则制造商选择均衡为直销模式 D；(ii)若 $c\in(c_8,\ c_0)$，则制造商选择均衡为代售模式 A。

从命题 2.6 中可以看出，在零售商与平台商权力对等情形下，制造商的销售模式均衡选择与其两者之间权力不对等时(见命题 2.1)相同，即零售商与平台商之间的决策顺序(渠道权力结构)并不影响制造商最终的销售模式选择。具体地，当制造商直销成本较低时，其始终选择直销模式；反之，其选择分销模式或者代售模式。这是因为制造商的三种销售模式中，直销模式和代售模式下的平台商仅获得许可费收入，并不对零售价格做决策。在分销模式下平台商决策零售价格，而此时的不同决策顺序的影响较小，不足以改变整个制造商销售模式的均衡选择。

2.5.2 平台商为渠道领导者情形

基本模型中将制造商定义为 Stackelberg 领导者。然而，随着电子商务的发展，许多平台包括亚马逊、天猫和京东，往往比制造商更强大，是 Stackelberg 领导者[6]。在本小节中，假设平台商是渠道领导者，并且 $0<\lambda<\lambda_0$、$0<c<c_0$，以确保所有最优解都存在且是非负的。

在平台商为领导者的供应链中，以模型 R 为例，博弈顺序如下(添加上标"L"表示平台足够大以充当渠道领导者时的情况)。首先，平台作为渠道领导者，确定其利润 m_o^{L-R}($m_o^{L-R}=p_o^{L-R}-w_o^{L-R}$)。随后，制造商决定批发价格 w_r^{L-R} 和 w_o^{L-R}，零售商设定利润 m_r^{L-R}($m_r^{L-R}=p_r^{L-R}-w_r^{L-R}$)。

因此，代售模式(L-R 模型)下的利润函数为：

$$\begin{cases}\max\limits_{m_o^{L-R}} \pi_P^{L-R}=\lambda\left(w_r^{L-R}+m_r^{L-R}\right)q_r^{L-R}+m_o^{L-R}q_o^{L-R}\\ \text{s. t.}\ \max\limits_{w_r^{L-R},w_o^{L-R}} \pi_M^{L-R}=w_r^{L-R}q_r^{L-R}+w_o^{L-R}q_o^{L-R}\\ \text{s. t.}\ \max\limits_{m_r^{L-R}} \pi_R^{L-R}=(1-\lambda)\left(w_r^{L-R}+m_r^{L-R}\right)q_r^{L-R}-w_r^{L-R}q_r^{L-R}\end{cases} \tag{2-14}$$

通过反向归纳和比较分析，得出制造商对销售模式的最优选择，如命题 2.7 所示。

命题 2.7　当平台作为渠道领导者时，制造商对销售模式的最佳选择如下。

(1)当 $\theta\in(0,\ \theta_6)$时，(i)若 $\lambda\in(0,\ \lambda_7)$、$c\in(0,\ c_{10})$或 $\lambda\in(\lambda_7,\ \lambda_0)$、$c\in(0,\ c_{11})$，则直销模式最优；(ii)若 $\lambda\in(0,\ \lambda_7)$、$c\in(c_{10},\ c_0)$，则代售模式最优；(iii)当 $\lambda\in(\lambda_7,\ \lambda_0)$、$c\in(c_{11},\ c_0)$时，分销模式最优。

(2)当 $\theta\in(\theta_6,\ 1)$时，若 $c\in(0,\ c_{10})$，则直销模式最优；若 $c\in(c_{10},\ c_0)$，则代售模式最优。

命题 2.7 表明当平台商作为渠道领导者时，制造商选择销售模式的均衡结果仍然有效。更具体地说，当直销成本 c 较低时，制造商总是选择模型 D，否则更倾向于模型 A 或模型 R。当 c 较高时，制造商在模型 A 和模型 R 之间的选择取决于竞争强度 θ 和许可费率 λ。特别是，很容易验证平台商 Stackelberg 供应链中的竞争强度阈值 θ 低于制造商 Stackelberg 的供应链($\theta_6<$

θ_1)，而阈值 λ 则相反($\lambda_7>\lambda_1$)。这一结果意味着制造商选择模型 R 的条件更窄。这主要是因为平台商决定了模型 R 下的零售价格 p_o，强大的渠道力量赋予了平台对渠道的更大控制权，并实现对自己更有利的定价。然而，这种优势在模型 A 和模型 R 中不再存在。当平台商作为渠道领导者时，制造商的销售模式均衡如图 2-7 所示。

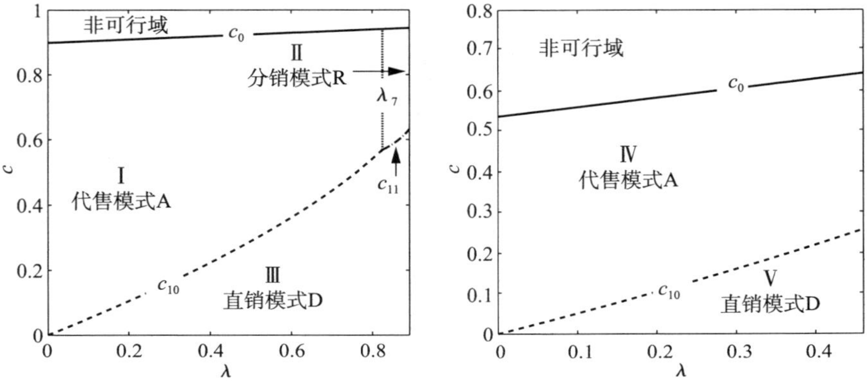

(a) 弱渠道竞争 ($0<\theta<\theta_6\approx0.229$)　　(b) 强渠道竞争 ($\theta_6<\theta<1$)

图 2-7　平台商为渠道领导者下的制造商销售模式选择均衡

2.5.3　数量竞争情形

当零售商和平台商进行数量(Cournot)竞争时，参考 Bian 等[187]的研究，需求函数表示为：

$$\begin{cases}p_r=1-q_r-\theta q_o\\ p_o=1-q_o-\theta q_r\end{cases}\tag{2-15}$$

这里假设 $0<\lambda<\lambda_0=(2-2\theta)/(2-\theta)$ 且 $0<c<c_0^0=(4+\theta\lambda-2\theta)/4$，以确保所有最优解都存在且非负。由此得出制造商销售模式的最优选择，如命题 2.8 所示。

命题 2.8　在数量竞争情形下，制造商销售模式选择均衡如下。

(1)当 $\theta\in(0,\ \theta_7)$时：(i)若 $\lambda\in(0,\ \lambda_8)$、$c\in(0,\ c_{12})$或 $\lambda\in(\lambda_8,\ \lambda_0)$、$c\in(0,\ c_{13})$，则直销模式最优；(ii)若 $\lambda\in(0,\ \lambda_8)$、$c\in(c_{12},\ c_0^0)$，则代售模式最优；(iii)若 $\lambda\in(\lambda_8,\ \lambda_0)$、$c\in(c_{13},\ c_0^0)$，则分销模式最优。

(2)当 $\theta\in(\theta_7,\ 1)$时：若 $c\in(0,\ c_{12})$，则直销模式最优；若 $c\in(c_{12}$，

c_0^0)，则代售模式最优。

命题 2. 8 表明在数量竞争下，制造商销售模式选择的均衡与竞争强度 θ、许可费率 λ 和直接运营成本 c 密切相关。特别是，很容易验证 Cournot 竞争下的竞争强度阈值 θ 高于价格(Bertrand)竞争($\theta_7>\theta_1$)，而 λ 的阈值则相反($\lambda_8<\lambda_1$)。这一结果意味着制造商选择模型 R 的条件更大。原因是，在 Cournot 竞争下，供应链成员会设定较低的价格以刺激需求。同时，从图 2-8 可以看出，在 Cournot 竞争下，模型 R 的选择范围大于 Bertrand 竞争下的选择范围，这表明模型 R 的优势可以在 Cournot 竞争下更好地体现出来。

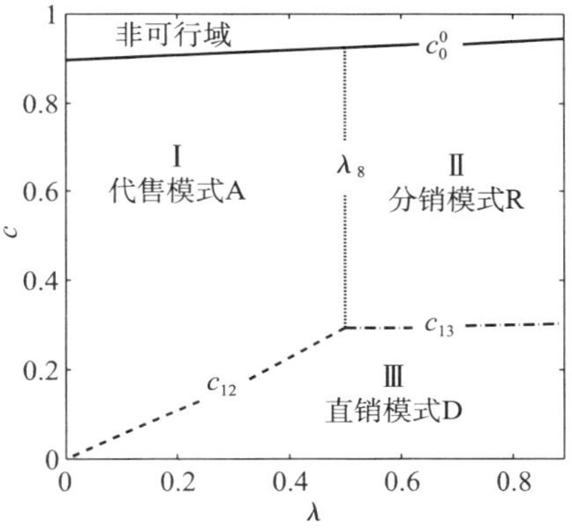

(a) 弱渠道竞争 ($0<\theta<\theta_7\approx0.678$)

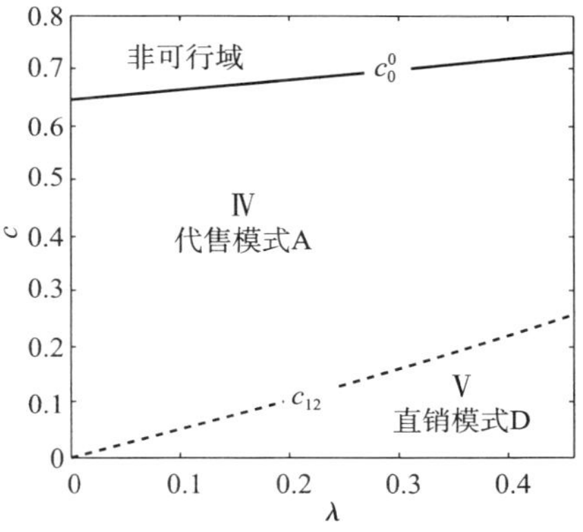

(b) 强渠道竞争 ($\theta_7<\theta<1$)

图 2-8　在 Cournot 竞争下制造商的最优销售模式选择

2.6　本章小结

本章研究了在面向平台模式的线上零售供应链中，制造商开通双渠道时的销售模式选择问题。构建了制造商的三种销售模式模型：分销模式、代售模式、直销模式。通过对比分析得到了制造商销售模式选择均衡条件，并分析了其选择对零售商、平台商、供应链及消费者剩余的影响。最后在基础模型的基础上，进一步拓展和讨论了零售商和平台商同时决策、平台商作为渠道领导者以及数量竞争的情况下制造商的最优销售模式选择。本章研究得到以下结论及管理启示：

(1)在一定条件下，分销模式、代售模式、直销模式等三种销售模式均有可能是制造商的均衡选择，且此选择受渠道间竞争强度、平台商许可费率及直销成本的影响。在市场环境发生改变时，制造商可根据具体环境来决策自身的销售模式，从而使利润最大化。

(2)总体来说，当制造商直销成本较低时，直销模式是最优选择，此时销售模式选择不受其他因素的影响。可以看出，相比渠道间竞争强度和平台商的许可费率，直销成本对制造商的销售模式选择影响更大。同时这一因素也是制造商本身所能及时了解和把控的，因此制造商可以更多地根据自身构建渠道的条件和能力去衡量和选择。

(3)当直销成本较高时，制造商对于代售模式和分销模式的选择则取决于渠道竞争强度和许可费率的大小。具体地，当渠道间竞争较弱时：若许可费率较低，则制造商选择代售模式；若许可费率较高，则制造商选择分销模式。

(4)制造商不同销售模式选择对零售商、平台商、供应链整体以及消费者剩余产生重要影响。制造商销售模式选择的不同也受渠道间竞争强度和平台商许可费率大小的影响，因此零售商和平台商可以策略性地调节自身决策以影响制造商的销售模式选择，从而使自身利润最大化。同时，此结论也为供应链成员之间进行谈判提供了依据。

(5)零售商与平台商之间的决策顺序不影响其最终均衡的选择。随着零售商和平台商的不断壮大，两者之间的权力结构也会发生改变。而制造商作为供应链的领导者，只要其自身始终占据领导地位，则不需关心零售商和平台商之间的权力结构改变产生的影响。

第 3 章

线上零售竞合供应链零售商销售模式选择研究

3.1 引言

一直以来，作为制造商和消费者之间的媒介，零售商对于产品分销的重要作用不言而喻。在部分行业中一些零售商甚至在与制造商谈判中拥有相当大的话语权。随着电子商务的发展以及电商平台的崛起，制造商可以通过平台商提供的网上交易平台直接对接消费者，这一现象极大地削弱了零售商的地位。同时，多个销售渠道并存也必然引起竞争和冲突，此时的零售商不得不考虑经营方式的转变。对于零售商而言，其有两种销售模式可以选择：代售模式和直销模式。在现实企业经营中，一方面，五星电器等零售商选择在平台商提供的交易平台上开设专营店(代售模式)；另一方面，国美等零售商选择自己构建网上交易平台(直销模式)。此外，在不同的市场环境和发展阶段，零售商和平台商等分销商对产品的决策目标(价格或者销售量)不尽相同。例如分销商在市场饱和时往往进行价格决策，而在市场未饱和时采用数量决策来争夺更多市场份额。在此背景下，零售商需要考虑其不同阶段和不同竞争类型下的销售模式选择问题。鉴于以上分析，本章主要研究以下问题：

(1)相同竞争类型下，零售商最优销售模式如何选择?

(2)相同销售模式下，零售商在哪种竞争类型下获得更多利润?

(3)零售商销售模式选择如何影响平台商的利润?

为了回答上述问题，本章研究由一个制造商、一个零售商和一个平台商组成的线上零售供应链结构，在此结构下构建了两种销售模式下的供应链模型，并在不同竞争类型(价格竞争和数量竞争)下分析零售商最优销售模式选择条件。最后，通过数值仿真分析渠道间竞争强度、平台商许可费率及零售商直销成本对零售商和平台商利润的影响。

本章接下来的结构安排如下：在 3.2 节详细描述本章所研究的问题、需求函数、假设条件及模型等；在 3.3 节构建不同竞争类型和销售模式下的供应链模型并进行求解；在 3.4 节对四个模型最优解进行对比并做详细分析；在 3.5 节运用数值仿真对关键参数做灵敏度分析；在 3.6 节对本章结论进行总结。

3.2 问题描述

本章考虑一个由制造商、零售商和平台商构成的线上零售供应链模型。其中，制造商将产品以批发价格销售给零售商和平台商；平台商通过在自身平台上开通自营旗舰店来实现产品的再销售；零售商既可以选择在平台商提供的交易平台上开通专卖店销售产品，也可以自己构建网上交易平台。当零售商通过平台商销售产品时需要向其支付一定的许可费，根据文献[45]的研究，零售商需要支付的许可费占其销售收入的一定比例。此外，在不同销售季节中，零售商和平台商的决策对象不同，因此存在两种竞争类型：价格竞争和数量竞争。

3.2.1 符号说明

本章所用符号及其说明如表 3-1 所示。

表 3-1 符号说明

符号	说明
w_r	制造商销售给零售商的产品批发价格
w_o	制造商销售给平台商的产品批发价格
p_r	零售商的产品零售价格
p_o	平台商的产品零售价格
q_r	零售商的产品销售量
q_o	平台商的产品销售量
a	产品的市场潜在需求量
θ	渠道间竞争强度，$0<\theta<1$，其值越大表明竞争越激烈

续表

符号	说明
λ	平台商的许可费率，$0<\lambda<1$
c	直销模式下零售商单位产品直销成本
π_X^Y	供应链成员 X 在销售模式 Y 下的利润，其中 $X=\{M, R, P, SC\}$，分别表示制造商、零售商、平台商及供应链；$Y=\{RA\text{-}B, RA\text{-}C, RD\text{-}B, RD\text{-}C\}$，分别表示代售模式和价格竞争、代售模式和数量竞争、直销模式和价格竞争、直销模式和数量竞争情形

3.2.2 模型假设

为了更严谨地进行研究，本章做出以下假设：

(1)制造商为 Stackelberg 博弈的领导者，零售商和平台商为追随者[69,70]；

(2)供应链成员均为风险中性且以各自利润最大化为目标进行决策[182]；

(3)制造商生产成本及平台商的销售成本为零[69]；

(4)成员之间没有信息不对称[182]；

(5)考虑单周期决策且在此周期内每个消费者至多购买一个产品[45]。

3.2.3 需求函数

当零售商和平台商之间进行价格竞争[45]时，需求函数可表示为

$$\begin{cases} q_r=\dfrac{1}{1+\theta}-\dfrac{1}{1-\theta^2}p_r+\dfrac{\theta}{1-\theta^2}p_o \\ q_o=\dfrac{1}{1+\theta}-\dfrac{1}{1-\theta^2}p_o+\dfrac{\theta}{1-\theta^2}p_r \end{cases} \tag{3-1}$$

当零售商和平台商之间进行数量竞争[106]时，反需求函数可表示为

$$\begin{cases} p_r=1-q_r-\theta q_o \\ p_o=1-q_o-\theta q_r \end{cases} \tag{3-2}$$

其中 θ 表示渠道间的竞争强度且 $\theta\in(0,1)$。需要说明的是渠道间的竞争随着 θ 增大而加剧。当 $\theta\to 0$ 时表明渠道间没有竞争；当 $\theta\to 1$ 时表明渠道间竞争十分激烈。

3.2.4 销售模型

具体地，零售商存在以下两种销售模式：(a)代售模式(model RA)；(b)

直销模式(model RD)。具体如图 3-1 所示。

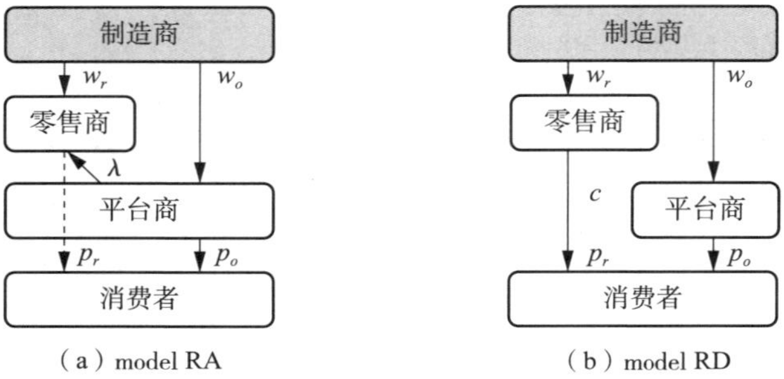

图 3-1 零售商销售模式下的模型

3.3 模型构建与求解

本节构建不同竞争类型下零售商销售模式供应链模型。零售商和平台商的收益矩阵如表 3-2 所示。存在以下四个模型：(1)零售商选择代售模式，零售商和平台商间进行价格竞争(model RA-B)；(2)零售商选择代售模式，零售商和平台商间进行数量竞争(model RA-C)；(3)零售商选择直销模式，零售商和平台商间进行价格竞争(model RD-B)；(4)零售商选择直销模式，零售商和平台商间进行数量竞争(model RD-C)。

表 3-2 收益矩阵

销售模式	竞争类型	
	价格竞争	数量竞争
代售模式(RA)	$(\pi_R^{RA-B*}, \pi_P^{RA-B*})$	$(\pi_R^{RA-C*}, \pi_P^{RA-C*})$
直销模式(RD)	$(\pi_R^{RD-B*}, \pi_P^{RD-B*})$	$(\pi_R^{RD-C*}, \pi_P^{RD-C*})$

3.3.1 代售模式模型

零售商选择代售模式(model RA)时，制造商、零售商和平台商利润函数分别为：

$$\max_{w_r,w_o} \pi_M^{RA}=w_rq_r+w_oq_o \tag{3-3}$$

$$\max_{p_r/q_r} \pi_R^{RA}=(1-\lambda)p_rq_r-w_rq_r \tag{3-4}$$

$$\max_{p_o/q_o} \pi_P^{RA}=\lambda p_rq_r+(p_o-w_o)q_o \tag{3-5}$$

3.3.1.1　价格竞争情形

当零售商选择代售模式且零售商与平台商之间进行价格竞争时，供应链成员的决策顺序：首先，制造商作为领导者先决策产品的批发价格 w_r 和 w_o；其次，零售商决策其零售价格 p_r；最后，平台商决策其零售价格 p_o。

引理 3.1　当零售商选择代售模式且其与平台商间进行价格竞争时，决策变量最优解分别为：$w_r^{RA-B*}=\frac{(1-\lambda)}{2}$，$w_o^{RA-B*}=\frac{(1-\lambda\theta)}{2}$，$p_r^{RA-B*}=\frac{(-2\theta^2\lambda-3\theta^2-\theta+6)}{4(-\theta^2\lambda-\theta^2+2)}$，$p_o^{RA-B*}=\frac{[\theta(\theta^2-7\theta+2)\lambda+\theta^3-7\theta^2-2\theta+12]}{8(-\theta^2\lambda-\theta^2+2)}$。

将以上最优解代入制造商、零售商及平台商的利润函数中，可求得其最优利润，分别为：$\pi_M^{RA-B*}=\frac{[4(\theta+1)\theta^2\lambda^2+(\theta^3-5\theta^2-8\theta-4)\lambda-\theta^3-3\theta^2+4\theta+8]}{16(\theta+1)(-\theta^2\lambda-\theta^2+2)}$，

$\pi_R^{RA-B*}=\frac{(1-\lambda)(1-\theta)(\theta+2)^2}{32(\theta+1)(-\theta^2\lambda-\theta^2+2)}$，

$$\pi_P^{RA-B*}=\frac{\begin{bmatrix}16(\theta+1)\theta^4\lambda^3+(23\theta^3+29\theta^2-56\theta-60)\theta^2\lambda^2+\\(6\theta^5+18\theta^4-36\theta^3-52\theta^2+48\theta+48)\lambda-(\theta-1)(\theta^2-2\theta-4)^2\end{bmatrix}}{64(\theta+1)(-\theta^2\lambda-\theta^2+2)^2}$$。

3.3.1.2　数量竞争情形

当零售商选择代售模式且零售商与平台商之间进行数量竞争时，供应链成员的决策顺序：首先，制造商作为领导者先决策产品的批发价格 w_r 和 w_o；其次，零售商决策其销售量 q_r；最后，平台商决策其销售量 q_o。

引理 3.2　当零售商选择代售模式且零售商和平台商之间为数量竞争时，决策变量最优解分别为：$w_r^{RA-C*}=\frac{(1-\lambda)[(2-\theta)\theta^2\lambda^2-(\theta^3+2\theta^2-4\theta+8)\lambda-4\theta^2+8]}{4(\theta^2\lambda^2-4\lambda-2\theta^2+4)}$，

$w_o^{RA-C*}=\frac{(1-\lambda)[-(\theta+2)\theta\lambda-2\theta^2+4]}{2(\theta^2\lambda^2-4\lambda-2\theta^2+4)}$，$q_r^{RA-C*}=\frac{(2-\theta-2\lambda)}{2(\theta^2\lambda^2-4\lambda-2\theta^2+4)}$，

$q_o^{RA-C*}=\dfrac{[\theta^2\lambda^2-2(2-\theta)\lambda-\theta^2-2\theta+4]}{8(\theta^2\lambda^2-4\lambda-2\theta^2+4)}$。

将以上最优解代入制造商、零售商及平台商的利润函数中，可得供应链中各成员最优利润，分别为：$\pi_M^{RA-C*}=\dfrac{(1-\lambda)[-(\theta^2+4)\lambda-\theta^2-4\theta+8]}{8(\theta^2\lambda^2-4\lambda-2\theta^2+4)}$，

$\pi_R^{RA-C*}=\dfrac{(1-\lambda)(2-\theta^2\lambda-\theta^2)(2\lambda+\theta-2)^2}{8(\theta^2\lambda^2-4\lambda-2\theta^2+4)^2}$，

$\pi_P^{RA-C*}=\dfrac{\begin{bmatrix}(\theta^2-16)\theta^2\lambda^4-4(\theta^3-2\theta^2-6)\lambda^3-2(\theta^4+2\theta^3-22\theta^2+40)\lambda^2+\\4(\theta-2)(3\theta^2-3\theta-2)\lambda+(\theta^2+2\theta-4)^2\end{bmatrix}}{16(\theta^2\lambda^2-4\lambda-2\theta^2+4)^2}$。

3.3.2 直销模式模型

当零售商选择直销模式(model RD)，即零售商自己构建网上交易平台销售产品时，制造商、零售商和平台商的利润函数可分别表示为：

$$\max_{w_r,w_o}\pi_M^{RD}=w_rq_r+w_oq_o \tag{3-6}$$

$$\max_{p_r/q_r}\pi_R^{RD}=(p_r-w_r)q_r-cq_r \tag{3-7}$$

$$\max_{p_o/q_o}\pi_P^{RD}=(p_o-w_o)q_o \tag{3-8}$$

3.3.2.1 价格竞争情形

当零售商选择直销模式且零售商与平台商之间进行价格竞争时，供应链成员的决策顺序：首先，制造商作为领导者先决策产品的批发价格 w_r 和 w_o；其次，零售商决策其零售价格 p_r；最后，平台商决策其零售价格 p_o。

引理 3.3 当零售商选择直销模式且零售商和平台商之间为价格竞争时，各决策变量最优解分别为：$w_r^{RD-B*}=\dfrac{(1-c)}{2}$，$w_o^{RD-B*}=\dfrac{1}{2}$，$p_r^{RD-B*}=\dfrac{[2c+(\theta+2)(3-2\theta)]}{2(4-\theta^2)}$，

$p_o^{RD-B*}=\dfrac{[\theta c+(\theta+2)(3-2\theta)]}{2(4-\theta^2)}$。

将以上最优解代入制造商、零售商及平台商的利润函数中，可求得供应链中各成员最优利润，分别为：$\pi_M^{RD-B*}=\dfrac{[(2-\theta^2)c^2-2(1-\theta)(\theta+2)c+2(1-\theta)(\theta+2)]}{4(1-\theta)(2-\theta)(\theta+1)(\theta+2)}$，

$\pi_R^{RD-B*}=\frac{[(2-\theta^2)c-(1-\theta)(\theta+2)]^2}{4(1-\theta)(\theta+1)(2-\theta)^2(\theta+2)^2}$，$\pi_P^{RD-B*}=\frac{[\theta c+(1-\theta)(\theta+2)]^2}{4(1-\theta)(\theta+1)(2-\theta)^2(\theta+2)^2}$。

3.3.2.2　数量竞争情形

当零售商选择直销模式且零售商与平台商之间进行数量竞争时，供应链成员的决策顺序：首先，制造商作为领导者先决策产品的批发价格 w_r 和 w_o；其次，零售商决策其销售量 q_r；最后，平台商决策其销售量 q_o。

引理 3.4　当零售商选择直销模式且零售商和平台商之间为数量竞争时，各决策变量最优解分别为：$w_r^{RD-C*}=\frac{(1-c)}{2}$，$w_o^{RD-C*}=\frac{1}{2}$，$q_r^{RD-C*}=\frac{(2-2c-\theta)}{4(2-\theta^2)}$，$q_o^{RD-C*}=\frac{[2\theta c-\theta^2-2\theta+4]}{8(2-\theta^2)}$。

将最优解代入制造商、零售商及平台商的利润函数中，可得供应链中各成员最优利润，分别为：$\pi_M^{RD-C*}=\frac{[4c^2-4(2-\theta)c-\theta^2-4\theta+8]}{16(2-\theta^2)}$，$\pi_R^{RD-C*}=\frac{[2c+\theta-2]^2}{32(2-\theta^2)}$，$\pi_P^{RD-C*}=\frac{[2\theta c-\theta^2-2\theta+4]^2}{64(2-\theta^2)^2}$。

3.4　对比分析

本章对以上四个模型的最优解进行对比分析。首先，确定本章研究的可行域。其次，分析不同模型下决策变量之间的关系。再次，分别在价格竞争和数量竞争下分析零售商最优销售模式选择条件以及其对平台商利润的影响。最后，分别在零售商代售和直销模式选择下，分析零售商与平台商之间竞争类型对其利润的影响。具体如命题 3.1～命题 3.9 所示。

引理 3.5　为保证各模型最优解存在且唯一，模型各参数需满足以下约束条件：$\left\{(\theta,\lambda,c)\mid 0<\theta<1,\ 0<\lambda<\lambda_0=\frac{2-\sqrt{2\theta^4-4\theta^2+4}}{\theta^2},\ 0<c<c_0=\frac{2-\theta-\theta^2}{2-\theta^2}\right\}$。

引理 3.5 中参数取值范围保证了各模型最优解的存在及其唯一性，也是本章研究的可行域。从中可以看出，平台商收取的许可费率及零售商直销成本均不会太高。这是因为在实际企业经营中零售商的销售利润占销售收入的比例不会太高。同理，若零售商的直销成本太高，则会导致零售商在直销模式下的收益为零，此时直销模式模型也就不存在讨论的价值。引理 3.5 既保证了各模型最优解的存在及供应链中各成员的利润为正，也使得此研究具有了现实意义。

命题 3.1 不同模型下决策变量关系如下。

(1)(i)当 $c \in (0, c_1)$ 时，$p_r^{RA-B*} > p_r^{RD-B*}$；(ii)当 $c \in (c_1, c_0)$ 时，$p_r^{RA-B*} < p_r^{RD-B*}$。

(2)(i)当 $\lambda \in (0, \lambda_1)$ 时：若 $c \in (0, c_2)$，则 $p_o^{RA-B*} > p_o^{RD-B*}$；若 $c \in (c_2, c_0)$，则 $p_o^{RA-B*} < p_o^{RD-B*}$。(ii)当 $\lambda \in (\lambda_1, \lambda_0)$ 时，$p_o^{RA-B*} > p_o^{RD-B*}$。

(3)(i)当 $\lambda \in (0, \lambda_2)$ 时：若 $c \in (0, c_3)$，则 $q_r^{RA-C*} < q_r^{RD-C*}$、$q_o^{RA-C*} > q_o^{RD-C*}$；若 $c \in (c_3, c_0)$，则 $q_r^{RA-C*} > q_r^{RD-C*}$、$q_o^{RA-C*} < q_o^{RD-C*}$。(ii)当 $\lambda \in (\lambda_2, \lambda_0)$ 时，$q_r^{RA-C*} < q_r^{RD-C*}$、$q_o^{RA-C*} > q_o^{RD-C*}$。

命题 3.1(1)表明当零售商和平台商之间为价格竞争时：若零售商直销成本较低，则其零售价格在代售模式下较高；反之则在直销模式下较高。这是因为进行价格竞争时，零售商在较低的直销成本下为了最大化自身利润会降低零售价格以增加销售量；反之则提高零售价格以应对高额的成本支出。

从命题 3.1(2)可知，当零售商和平台商之间为价格竞争时，平台商的零售价格与许可费率和零售商直销成本有关。当许可费率和直销成本均较低，或许可费率较高时，平台商零售价格在零售商选择代售模式下最高；当许可费率和直销成本均较高时，平台商零售价格在零售商选择直销模式下最高。这是因为在直销模式下，平台商利润来源只有产品的销售收入；而在代售模式下其利润不仅有产品的销售收入而且包含零售商缴纳的许可费。当许可费率较低且直销成本较高时，零售商零售价格在直销模式下较高，这与零售商支出成本呈正相关关系。

从命题 3.1(3)可知，当零售商和平台商之间为数量竞争时：若许可费率和零售商直销成本较低，或许可费率较高，则零售商销售量在直销模式下最高；若许可费率和直销成本较高，则零售商销售量在代售模式下最高。而平台商的销售量大小关系与零售商的完全相反。这是因为平台商和零售商进行数量竞争，较高的成本不利于其销售量的增加。

3.4.1 价格竞争情形

本小节研究当零售商与平台商之间为价格竞争时，零售商销售模式选择及其对平台商利润的影响。具体如命题 3.2 和命题 3.3 所示。

命题 3.2　价格竞争下，零售商销售模式选择如下。

(1) 当 $c\in(0,\ c_4)$ 时，零售商最优选择为直销模式 RD。

(2) 当 $c\in(c_4,\ c_0)$ 时，零售商最优选择为代售模式 RA。

命题 3.2 表明当零售商与平台商之间为价格竞争时，零售商销售模式选择与其直销成本高低有关。当零售商直销成本较低时，其最优销售模式选择为直销模式；反之，代售模式为占优选择。这是因为代售模式下，零售商需要向平台商支付一定的许可费(一定比例的零售商收入 $\lambda p_r q_r$)，而在直销模式下付出的为直销成本(cq_r)。此时直销成本的影响较许可费率更大。因此无论许可费率大小如何，零售商始终在直销成本较低时选择直销模式，直销成本较高时选择代售模式。命题 3.2 进一步表明，若小型零售商没有足够的渠道权力和运营能力产生成本优势，则其应该选择代售模式。例如，许多实力较弱的零售商选择在亚马逊、京东和天猫等平台上销售产品，而一些规模较大的零售商(如国美)则倾向于建立电子商务网站。命题 3.2 进一步表明，若小型零售商没有足够的渠道权力和运营能力产生成本优势，则其应该选择代售模式。例如，许多实力较弱的零售商选择在亚马逊、京东和天猫等平台上销售产品，而一些规模较大的零售商(如国美)则倾向于建立电子商务网站。具体的当 $\theta=0.5$ 时，价格竞争下的零售商销售模式选择如图 3-2 所示。

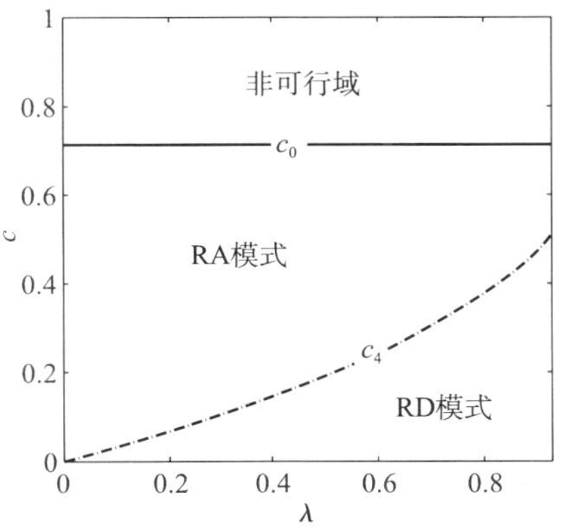

图 3-2　价格竞争下零售商销售模式选择

命题 3.3　价格竞争下，零售商销售模式选择对平台商利润的影响如下。

(1) 当 $\theta\in(0,\ \theta_1)$ 时：(i) 若 $\lambda\in(0,\ \lambda_3)$，则 $\pi_P^{RA-B*}>\pi_P^{RD-B*}$。(ii) 若 $\lambda\in(\lambda_3,\ \lambda_0)$，则当 $c\in(0,\ c_5)$ 时，$\pi_P^{RA-B*}>\pi_P^{RD-B*}$；当 $c\in(c_5,\ c_0)$ 时，$\pi_P^{RA-B*}<\pi_P^{RD-B*}$。

（2）当 $\theta \in (\theta_1, 1)$ 时，$\pi_P^{RA-B*} > \pi_P^{RD-B*}$。

命题 3.3 表明零售商在不同销售模式选择下，平台商的利润大小与渠道间竞争强度、许可费率及直销成本大小有关。具体来说，当渠道间竞争较激烈时，在零售商选择代售模式时平台商的利润更大。这是因为代售模式下平台商的利润来源于零售商的许可费和自身产品销售利润，两个渠道的激烈竞争使得零售价格降低，而此时零售商缴纳的许可费可以有效弥补平台商损失。当渠道间竞争较弱时，若同时许可费率较高且直销成本较低，则平台商在零售商选择代售模式时利润更高。

3.4.2 数量竞争情形

本小节分析当零售商与平台商之间为数量竞争时，零售商销售模式选择及对平台商利润大小的影响。具体如命题 3.4 和命题 3.5 所示。

命题 3.4 数量竞争下，零售商销售模式选择如下。

（1）当 $\theta \in (0, \theta_2)$ 时：（i）若 $c \in (0, c_6)$，则 $\pi_R^{RA-C*} < \pi_R^{RD-C*}$；（ii）若 $c \in (c_6, c_0)$，则 $\pi_R^{RA-C*} > \pi_R^{RD-C*}$。

（2）当 $\theta \in (\theta_2, \theta_3)$ 时：（i）若 $\lambda \in (0, \lambda_6)$ 且 $c \in (0, c_6)$，则 $\pi_R^{RA-C*} < \pi_R^{RD-C*}$；（ii）若 $\lambda \in (0, \lambda_6)$ 且 $c \in (c_6, c_0)$，则 $\pi_R^{RA-C*} > \pi_R^{RD-C*}$；（iii）若 $\lambda \in (\lambda_6, \lambda_0)$，则 $\pi_R^{RA-C*} > \pi_R^{RD-C*}$。

（3）当 $\theta \in (\theta_3, 1)$ 时：（i）若 $\lambda \in (0, \lambda_4)$ 且 $c \in (0, c_6)$，则 $\pi_R^{RA-C*} < \pi_R^{RD-C*}$；（ii）若 $\lambda \in (0, \lambda_4)$ 且 $c \in (c_6, c_0)$，则 $\pi_R^{RA-C*} > \pi_R^{RD-C*}$；（iii）若 $\lambda \in (\lambda_4, \lambda_5)$，则 $\pi_R^{RA-C*} < \pi_R^{RD-C*}$；（iv）若 $\lambda \in (\lambda_5, \lambda_6)$ 且 $c \in (0, c_6)$，则 $\pi_R^{RA-C*} < \pi_R^{RD-C*}$；（v）若 $\lambda \in (\lambda_5, \lambda_6)$ 且 $c \in (c_6, c_0)$，则 $\pi_R^{RA-C*} > \pi_R^{RD-C*}$；（vi）若 $\lambda \in (\lambda_6, \lambda_0)$，则 $\pi_R^{RA-C*} > \pi_R^{RD-C*}$。

命题 3.4 表明在数量竞争下，零售商销售模式选择受渠道间竞争强度、许可费率和直销成本的共同影响。这与价格竞争下的结论有较大不同，同时也表明了零售商和平台商之间的竞争类型对零售商销售模式的选择有很大影响。在价格竞争下，零售商只需要考虑直销成本的影响；而在数量竞争下，零售商对市场环境的变化更加敏感，考虑的因素也更多。造成这一结果的原因可能是价格竞争下直销成本的影响远远超过渠道竞争的影响。而数量竞争下零售商和平台商则需要根据市场环境决定最优数量。基于此背景，平台商与零售商之间的竞争与合作将凸显出更多的价值。因此，渠道竞争和直销成本之间的权衡决定了零售商对销售模式的选择。

命题 3.5　数量竞争下，零售商销售模式选择对平台商利润的影响如下。

（1）当 $\lambda \in (0, \lambda_7)$ 时：（i）若 $c \in (0, c_7)$，则 $\pi_P^{RA-C*} > \pi_P^{RD-C*}$；（ii）若 $c \in (c_7, c_0)$，则 $\pi_P^{RA-C*} < \pi_P^{RD-C*}$。

（2）当 $\lambda \in (\lambda_7, \lambda_8)$ 时：$\pi_P^{RA-C*} > \pi_P^{RD-C*}$。

（3）当 $\lambda \in (\lambda_8, \lambda_9)$ 时：（i）若 $c \in (0, c_7)$，则 $\pi_P^{RA-C*} > \pi_P^{RD-C*}$；（ii）若 $c \in (c_7, c_0)$，则 $\pi_P^{RA-C*} < \pi_P^{RD-C*}$。

（4）当 $\lambda \in (\lambda_9, \lambda_0)$ 时：$\pi_P^{RA-C*} < \pi_P^{RD-C*}$。

命题 3.5 表明了在数量竞争下，零售商不同销售模式下平台商利润大小关系。从中可以看出，当许可费率较低或十分高时，若零售商直销成本较低，则平台商在零售商选择代售模式时利润较高；若零售商直销成本较高，则在直销模式时的利润较高。而当许可费率适中时，平台商始终在零售商选择代售模式时利润较高。当许可费率极高时，平台商始终在零售商选择直销模式时利润较高。这是因为代售模式下，平台商通过收取许可费减缓了渠道间的冲突；而在直销模式下的渠道冲突较强，直销成本影响零售商的定价并对平台商定价产生影响，从而最终影响其利润大小。数量竞争下平台商在不同销售模式下的利润关系如图 3-3 所示。

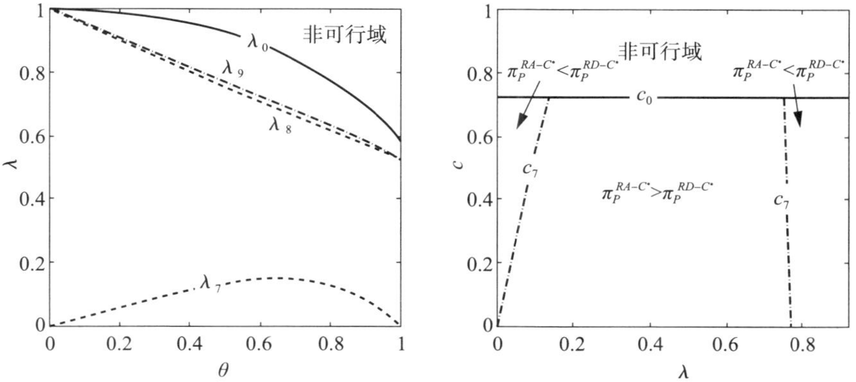

（a）$\theta-\lambda$ 的影响　　（b）当θ=0.5时，$\lambda-c$的影响

图 3-3　数量竞争中不同销售模式下平台商利润大小关系

3.4.3 价格竞争与数量竞争情形对比

本小节在相同的销售模式下，对比分析零售商与平台商之间的竞争类型对零售商以及平台商利润大小的影响。具体如命题 3.6~命题 3.9 所示。

命题 3.6 当零售商选择代售模式时：

(1)若 $\lambda \in (0, \lambda_{10})$ 或 $\lambda \in (\lambda_{11}, \lambda_0)$，则零售商在数量竞争下获利更多。

(2)若 $\lambda \in (\lambda_{10}, \lambda_{11})$，则零售商在价格竞争下获利更多。

命题 3.6 表明了当零售商选择代售模式时，其在不同竞争类型下的利润大小关系。具体地，在平台商许可费率较低时，零售商在数量竞争下获利更多；而在许可费率适中时，其更偏好价格竞争；在平台商许可费率较高时，零售商在数量竞争下获利更多。从中可以看出平台商的许可费率对零售商竞争类型选择的影响并不是单调变化的，而是呈现出反转的情形：先是(偏好)数量竞争再是(偏好)价格竞争然后又是(偏好)数量竞争。原因在于零售商与平台商间的横向竞争(零售商与平台商均转售制造商产品)与二者间的横向合作(平台商允许零售商通过其交易平台销售产品，并收取许可费)存在冲突，零售商关于竞争与合作的权衡导致其竞争类型选择从数量竞争转向价格竞争，并随着许可费率的增加最终回到数量竞争。因此，零售商需要根据平台商的决策策略性地调整其选择，具体如图 3-4 所示。

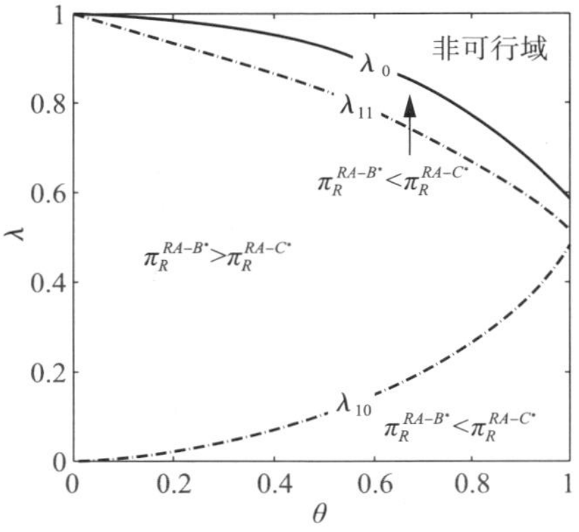

图 3-4 代售模式中不同竞争类型下零售商利润大小关系

命题 3.7 当零售商选择直销模式时，其总是在数量竞争下获利更多。

命题 3.7 表明零售商选择直销模式时，数量竞争下其利润更大。这说明在直销模式下，零售商和平台商之间进行价格竞争对零售商不利。这是因为此时的零售商自建销售渠道产生了额外的直销成本，导致其在价格竞争时处于劣势。故此时选择数量竞争可以缓解对价格和利润的负面影响，进而为占优选择。

命题 3.8　当零售商选择代售模式时，平台商利润大小关系如下。

(1) 当 $\lambda \in (0, \lambda_{12})$ 时，平台商在数量竞争下获利更多；

(2) 当 $\lambda \in (\lambda_{12}, \lambda_0)$ 时，平台商在价格竞争下获利更多。

命题 3.8 表明零售商选择代售模式下，平台商利润大小与自身许可费率大小有关。当许可费率较低时，平台商在数量竞争下获得更多利润；若许可费率较高，则平台商受益于价格竞争。这是因为在代售模式下，平台商的利润来自产品再销售和零售商支付的许可费。因此，竞争效应和许可费之间存在博弈，这可以激励平台商随许可费率的提高从数量竞争演变为价格竞争。很容易注意到，平台商的偏好与命题 3.6 中零售商的偏好相似。激烈的渠道竞争使得平台商在价格上更有优势，故此时进行价格决策对其更有利。而在较弱的渠道竞争下，许可费所占平台商利润来源的比例较大，此时其能影响竞争类型的选择。具体如图 3-5 所示。

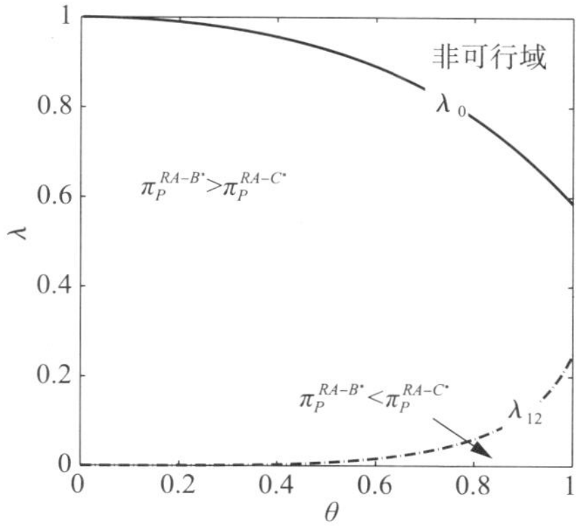

图 3-5　代售模式中不同竞争类型下平台商利润大小关系

命题 3.9　当零售商选择直销模式时，平台商总是在数量竞争下获利更多。

命题 3.9 表明当零售商选择直销模式时，平台商选择数量竞争，这与文献[183]的研究结果一致。从命题 3.7 中可以看出此时零售商也是在数量竞争下获得更多利润。故此时零售商和平台商之间达到均衡，即两者均选择数量竞争。这是因为零售商和平台商之间的竞争较为激烈，此时相比价格竞争，在数量竞争下能获得更高的价格及更多的利润。

3.5 数值仿真

在本节中，通过数值仿真来分析渠道竞争强度、许可费率和直销成本对零售商和平台商利润的影响。此处将参数设置如下：$a=1$，$\theta=0.5$，$\lambda=0.2$，$c=0.05$。在给定其他参数的情形下，分别变动 θ、λ 及 c 的取值以研究其影响。

3.5.1 竞争强度影响分析

本小节分析渠道间竞争强度对不同竞争类型和销售模式下的零售商及平台商利润的影响。结果如图 3-6 所示。

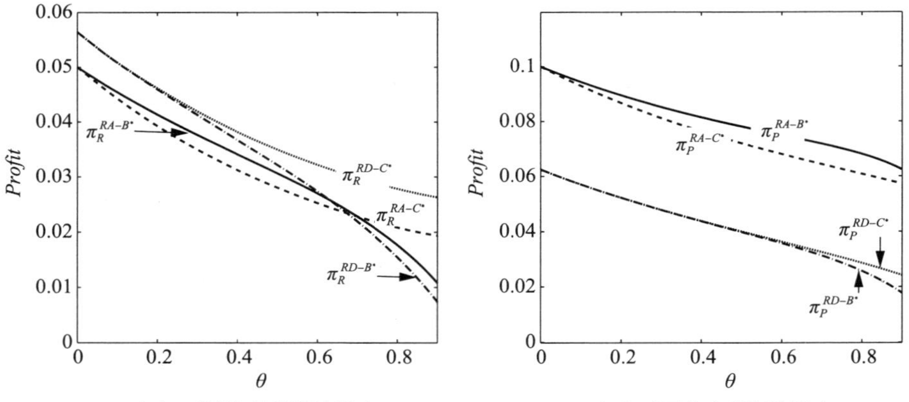

（a）对零售商利润的影响　　（b）对平台商利润的影响

图 3-6　渠道竞争强度对利润的影响

从图 3-6(a)中可以看出，零售商利润随着渠道间竞争的加剧而降低。其中在数量竞争下，其选择直销模式时利润下降速度最慢，即此时零售商利润受到的影响最小。而在价格竞争下，零售商选择直销模式时其利润下降速度最快，并且零售商在渠道间竞争十分激烈时利润增加，此时的竞争反而有利于零售商获得更多利润。下游的激烈竞争将不可避免地刺激供应链成员降低零售价格，这将有利于消费者，但对零售商和平台商不利。

从图 3-6(b)中可以看出，当零售商选择直销模式时，平台商的利润随渠道间竞争强度的增大而降低，并且在价格竞争时下降的速度较快。相比之下，当零售商选择代售模式时，数量竞争下的下降速度更快。这一结果表明，竞争越激烈平台获得的利润越低。这是因为下游的激烈竞争将不可避免地刺激供应链成员降低零售价格，这对消费者有利，而对零售商和平台商不利。

3.5.2 许可费率影响分析

本小节分析平台商许可费率对不同竞争类型和销售模式下的零售商及平台商利润的影响。结果如图 3-7 所示。

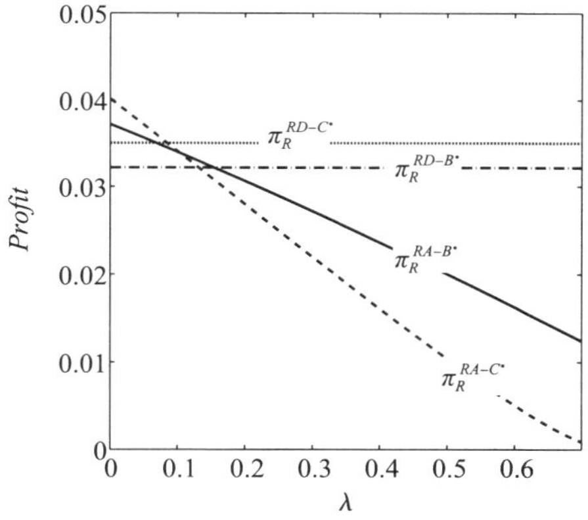

（a）对零售商利润的影响

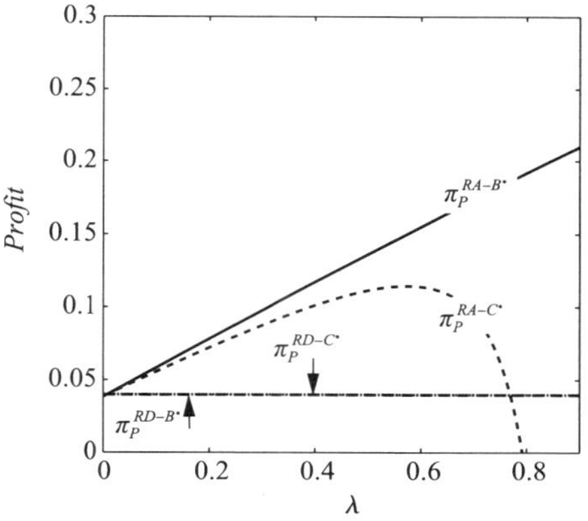

（b）对平台商利润的影响

图 3-7　许可费率对利润的影响

从图 3-7(a)中可以看出，直销模式下零售商利润与许可费率大小无关，这是因为此销售模式下零售商不需缴纳许可费。此外，代售模式下零售商利润随着许可费率的提高而降低且在数量竞争时下降的速度更快。这意味着平台商许可费率的提高会损害到零售商的利润。原因在于，一方面，更高的许可费率缓解了零售商和平台商之间的竞争；另一方面，这会促使零售商向平台支付更多利润。前者所增加的收入低于后者的利润损失，导致零售商的利润减少。因此，在特定情形下零售商会选择构建直销渠道来规避平台商的影响。

从图 3-7(b)中可以看出，直销模式下平台商利润与许可费率大小无关，这是因为此销售模式下零售商不需缴纳许可费。此外，数量竞争和零售商代售模式下，平台商利润随着许可费率的提高先增加后减小；而在价格竞争和零售商代售模式下，平台商的利润总是增加的。这是因为在代售模式下，平台商的利润来自零售商的许可费和转售产品的收入，而零售商的利润是转售产品收入的一定比例。因此，在价格竞争下，更高的许可费率将不可避免地导致零售商的零售价格更高，最终为平台商带来更大的利润。相比在数量竞争下，较高的许可费率会导致零售商的销量减少，而平台商的销量增多，因此过高的许可费率会降低零售商的收入。此时，平台商增加的收入不足以弥补零售商的收入损失，导致整体利润下降。这一观察结果表明，对于平台商来说不断提高许可费率并不是其最优决策，合理定价反而能获得更多利润，因此平台商需要根据市场环境策略性调整其许可费率的定价。例如，数据显示京东的许可费率在 1%到 10%，亚马逊大多数产品的许可费率从 4%到 15%不等[188]。

3.5.3 直销成本影响分析

本小节分析零售商直销成本对不同竞争类型和销售模式下的零售商及平台商利润的影响。具体如图 3-8 所示。

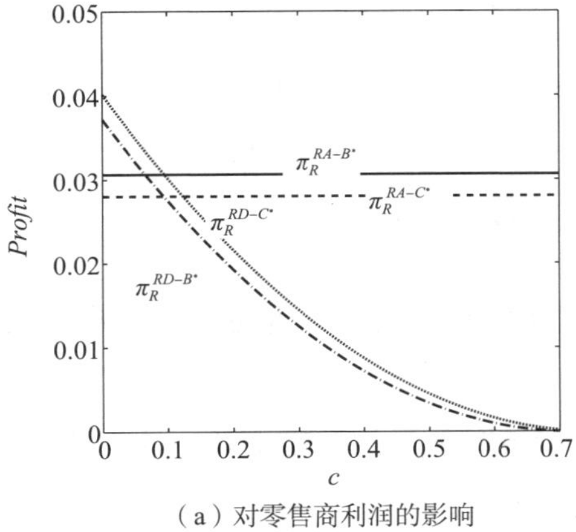

（a）对零售商利润的影响

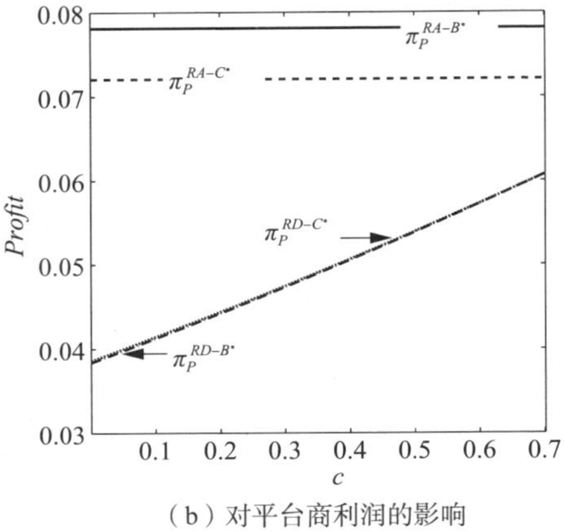

（b）对平台商利润的影响

图 3-8 直销成本对利润的影响

从图 3-8(a)中可以看出，代售模式下零售商利润与直销成本大小无关，这是因为此销售模式下零售商不构建交易平台。此外，在零售商选择直销模式下，其利润大小随着直销成本的提高而减少。这表明若直销成本较高则零售商便无利可图。因此降低直销成本是零售商努力的方向。图 3-8(a)进一步表明，没有足够渠道力量和运营能力的小型零售商应选择代售模式。例如，许多零售商选择在亚马逊和京东等平台提供的市场上销售产品。

从图 3-8(b)中可以看出，代售模式下平台商利润与直销成本大小无关，这是因为此销售模式下零售商不构建交易平台。此外，零售商直销模式下，平台商利润随零售商直销成本增大而增加。与图 3-8(a)对比可知，直销成本越高，零售商和平台商的竞争越激烈，这会导致零售商利润损失更大，而平台商利润增加更多。当直销成本上升到一定程度时，零售商便没有自建渠道的动力，但会增加平台商的竞争力。

3.6 本章小结

本章研究了在面向平台模式的线上零售供应链中，零售商与平台商不同竞争类型下零售商的销售模式选择问题。首先，构建了零售商的两种销售模式模型：代售模式、直销模式；零售商和平台商之间的两种竞争类型：价格竞争和数量竞争。其次，通过对比分析得到了零售商在不同竞争类型下的最优销售模式选择，以及在相同销售模式选择下不同竞争类型对其利润的影响。最后，分析了其选择对平台商利润的影响。本章研究得到以下结论及管理启示：

(1)竞争类型影响零售商销售模式的选择。具体地，在价格竞争下零售商最优销售模式选择只受直销成本的影响；而在数量竞争下，其销售模式选择既受直销成本影响，也受渠道间竞争强度和许可费率的影响。此结论说明了零售商在不同阶段下需要关注的因素不同：在自身和平台商进行价格竞争的阶段，零售商销售模式决策只需关注自身的直销成本；而在市场未饱和时，零售商需更多考虑平台商的反应。

(2)代售模式下，不同竞争类型对零售商和平台商的利润大小的影响受渠道间竞争强度和许可费率的影响。在零售商选择代售模式时，其在不同阶段需要更多关注渠道的竞争强度和平台商对许可费率的定价。

(3)直销模式下，零售商和平台商均偏好选择数量竞争。在零售商选择代售模式时，零售商和平台商始终会选择数量决策以获取更多利润。

(4)在数量竞争和零售商代售模式下，平台商利润随许可费率的提高而减小。这表明不断提高许可费率并不是平台商的最优决策，合理的定价反而能获得最大利润。因此，平台商需要根据市场环境策略性调整其许可费率的定价。

第 4 章

线上零售竞合供应链成员销售模式均衡选择研究

4.1 引言

近年来互联网取得了迅猛发展，线上零售的便利性使其受到越来越多消费者的青睐，网络零售市场规模也持续扩大。商务部统计数据显示，2021 年全国网上零售额达 13.09 万亿元，同比增长 14.1%；2022 年全国网上零售额达 13.79 万亿元，同比增长 4%①。与往年数据相比，网上零售额的增长速度明显放缓。这是因为随着近两年新冠疫情的扩散和全球经济发展的迟滞，各行各业都受到严重影响，市场竞争变得更加激烈。因此，对于企业来讲，对产品定价以及渠道运营模式优化等决策显得十分重要。与此同时，互联网的普及和信息技术水平的提高极大地促进了京东、亚马逊等电商平台的发展，其凭借丰富的信息资源和良好的用户体验吸引了众多消费者，业务范围逐渐扩展的同时也在不断地进行经营模式创新。如今的电商平台不再仅仅提供线上交易平台并收取许可费，还可以充当电子零售商的角色直接向消费者出售产品。此外，电商平台能够更加近距离地接触消费者，利用现代网络通信技术对终端市场进行差异化分析，增进平台与消费者之间的沟通互动，精准预测市场需求，而需求信息对于供应链其他成员具有加快供应速度、节约成本等重要价值，使得平台商在供应链中的谈判能力逐渐增强、地位不断提高。因此，在线上零售供应链中，平台商对于分销产品的影响越来越大，并逐渐

① https://dzswgf.mofcom.gov.cn/ecps/sjcx.html.

占据举足轻重的地位。针对平台商的角色定位，研究供应链成员的销售模式选择具有重要意义。鉴于以上分析，本章主要研究以下问题：

(1)制造商是通过平台商代售还是分销?

(2)零售商是直接向消费者出售产品还是通过平台商代销?

(3)供应链成员的销售模式均衡选择是什么?

(4)不同模式如何影响渠道成员利润、消费者剩余和社会福利?

为了回答上述问题，本章研究由一个制造商、一个零售商和一个平台商组成的线上零售供应链，其中制造商选择其通过平台商渠道的销售模式：转售模式或代销模式；而零售商选择其是否通过平台商销售产品：代销模式或直销模式。根据制造商和零售商的销售模式选择，建立四种供应链博弈模型。通过比较不同模型下供应链成员的最优利润，分析制造商和零售商的销售模式均衡选择及其条件，最后探讨不同销售模式均衡对平台商利润、消费者剩余和社会福利的影响。

本章接下来的结构安排如下：在 4.2 节详细描述本章所研究的问题和需求函数构建；在 4.3 节构建四种不同的供应链模型并进行求解；在 4.4 节对四个模型最优解进行对比并做详细分析；在 4.5 节运用数值仿真对关键参数做灵敏度分析；在 4.6 节对本章结论进行总结。

4.2 问题描述

本章考虑由一个制造商、一个零售商和一个平台商组成的线上零售供应链，并根据供应链成员不同销售模式选择建立四个博弈模型。按照渠道成员的不同将线上零售供应链产品销售渠道分为平台商渠道和零售商渠道，两个渠道的销售模式分别由制造商和零售商决定。

如图 4-1 所示，制造商选择其通过平台商渠道的销售模式：转售模式(R)或代销模式(A)；而零售商选择其是否通过平台商销售产品：代销模式(A)或直销模式(D)。其中，分销模式是指制造商把产品以批发价格 w_o 售卖给平台商，平台商再将这些产品以零售价格 p_o 销售给终端消费者；代售模式是指制造商或零售商通过在平台商提供的电商平台上开设店铺直接面向消费者销售产品，同时其需要向平台商缴纳许可费(许可费为销售收入的 λ 倍)；直销模式是指零售商通过建立自己的线上购物平台以直接面向消费者。本书假设供应链成员均为风险中性，且制造商处于主导地位，为 Stackelberg 领导者[69,70]。最后，为了简化分析，假设制造商的生产成本及电商平台的销售成本均为零[69]。

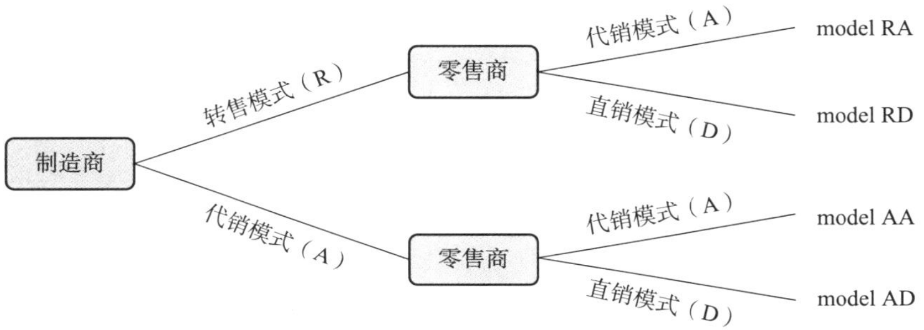

图 4-1　制造商和零售商的销售模式选择

根据制造商和零售商的销售模式选择，可构建以下四种供应链博弈模型：(a)model RA；(b)model AA；(c)model RD；(d)model AD。具体如图 4-2 所示。

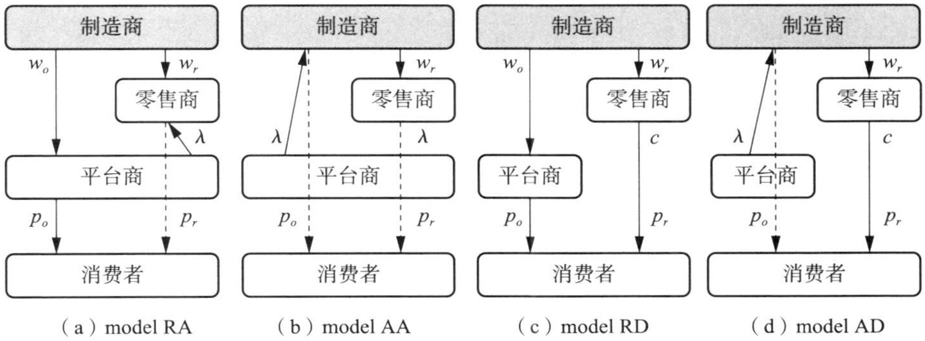

图 4-2　博弈模型

4.2.1　符号说明

本章所用符号及其说明如表 4-1 所示。

表 4-1　符号及说明

符号	说明
w_r	制造商销售给零售商的产品批发价格
w_o	制造商销售给平台商的产品批发价格
p_r	零售商的产品零售价格
p_o	平台商的产品零售价格
q_r	零售商的产品销售量
q_o	平台商的产品销售量
θ	渠道间竞争强度，其越大表明竞争越激烈($0<\theta<1$)
λ	平台商的许可费率($0<\lambda<1$)
c	直销模式下零售商单位产品直销成本
π_k^{ij}	供应链成员 k 在 ij 情形下的利润，其中 $k\in\{M, R, P\}$，分别表示制造商、零售商和平台商；$i\in\{R, A\}$，分别表示制造商选择转售模式或代销模式；$j\in\{A, D\}$，分别表示零售商选择代销模式或直销模式
π_{cs}^{ij}	均衡模式 ij 情形下的消费者剩余
SW^{ij}	均衡模式 ij 情形下的社会福利

4.2.2　需求函数

参照 Singh 和 Vives[183] 的研究，可以得到需求函数：

$$\begin{cases} q_r=\dfrac{1}{1+\theta}-\dfrac{1}{1-\theta^2}p_r+\dfrac{\theta}{1-\theta^2}p_o \\ q_o=\dfrac{1}{1+\theta}-\dfrac{1}{1-\theta^2}p_o+\dfrac{\theta}{1-\theta^2}p_r \end{cases} \tag{4-1}$$

4.3　模型构建与求解

在面向电商平台的线上零售供应链中，根据是否通过平台商销售，以及以哪种模式销售，可构建 model RA、model RD、model AA、model AD 四个博弈模型。供应链成员的决策顺序：在 T1 阶段，制造商决定销售模式：转售模式或代销模式。在 T2 阶段，零售商决定销售模式：代销模式或直销模式。T1 和 T2 属于长期决策阶段，接下来是短期决策阶段 T3 和 T4。若制造商选择转售模式，则在 T3 阶段，由制造商决定批发价格 w_o 和 w_r；在 T4 阶段，零售商决定零售价格 p_r，平台商决定零售价格 p_o。若制造商选择代销模式，则在 T3 阶段，由制造商决定批发价格 w_r；在 T4 阶段，零售商决定零售价格 p_r，制造商决定零售价格 p_o。具体如图 4-3 所示。

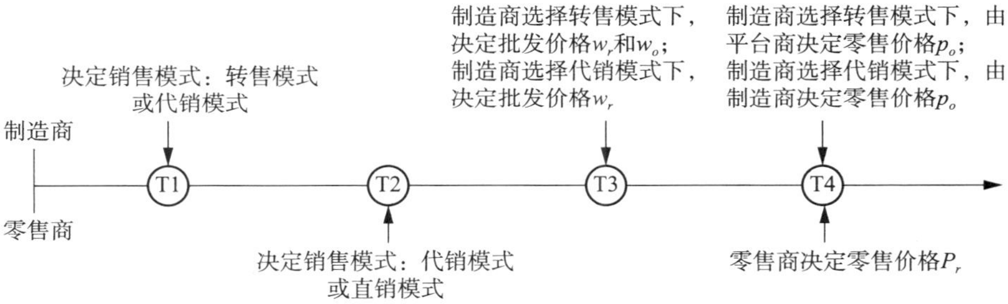

图 4-3　决策顺序

4.3.1　model RA

在 model RA 中，制造商在平台商渠道下选择转售模式，零售商选择代销模式。此时，制造商、零售商和平台商三者的决策分别为：

$$\begin{cases} \max\limits_{w_r^{RA},w_o^{RA}} \pi_M^{RA} = w_r^{RA} q_r^{RA} + w_o^{RA} q_o^{RA} \\ \text{s. t.} \begin{cases} \max\limits_{p_r^{RA}} \pi_R^{RA} = (1-\lambda) p_r^{RA} q_r^{RA} - w_r^{RA} q_r^{RA} \\ \max\limits_{p_o^{RA}} \pi_P^{RA} = \lambda p_r^{RA} q_r^{RA} + (p_o^{RA} - w_o^{RA}) q_o^{RA} \end{cases} \end{cases} \tag{4-2}$$

运用逆向归纳法求解可得最优解，如引理 4.1 所示。

引理 4.1　在 model RA 下，最优批发价格和零售价格分别为：$w_r^{RA*} = \dfrac{1-\lambda}{2}$，$w_o^{RA*} = \dfrac{1-\theta\lambda}{2}$，$p_r^{RA*} = \dfrac{6-\theta^2\lambda-2\theta^2-\theta}{2(4-\theta^2\lambda-\theta^2)}$，$p_o^{RA*} = \dfrac{\theta(1-2\theta)\lambda+(\theta+2)(3-2\theta)}{2(4-\theta^2\lambda-\theta^2)}$。

4.3.2 model AA

在 model AA 中，制造商在平台商渠道下选择代销模式，零售商选择代销模式。此时，制造商、零售商和平台商三者的决策分别为：

$$\begin{cases}\max\limits_{w_r^{AA},p_o^{AA}} \pi_M^{AA}=w_r^{AA}q_r^{AA}+(1-\lambda)p_o^{AA}q_o^{AA}\\ \text{s. t.}\begin{cases}\max\limits_{p_r^{AA}} \pi_R^{AA}=(1-\lambda)p_r^{AA}q_r^{AA}-w_r^{AA}q_r^{AA}\\ \max\limits_{p_o^{AA}} \pi_P^{AA}=\lambda p_r^{AA}q_r^{AA}+\lambda p_o^{AA}q_o^{AA}\end{cases}\end{cases} \tag{4-3}$$

运用逆向归纳法求解可得最优解，如引理 4.2 所示。

引理 4.2 在 model AA 下，最优批发价格和零售价格分别为：$w_r^{AA*}=\frac{1-\lambda}{2}$，$p_r^{AA*}=\frac{3-\theta}{4}$，$p_o^{AA*}=\frac{1}{2}$。

4.3.3 model RD

在 model RD 中，制造商在平台商渠道下选择转售模式，零售商选择直销模式。在该模型中，由于零售商要建立自己的线上直销渠道以直接向消费者出售产品，因此会产生一个单位产品销售成本 $c(c>0)$。此时，制造商、零售商和平台商三者的决策分别为：

$$\begin{cases}\max\limits_{w_r^{RD},w_o^{RD}} \pi_M^{RD}=w_r^{RD}q_r^{RD}+w_o^{RD}q_o^{RD}\\ \text{s. t.}\begin{cases}\max\limits_{p_r^{RD}} \pi_R^{RD}=(p_r^{RD}-w_r^{RD})q_r^{RD}-cq_r^{RD}\\ \max\limits_{p_o^{RD}} \pi_P^{RD}=(p_o^{RD}-w_o^{RD})q_o^{RD}\end{cases}\end{cases} \tag{4-4}$$

运用逆向归纳法求解可得最优解，如引理 4.3 所示。

引理 4.3 在 model RD 下，最优批发价格和零售价格分别为：

$w_r^{RD*}=\frac{1-c}{2}$，$w_o^{RD*}=\frac{1}{2}$，$p_r^{RD*}=\frac{2c+(\theta+2)(3-2\theta)}{2(4-\theta^2)}$，$p_o^{RD*}=\frac{\theta c+(\theta+2)(3-2\theta)}{2(4-\theta^2)}$。

4.3.4 model AD

在 model AD 中，制造商在平台商渠道下选择代销模式，零售商选择直销模式。此时，制造商、零售商和平台商三者的决策分别为：

$$
\begin{cases}
\max\limits_{w_r^{AD},p_o^{AD}} \pi_M^{AD} = w_r^{AD} q_r^{AD} + (1-\lambda) p_o^{AD} q_o^{AD} \\
\text{s. t.} \begin{cases} \max\limits_{p_r^{AD}} \pi_R^{AD} = (p_r^{AD} - w_r^{AD}) q_r^{AD} - c q_r^{AD} \\ \max\limits_{p_o^{AD}} \pi_P^{AD} = \lambda p_o^{AD} q_o^{AD} \end{cases}
\end{cases}
\tag{4-5}
$$

运用逆向归纳法求解可得最优解，如引理 4.4 所示。

引理 4.4　在 model AD 下，最优批发价格和零售价格分别为：

$$w_r^{AD*} = \frac{(1-\lambda)[(4\theta^2-\theta^2\lambda-4)c+(\theta-1)(\theta^2\lambda+2\theta\lambda-4\theta-4)]}{8-\theta^2\lambda^2-8\lambda+8\theta^2\lambda-8\theta^2},$$

$$p_r^{AD*} = \frac{(\theta^2\lambda-2\lambda-2\theta^2+2)c-(1-\theta)(1-\lambda)(\theta\lambda+2\theta^2-4\theta-6)}{8-\theta^2\lambda^2-8\lambda+8\theta^2\lambda-8\theta^2},$$

$$p_o^{AD*} = \frac{(\theta-1)(3\theta\lambda+4\lambda-4\theta-4)-\theta\lambda c}{8-\theta^2\lambda^2-8\lambda+8\theta^2\lambda-8\theta^2}。$$

不同模型下制造商、零售商和平台商的最优利润如表 4-2 所示。为保证零售商渠道和平台商渠道的需求均为正、最优解存在且唯一，各参数需满足以下约束条件：$\{(\theta, \lambda, c) \mid 0<\theta<1, 0<\lambda<\lambda_0, 0<c<c_0\}$。其中，$\lambda_0 = \frac{2(1-\theta)(\theta+2)}{(4-\theta-2\theta^2)}$，$c_0 = 1-\theta$。

表 4-2　各模型下的最优利润

模型	最优利润		
	π_M^*	π_R^*	π_P^*
model RA	$\frac{(\theta+1)\theta^2\lambda^2-2(\theta+1)^2\lambda+2\theta+4}{4(\theta+1)(4-\theta^2\lambda-\theta^2)}$	$\frac{(1-\theta)(\theta+2)^2(1-\lambda)}{4(\theta+1)(4-\theta^2\lambda-\theta^2)^2}$	$\frac{\left[\begin{array}{c}3(2-\theta)(\theta+1)(\theta+2)\lambda+\\(\theta+1)\theta^4\lambda^3+(1-\theta)(\theta+2)^2+\\(\theta+1)(\theta^2-7)\theta^2\lambda^2\end{array}\right]}{4(\theta+1)(4-\theta^2\lambda-\theta^2)^2}$
model AA	$\frac{(\theta+3)(1-\lambda)}{8(\theta+1)}$	$\frac{(1-\theta)(1-\lambda)}{16(\theta+1)}$	$\frac{(\theta+7)\lambda}{16(\theta+1)}$
model RD	$\frac{\left[\begin{array}{l}2(1-\theta)(\theta+2)(1-c)+\\(2-\theta^2)c^2\end{array}\right]}{4(1-\theta^2)(4-\theta^2)}$	$\frac{[(2-\theta^2)c-(1-\theta)(\theta+2)]^2}{4(1-\theta^2)(4-\theta^2)^2}$	$\frac{[\theta c+(1-\theta)(\theta+2)]^2}{4(1-\theta^2)(4-\theta^2)^2}$
model AD	$\frac{\left[\begin{array}{l}(1-\lambda)c^2-(1-\lambda)(\theta\lambda-2\theta+2)c+\\(1-\lambda)(\theta-1)(\theta\lambda+2\lambda-\theta-3)\end{array}\right]}{8-\theta^2\lambda^2-8\lambda+8\theta^2\lambda-8\theta^2}$	$\frac{(1-\theta^2)(1-\lambda)^2(2c-\theta\lambda+2\theta-2)^2}{(8-\theta^2\lambda^2-8\lambda+8\theta^2\lambda-8\theta^2)^2}$	$\frac{\left\{\begin{array}{l}[\theta\lambda^2c+(1-\theta)(3\theta\lambda+4\lambda-4\theta-4)\lambda]\\ \left[\begin{array}{l}\theta(\lambda-2)c-(2\theta^2+\theta-4)\lambda-\\2(1-\theta)(\theta+2)\end{array}\right]\end{array}\right\}}{(8-\theta^2\lambda^2-8\lambda+8\theta^2\lambda-8\theta^2)^2}$

4.4 对比分析

以上通过构建博弈模型并运用逆向归纳法得到各模型最优解。在本节中，首先讨论不同模型下各决策变量的大小关系；其次分析制造商和零售商的销售模式均衡选择及其条件；最后探讨不同销售模式均衡对平台商利润、消费者剩余和社会福利的影响。相关命题证明在附录中呈现。

4.4.1 决策变量分析

本小节首先分析许可费率和直销成本等关键参数对各模型中零售价格的影响，其次讨论不同模型中零售商渠道和平台商渠道的产品零售价格高低关系，最后分析不同模型中两渠道的产品批发价格高低关系。

推论 4.1 许可费率 λ 和直销成本 c 对不同模型中零售商渠道和平台商渠道的产品零售价格的影响如表 4-3 所示。

表 4-3 许可费率和直销成本对各模型中零售价格的影响

决策变量	模型			
	model RA	model AA	model RD	model AD
	λ(许可费率)			
p_r^*	↑	⊥	⊥	↓
p_o^*	↑	⊥	⊥	↑
	c(直销成本)			
p_r^*	⊥	⊥	↑	↑
p_o^*	⊥	⊥	↑	↓

注：↑表示正相关；↓表示负相关；⊥表示无关。

由表 4-3 可知，许可费率 λ 和直销成本 c 会影响决策变量的大小，在 model RA 下，零售商选择代销模式需要向平台商缴纳一定的许可费，当 λ 增大时，零售商为了保证自身利润会提高产品的零售价格，由于制造商通过转售模式销售给平台商产品，平台商和零售商之间存在竞争，故许可费率增大会间接刺激平台商渠道零售价格的提高。在 model AA 下，两个渠道的产品零售价格与 λ 和 c 均无关。这是因为此时平台商仅为制造商和零售商提供销售产品的平台，并不实际销售产品。而平台商向零售商和制造商收取同样的许可费，因此其不影响零售价格的决策。此外，在此模型下，零售商没有开通直销渠道，因此决策不受直销成本的影响。在 model RD 下，零售商选择直销模式，而平台商转售制造商的产品，因此产品零售价格与 λ 无关，与 c 有关。随着 c 的增大，零售商总成本增加。其为了减少利润损失会提高产品的零售价格，此时与其存在横向竞争的平台商也会提高产品零售价格以获取更多利润。在 model AD 下，一方面制造商选择代销模式需要向平台商缴纳一定的许可费。当 λ 增大时，制造商为了保证自身的利润会提高产品零售价格。而零售商为了追求利润会通过降低产品零售价格以获取更多销量。另一方面当 c 增大时，零售商会提高产品零售价格来保证利润。此时零售商渠道的销售量降低，因此制造商为保证总体销量会降低平台商渠道的销售价格以吸引更多的消费者。

推论 4.2 各模型产品零售价格高低关系如下。

(1) p_r 高低关系：

(i) 当 $c \in (0, c_1^v)$ 时，$p_r^{AA*} < p_r^{RA*} < p_r^{RD*} < p_r^{AD*}$；

(ii) 当 $c \in (c_1^v, c_0)$ 时，$p_r^{AA*} < p_r^{RA*} < p_r^{AD*} < p_r^{RD*}$。

(2) p_o 高低关系：

(i) 当 $c \in (0, c_2^v)$ 时，$p_o^{RA*} < p_o^{AA*} < p_o^{RD*} < p_o^{AD*}$；

(ii) 当 $c \in (c_2^v, c_0)$ 时，$p_o^{RA*} < p_o^{AA*} < p_o^{AD*} < p_o^{RD*}$。

由推论 4.2 可知，当零售商选择代销渠道时的零售价格始终低于其选择直销渠道的零售价格。具体而言，零售商渠道的零售价格始终在 model AA 下最低，其次是在 model RA 下。而其在 model RD 和 model AD 下的大小关系跟零售商的直销成本 c 有关。当 c 较低时，由于在 model RD 下，两个渠道均具有双重边际效应，零售商会设置较低的价格以吸引更多消费者。而当 c 较高时，零售商为了保证自身销售渠道的利润，其会设置更高的零售价格。对于平台商渠道的零售价格而言，其与零售商渠道的零售价格趋势基本一致。不同之处在于，其始终在 model RA 下最低，其次是 model AA 下。这是因为在

model RA 下，平台商的利润不仅来自转售制造商产品所得，而且还向零售商收取许可费，在末端销售中与零售商形成竞争。因此，此时平台商会设置较低的零售价格来吸引更多消费者购买其转售的产品以获得最大利润。

推论 4.3 各模型下产品批发价格关系如下。

(1) w_r 高低关系：

(i) 当 $\lambda \in (0, \lambda_1^v)$ 时，$w_r^{AD*} < w_r^{RD*} < w_r^{RA*} = w_r^{AA*}$；

(ii) 当 $\lambda \in (\lambda_1^v, \lambda_2^v)$ 时，$w_r^{AD*} < w_r^{RA*} = w_r^{AA*} < w_r^{RD*}$；

(iii) 当 $\lambda \in (\lambda_2^v, \lambda_3^v)$ 时，$w_r^{RA*} = w_r^{AA*} < w_r^{AD*} < w_r^{RD*}$；

(iv) 当 $\lambda \in (\lambda_3^v, \lambda_0)$ 时，$w_r^{RA*} = w_r^{AA*} < w_r^{RD*} < w_r^{AD*}$。

(2) w_o 高低关系：$w_o^{RA*} < w_o^{RD*}$。

从推论 4.3 可以看出，零售商渠道的批发价格在 model AA 和 model RA 下始终是相等的，即只要零售商选择代销模式，无论制造商是选择代销模式还是转售模式，其都会制定同样的批发价格。此外，当许可费率 λ 较小时，零售商渠道的批发价格在 model AA 和 model RA 下最高，其次是在 model RD 下，最后是在 model AD 下。而随着 λ 的增大，w_r^{RA*} 和 w_r^{AA*} 逐渐减小并最终在 λ 足够大时达到最小。这是因为当 λ 较小时，制造商通过设置较高的批发价格来获得更多利润。而随着 λ 的增大，由于零售商需要向平台商缴纳更大比例的收入作为许可费，此时制造商设置较高的批发价格将不断压缩零售商的利润并最终使其无利可图，那么制造商也将失去此部分收入。因此制造商对零售商的批发价格随着 λ 的增大而降低。此外，在平台商渠道中，制造商在 model RD 下的批发价格始终高于其在 model RA 下的批发价格。这是因为当制造商选择转售模式时，平台商和零售商均通过分销制造商的产品获利。在 model RA 下，由于平台商与零售商之间是既竞争又合作的竞合关系，因此在终端争夺消费者的过程中不会过度地压低价格。而当零售商选择直销模式时，两者的价格竞争异常激烈。因此，制造商会通过设置较高的批发价格来获得更多利润。

4.4.2 均衡分析

以上分析了不同模型下的决策变量大小关系，接下来通过对比四个博弈模型以得到供应链销售模式的均衡选择及其条件。具体如命题 4.1 和图 4-4 所示。

命题 4.1　均衡选择为：

(1)当 $c\in(\max(0, c_3), \min(c_2, c_3))$ 时，model AD 为均衡选择；

(2)当 $c\in(0, \min(\max(0, c_3), c_1))$ 时，model RD 为均衡选择；

(3)当 $\lambda\in(0, \min(\lambda_2, \lambda_0))$ 且 $c\in(\min(c_2, c_0), c_0)$ 时，model AA 为均衡选择；

(4)当 $\lambda\in(\min(\lambda_2, \lambda_0), \lambda_0)$ 且 $c\in(c_1, c_0)$ 时，model RA 为均衡选择。

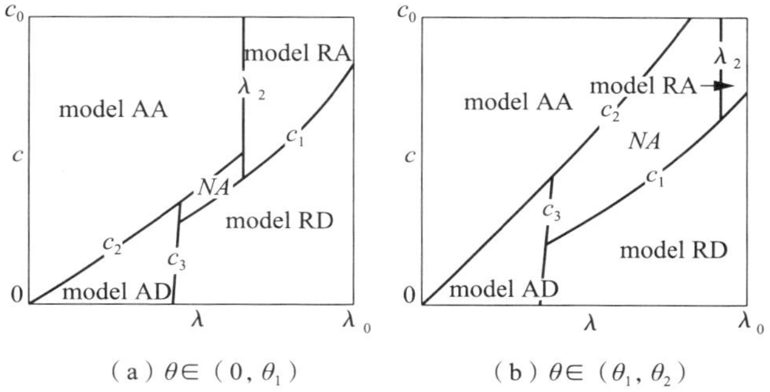

图 4-4　均衡选择

由命题 4.1 可知，线上零售供应链的销售模式均衡选择并非处于一个长期稳定状态，其会随着许可费率 λ、渠道间竞争强度 θ、直销成本 c 等因素的变化而改变。当 λ 较小且 c 较高时，制造商和零售商都偏好选择代销模式，因此此时的均衡为 model AA。当 λ 增大或 c 降低时，制造商和零售商会根据利润的得失而动态地调整自身销售模式的选择，从而形成不同的供应链销售模式均衡。以上结论可为实际企业经营中供应链成员对销售模式的选择提供指导。此外，由图 4-4 可知，随着 θ 的逐渐增大，model RA(制造商选择转售模式，零售商选择代销模式)为均衡的区域逐渐缩小直至消失，而无均衡区域不断扩大。这是因为竞争强度的增大使得可行域区间变小，较大的许可费率和过高的直销成本将使供应链成员无利可图。

4.4.3　平台商利润、消费者剩余、社会福利的影响分析

以上研究通过对比四个模型得到了供应链销售模式均衡及其选择条件，

本小节将进一步从平台商、消费者及社会福利的角度分析其对四种销售模式模型的偏好，结果如命题4.2~命题4.4所示。

命题4.2 对于平台商来说：

(1)当 $c\in(\min(c_4, c_0), c_0)$ 时，model RD下平台商利润最大；

(2)当 $\lambda\in(0, \min(\lambda_5, \lambda_0))$ 且 $c\in(0, \min(c_4, c_0))$ 时，model RA下平台商利润最大；

(3)当 $\lambda\in(\min(\lambda_5, \lambda_0), \lambda_0)$ 时，model AA下平台商利润最大。

从命题4.2可以看出，当直销成本 c 较高时，平台商利润始终在model RD下取得最大。这是因为在零售商选择直销模式时，较高的直销成本使得其不得不通过提高零售价格来保证利润。而由于平台商渠道和零售商渠道之间的竞争，其会迫使消费者转向平台商渠道购买产品，从而增加平台商渠道的销售量和利润。因此，此时平台商获得更多的转售收益。此外，当许可费率 λ 较小且直销成本较低时，平台商更加偏好model RA。这是因为当 c 较低时，零售商渠道选择直销模式更加具有成本优势，此时不利于平台商利润的增加。而此时由于 λ 较小，平台商不能从代销模式下获得更多利润，因此其更偏好转售制造商的商品。最后，当 λ 较大时，平台商更倾向通过收取许可费来获得更多利润，因此更加偏好model AA。以上结论可为实际企业经营中电商平台制定恰当的许可费率提供指导。降低许可费率一方面能够吸引更多的商家入驻平台，促进代销模式的发展；另一方面会使平台商损失部分收益。因此，电商平台制定的许可费率要充分贴合企业战略规划，为其长远发展提供支持。例如，京东是5%~12%的许可费率，亚马逊的许可费率在6%~25%[189]。除此之外，淘宝在与eBay(易贝)竞争时期，曾实行长达三年的零许可费策略。

命题4.3 消费者剩余始终在model AA下最大。

通过对比四个博弈模型可以看出，消费者剩余在model AA下始终是最大的，即此模型是最有利于消费者且与许可费率、直销成本及渠道间竞争强度等因素无关。这是因为消费者从两个渠道购买产品的价格始终在此模型下最低。从推论4.2可知，零售商渠道的产品销售价格在model AA下最低，平台商渠道的产品零售价格在model RA下最低。同时，始终存在 $p_r^{AA*}+p_o^{AA*}<p_r^{RA*}+$

p_o^{RA*}。在 model AA 下，零售商没有直销渠道的构建成本；而制造商由于选择了代销模式消除了平台商渠道的双重边际效应(相对于转售模式而言)。因此，制造商和零售商通过降低价格使销售量提高以获得更多利润。

命题 4.4 从社会福利角度来讲：

(1)当 $\lambda \in (0, \lambda_6)$ 且 $c \in (0, c_5)$ 时，model AD 下社会福利最大；

(2)当 $\lambda \in (0, \lambda_6)$ 且 $c \in (c_5, c_0)$ 或 $\lambda \in (\lambda_6, \lambda_0)$ 时，model AA 下社会福利最大。

命题 4.4 表明不同销售模式下社会福利大小受许可费率 λ 和零售商直销模式下的单位销售成本 c 的共同影响。具体来讲，当 λ 和 c 均较小时，社会福利在 model AD 下最大。当 λ 较小而 c 较高，或者当 λ 较大时，在 model AA 下社会福利最大。综合命题 4.1~命题 4.4 可知，制造商和零售商的销售模式选择不仅会影响自身利润，还会对平台商利润、消费者剩余及社会福利产生重要影响，而其中许可费率和直销成本的大小起到了决定性作用。当 $\lambda \in (\min(\lambda_5, \lambda_0), \min(\lambda_2, \lambda_6, \lambda_0))$ 且 $c \in (\max(\min(c_2, c_0), c_5), c_0)$ 或 $\lambda \in (\max(\min(\lambda_5, \lambda_0), \lambda_6), \min(\lambda_2, \lambda_0))$ 且 $c \in (\min(c_2, c_0), c_0)$ 时，model AA 下制造商利润、零售商利润、平台商利润、消费者剩余及社会福利都达到最优，从而实现多方共赢。

4.5 数值仿真

本节通过数值仿真分析渠道间竞争强度 θ、许可费率 λ、直销成本 c 等关键参数对四种模型下制造商、零售商及平台商利润的影响。参数取值为 $\theta = 0.4$，$\lambda = 0.5$，$c = 0.3$。

4.5.1 竞争强度对利润的影响

本小节分析渠道间竞争强度 θ 对供应链成员利润的影响。令 $\lambda = 0.5$、$c = 0.3$。通过变动 θ 可得结论，如图 4-5 所示。

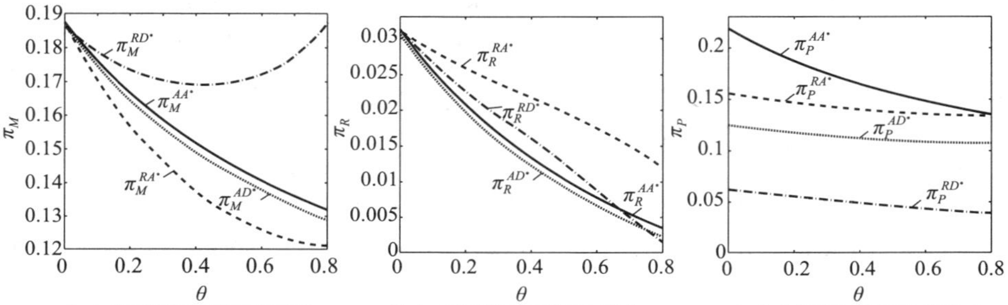

（a）θ对制造商利润的影响　（b）θ对零售商利润的影响　（c）θ对平台商利润的影响

图 4-5　渠道间竞争强度对供应链成员利润的影响

从图 4-5 中可以看出，在 model RD 下，当渠道间竞争强度 θ 增大时，制造商利润先减少后增加，并在 $\theta=0.43$ 时达到最低，而零售商和平台商的利润随 θ 增大而减小。这是因为在 model RD 下，制造商的产品由零售商和平台商共同分销，其利润与产品批发价格和销量有关。由于此时零售商和平台商在终端消费者市场为竞争关系，θ 增大使得制造商降低产品批发价格导致其利润减小，当 θ 增大到一定程度之后，更加激烈的竞争使零售商和平台商只能通过牺牲自身利益来降低产品零售价格，此时销量大幅提高，并且能够抵销制造商因为降低批发价格而带来的损失，因此 θ 继续增加使零售商和平台商的利润降低，而制造商的利润不降反增。此外，在其他三个模型下，制造商、零售商及平台商的利润均随 θ 增大而减小。这也充分说明较低的渠道间竞争强度对供应链成员更加有利。

4.5.2　许可费率对利润的影响

本小节分析许可费率 λ 对供应链成员利润的影响。令 $\theta=0.4$、$c=0.3$。通过变动 λ 可得结论，如图 4-6 所示。

从图 4-6 中可以看出，在 model RA 和 model AA 下，制造商和零售商的利润随着许可费率 λ 提高而减少；而平台商利润随其提高而增加。这是因为在零售商选择代销模式下，随着 λ 提高，其需要向平台商缴纳更大比例的许可费，此时制造商降低批发价格以保证零售商有利可图，因此制造商和零售商利润减少、平台商利润增加。在 model RD 下，供应链各成员利润与 λ 均无关。这是因为此时制造商和零售商都未选择代销模式，无须向平台商缴纳许可费。此外，在 model AD 下，当 λ 提高时，制造商利润减少、零售商利润增加；而平台商利润先增加后减少。这是因为此时制造商选择代销模式，当 λ 提高时需向平台商支付更多许可费，为了保证自身利润其会提高产品零售价格，与其存在竞争的零售商因此获取更多销量。随着 λ 继续提高，制造商设置更高的零售价格，平台商渠道的销量持续减少。此时对于平台商来说，因销量减少而损失的利润逐渐超过因 λ 提高获得的利润，故而过高的许可费率使得平台商利润不增反降。这也说明太高的许可费率并非始终有利于平台商利润的增加，适当的比例才是最优选择。

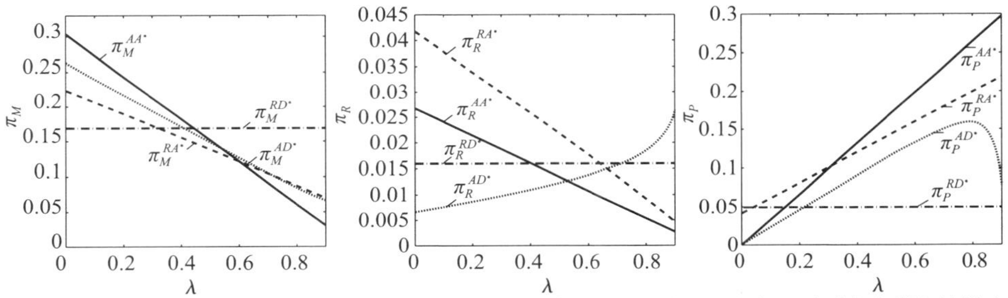

（a）λ 对制造商利润的影响　（b）λ 对零售商利润的影响　（c）λ 对平台商利润的影响

图 4-6　许可费率对供应链成员利润的影响

4.5.3　直销成本对利润的影响

本小节分析直销成本 c 对供应链成员利润的影响。令 $\theta=0.4$、$\lambda=0.5$。通过变动 c 可得结论，如图 4-7 所示。

从图 4-7 中可以看出，在 model RD 和 model AD 下，当直销成本 c 提高时制造商和零售商利润减少、平台商利润增加。这是因为当零售商选择直销模式时，c 的提高导致总成本增加、利润减少。此时零售商渠道的产品销售量减少、平台商渠道的销售量增多，故平台商利润增大。然而，对于制造商而言，其利润一方面来自平台商渠道的产品销售，另一方面来自向零售商批发产品。当 c 提高时，若制造商提高产品批发价格将不断压缩零售商的利润并最终使其无利可图，则制造商也将失去此部分收入。故制造商会降低给零售商的批发价格，此时零售商渠道损失的利润已经远远超过平台商渠道增加的利润，因此制造商总利润随 c 提高而减少。此外，在 model RA 和 model AA 下，由于零售商没有开通直销渠道，供应链各成员利润不受直销成本的影响。

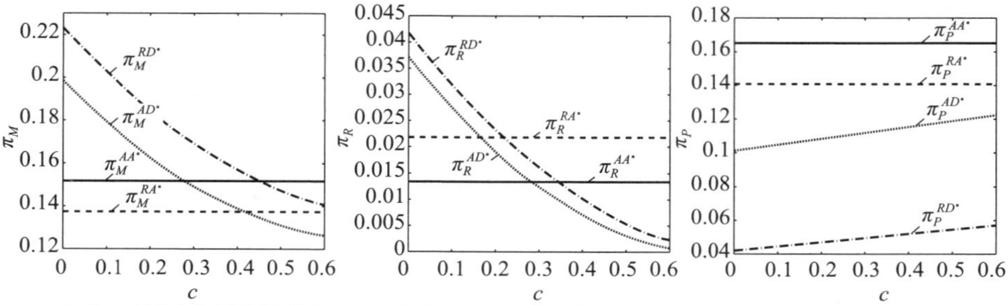

（a）c对制造商利润的影响　（b）c对零售商利润的影响　（c）c对平台商利润的影响

图 4-7　直销成本对供应链成员利润的影响

4.6　本章小结

近几年线上零售行业快速崛起，网络零售已经成为众多企业的主要销售方式之一。然而，由于新冠疫情、地缘政治等因素的影响，全球经济发展迟滞，市场竞争加剧，对于线上零售供应链企业来说，销售渠道及销售模式的选择和优化显得更加重要。基于此背景，本章考虑由一个制造商、一个零售商和一个平台商组成的线上零售供应链，研究制造商和零售商的线上销售模式选择及其均衡。首先，考虑平台商的双重角色定位，根据线上销售模式类型构建四个供应链博弈模型，通过求解得到制造商和零售商的均衡策略及其选择条件；其次，分析不同均衡对最优定价和渠道成员利润的影响。研究得到以下结论和管理启示：

(1)线上零售供应链的销售模式均衡选择并非处于一个长期稳定状态，其会受到许可费率、直销成本和渠道间竞争强度的影响。当许可费率较低且直销成本较高时，制造商和零售商都偏好选择代销模式；当许可费率增大或直销成本降低时，制造商和零售商会动态调整自身销售模式，形成不同的供应链销售模式均衡；而渠道间竞争的激烈程度影响无均衡区域的大小，竞争越激烈则越不利于达到均衡。因此，企业在实际决策中应当综合考虑短期经营目标和长期战略规划，充分评估市场状况以选择最优的销售模式。

（2）供应链销售模式均衡选择会对平台商利润产生重要影响，而许可费率在其中起到了关键作用。因此，对于电商平台而言，制定一个恰当的许可费率至关重要，其通过调整许可费率大小能够促使线上零售供应链形成对自己最有利的销售模式均衡。

（3）制造商和零售商都选择代销模式始终对消费者最为有利。

第 5 章

线上零售竞合供应链平台商信息分享策略选择研究

5.1 引言

随着电子商务零售的发展，越来越多的消费数据可以被收集和处理。由于更接近终端消费者市场，诸多平台商投入大量时间和金钱安装基础设施，以收集可以用于预测需求的客户级信息数据，这使得平台商拥有更大优势和能力预测市场需求。例如国美、拼多多等电商平台均进行过此类活动[26]。平台商通过预测信息可以获取更多利润，同时也可能会由于信息不对称而损害制造商和零售商的利益。然而平台商是否有动机与其他成员分享需求信息一直是学者争论的焦点。其中有学者指出：由于分享信息会加剧双重边际效应且使上游公司策略性地做出不利于下游公司利益的决策，因此下游企业不会主动与上游企业分享信息[98]。例如，Forrester Research（佛罗斯特研究）调查显示在 89 家被调查的零售商中只有 27%会选择与其供应商分享信息。此外，Keifer 进行的一项调查显示，只有 40%的零售商愿意有偿分享信息[190]。然而，也有零售商仅与部分上游公司分享信息，亦有零售商会主动分享信息[120]。例如，Bearing Point（毕博管理咨询）调查表明 62%的零售商会每周与其供应商分享预测信息[191]。

上述学者或机构对信息分享的不同观点促使本章进一步研究混合模式下线上零售供应链中平台商的信息分享问题。通过构建四种信息分享模式模型，本章主要研究以下问题：

（1）平台商是否有动机主动与其他供应链成员分享需求预测信息？

(2) 如果平台商分享信息，则其最优分享模式如何选择?

(3) 平台商的信息分享模式选择如何影响其他成员的绩效?

为了回答上述问题，本章基于混合模式的线上零售供应链构建四个博弈模型。其中混合模式是指平台商不仅向线上零售商开放销售平台(代售模式)，而且直接向消费者销售产品(分销模式)。平台商凭借更专业的知识储备和丰富的一手销售数据对市场需求信息进行预测，并决定是否与其他成员分享。在混合模式线上零售供应链中，存在四种信息分享模式：不分享模式和三种分享模式。本章的主要目的是研究平台商信息分享模式选择及其对供应链成员绩效的影响。此外，在基础模型的基础上，拓展研究平台商销售成本为正情形、零售商与制造商联盟情形及零售商与平台商联盟情形下的信息分享问题。

本章接下来的结构安排如下：在 5.2 节对本章所研究的问题、需求函数、假设条件、信息结构、信息分享模型等进行详细地说明；在 5.3 节构建四种信息分享模型并进行求解；在 5.4 节对四种信息分享模型最优解进行对比并做详细分析；在 5.5 节对基础模型进行拓展研究；在 5.6 节对本章结论进行总结。

5.2　问题描述

本章主要研究由一个制造商、一个零售商和一个平台商组成的混合销售模式线上零售供应链。其中，制造商产品通过零售商和平台商销售。零售商在平台商提供的平台上销售产品(代售模式)并向其支付一定的许可费。平台商不仅为零售商提供销售平台而且从制造商处直接采购产品并进行再销售(分销模式)。此代售模式和分销模式并存情形下的供应链称为混合销售模式供应链。此外，由于更接近终端消费市场，平台商更有优势获取消费者的消费信息从而对市场需求进行预测，并充分利用需求信息的不确定性来获取利润。本章在此背景下研究平台商信息分享动机及其分享模式选择问题。

5.2.1 符号说明

本章所用符号及其说明如表 5-1 所示。

表 5-1 符号说明

符号	说明
w_r	制造商销售给零售商的产品批发价格
w_o	制造商销售给平台商的产品批发价格
p_r	零售商的产品零售价格
p_o	平台商的产品零售价格
a	产品的市场潜在需求量
θ	渠道间竞争强度，$0<\theta<1$，其值越大表明竞争越激烈
λ	平台商的许可费率，$0<\lambda<1$
f	平台商获得的市场需求信息信号
t	平台商需求信息预测准确度，$0<t<1$，其值越大表明预测越准确
π_X^Y	供应链成员 X 在信息分享模式 Y 下的利润，其中 $X=\{M,\ R,\ P,\ SC\}$，分别表示制造商、零售商、平台商及供应链。$Y=\{IN,\ IS\text{-}M,\ IS\text{-}R,\ IS\text{-}MR\}$，分别表示不分享、仅与制造商分享、仅与零售商分享、与制造商和零售商均分享模式

5.2.2 模型假设

本章所做假设如下所示：

（1）制造商为 Stackelberg 博弈领导者，零售商和平台商为追随者[129,130]；

（2）制造商生产成本为零及平台商销售成本为零[6]；

（3）所有成员均为风险中性且以自身利润最大化为目标进行决策[182]；

（4）由于在给定范围内许可费为一个长期决策，因此设其为外生变量[26,56]；

（5）除需求信息外的其他信息均为供应链成员共同知晓信息[141,142]。

5.2.3 需求函数

根据 Abhishek 等[45]和 Zheng 等[186]的研究，需求函数可定义为：

$$\begin{cases} q_r=\dfrac{a}{1+\theta}-\dfrac{1}{1-\theta^2}p_r+\dfrac{\theta}{1-\theta^2}p_o \\ q_o=\dfrac{a}{1+\theta}-\dfrac{1}{1-\theta^2}p_o+\dfrac{\theta}{1-\theta^2}p_r \end{cases} \tag{5-1}$$

其中 θ 表示渠道间的竞争强度且有 $\theta\in(0,1)$。需要说明的是渠道间的竞争随着 θ 增大而加剧。当 $\theta\to 0$ 时，表明渠道间没有竞争；当 $\theta\to 1$ 时，表明渠道间竞争十分激烈。

5.2.4 信息结构

根据艾兴政等[100]和 Li[128]的研究，由于一些不确定性因素的存在，此处假设市场潜在需求 a 具有随机性，即 $a=a_0+\zeta$。其中 a_0 为市场潜在需求的确定部分，ζ 为其不确定部分，且 ζ 的期望为 0，方差为 δ。平台商通过对获取的数据进行研究和分析，得到关于市场需求信息（或者称为产品需求信息）的信号为 $f=a+\varepsilon$，其中 ε 的期望为 0，方差为 υ。且随机变量 ζ 和 ε 相互独立。

因此市场需求信息结构为：

$$E(a\mid f)=\frac{\upsilon}{\delta+\upsilon}a_0+\frac{\delta}{\delta+\upsilon}f\equiv A \tag{5-2}$$

$$E[(f-a_0)^2]=\delta+\upsilon \tag{5-3}$$

此处 $E(a\mid f)$ 为条件期望，是指在给定条件（信号）f 下市场需求 a 的期望，即平台商在需求信号下的预测值。根据条件期望相关性质可以推出式（5-2）。同时，依据文献[98，99，119]的研究，设 $t=\dfrac{\delta}{\delta+\upsilon}$，则可得：

$$E(a\mid f)=(1-t)a_0+tf\equiv A \tag{5-4}$$

此处 $t\in(0,1)$ 表示平台商信息预测准确度，其值越大表明信息预测精度越高，预测越准确。当 $\upsilon\to 0$ 时，$t\to 1$，表明需求预测值（A）接近等于真实值（a）；当 $\upsilon\to\infty$ 时，$t\to 0$，表明预测值与真实值间有较大差异。

5.2.5 信息分享模型

对于平台商来说，其不仅需要决策是否分享需求信息而且需要考虑与谁分享的问题。总体来说，平台商有四种信息分享模式：(a) 不分享模式(model IN)；(b) 仅与制造商分享模式(model IS-M)；(c) 仅与零售商分享模式(model IS-R)；(d) 与制造商和零售商均分享模式(model IS-MR)。如图5-1所示。

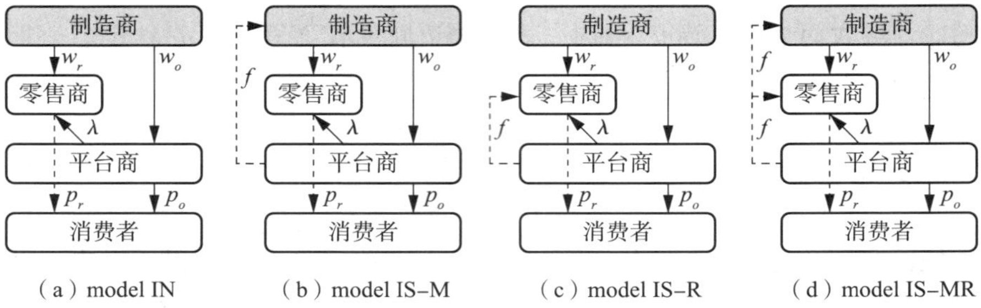

图 5-1　四种信息分享模式模型

5.3　模型构建与求解

本节构建四种信息分享模型并通过逆向归纳法进行求解，得到的最优决策变量如表5-2所示，最优期望利润如表5-3所示。

5.3.1　不分享模型

当平台商不与其他成员分享预测信息(model IN)时，最优决策问题可表示为：

$$\max_{w_r, w_o} E(\pi_M^{IN}) = E(w_r q_r + w_o q_o) \tag{5-5}$$

$$\max_{p_r} E(\pi_R^{IN}) = E((1-\lambda) p_r q_r - w_r q_r) \tag{5-6}$$

$$\max_{p_o} E(\pi_P^{IN} \mid f) = E(\lambda p_r q_r + (p_o - w_o) q_o \mid f) \tag{5-7}$$

通过对 $E(\pi_P^{IN})$ 求关于 p_o 的一阶偏导可知平台商最优零售价格为：$p_o^{IN} = \dfrac{(1-\theta)A+\theta(\lambda+1)p_r+w_o}{2}$。当平台商不分享需求信息时，制造商和零售商对平台商零售价格的预期(此处制造商和零售商需要对平台商的决策做预估是因为，根据逆向归纳法，制造商和零售商需要依据跟随者的定价来决策，当获得需求预测信息时，可以依据得到的信息做决策；而当平台商不分享预测信息时，制造商和零售商需要对此定价做预估）为：$E(p_o^{IN})=\dfrac{(1-\theta)a_0+\theta(\lambda+1)p_r+w_o}{2}$。因此可得零售商的最优定价为：$p_r^{IN}=\dfrac{(\theta+2)(\theta-1)(\lambda-1)a_0+(1-\lambda)\theta w_o+(2-\lambda\theta^2-\theta^2)w_r}{2(\lambda-1)(\lambda\theta^2+\theta^2-2)}$。将平台商和零售商决策代入制造商的决策函数中，可求得其最优批发价格决策。从而得到供应链成员最优解。

5.3.2　与制造商分享模型

当平台商仅与制造商分享预测信息（model IS-M）时，最优决策问题可表示为：

$$\max_{w_r,w_o} E(\pi_M^{IS-M})=E(w_r q_r+w_o q_o \mid f) \tag{5-8}$$

$$\max_{p_r} E(\pi_R^{IS-M})=E((1-\lambda)p_r q_r-w_r q_r) \tag{5-9}$$

$$\max_{p_o} E(\pi_P^{IS-M} \mid f)=E(\lambda p_r q_r+(p_o-w_o)q_o \mid f) \tag{5-10}$$

通过求解可得平台商最优零售价格决策为：$p_o^{IS-M}=\dfrac{(1-\theta)A+\theta(\lambda+1)p_r+w_o}{2}$。由于平台商仅与制造商分享预测信息，因此零售商对其决策预期为：$E(p_o^{IS-M})=\dfrac{(1-\theta)a_0+\theta(\lambda+1)p_r+w_o}{2}$，而制造商对其决策预期为 p_o^{IS-M}。因此根据逆向归纳法可求得模型最优解。

5.3.3　与零售商分享模型

当平台商仅与零售商分享预测信息（model IS-R）时，最优决策问题可表示为：

$$\max_{w_r,w_o} E(\pi_M^{IS-R})=E(w_r q_r+w_o q_o) \tag{5-11}$$

$$\max_{p_r} E(\pi_R^{IS-R})=E((1-\lambda)p_r q_r-w_r q_r \mid f) \tag{5-12}$$

$$\max_{p_o} E(\pi_P^{IS-R} \mid f)=E(\lambda p_r q_r+(p_o-w_o)q_o \mid f) \tag{5-13}$$

通过求解可得平台商最优零售价格决策为：$p_o^{IS-R}=\dfrac{(1-\theta)A+\theta(\lambda+1)p_r+w_o}{2}$。由于平台商仅与零售商分享预测信息，因此零售商对其决策预期为 p_o^{IS-R}，而制造商对其决策预期为 $E(p_o^{IS-R})=\dfrac{(1-\theta)a_0+\theta(\lambda+1)p_r+w_o}{2}$。因此可求得模型最优解。

5.3.4 与制造商和零售商均分享模型

当平台商与制造商和零售商均分享信息(model IS-MR)时，最优决策问题可表示为：

$$\max_{w_r,w_o} E(\pi_M^{IS-MR})=E(w_rq_r+w_oq_o \mid f) \tag{5-14}$$

$$\max_{p_r} E(\pi_R^{IS-MR})=E((1-\lambda)p_rq_r-w_rq_r \mid f) \tag{5-15}$$

$$\max_{p_o} E(\pi_P^{IS-MR} \mid f)=E(\lambda p_rq_r+(p_o-w_o)q_o \mid f) \tag{5-16}$$

通过求解可得平台商最优零售价格为：$p_o^{IS-MR}=\dfrac{(1-\theta)A+\theta(\lambda+1)p_r+w_o}{2}$。由于平台商将信息与制造商和零售商均分享，因此可得此时零售商和制造商对平台商最优价格决策预期为 p_o^{IS-MR}。通过逆向归纳法可求得模型最优解(见表5-2)。

表 5-2 四种信息分享模型下最优解

决策变量	信息分享模型			
	model IN	model IS-M	model IS-R	model IS-MR
w_o^*	$\dfrac{(1-\lambda\theta)a_0}{2}$	$\dfrac{(1-\lambda\theta)A}{2}$	$\dfrac{(1-\lambda\theta)a_0}{2}$	$\dfrac{(1-\lambda\theta)A}{2}$
w_r^*	$\dfrac{(1-\lambda)a_0}{2}$	$\dfrac{Z_1}{2(2-\lambda\theta^2-\theta^2)}$	$\dfrac{(1-\lambda)a_0}{2}$	$\dfrac{(1-\lambda)A}{2}$
p_r^*	$\dfrac{Z_2}{4(2-\lambda\theta^2-\theta^2)}$	$\dfrac{Z_3}{4(2-\lambda\theta^2-\theta^2)}$	$\dfrac{Z_4}{4(2-\lambda\theta^2-\theta^2)}$	$\dfrac{Z_5}{4(2-\lambda\theta^2-\theta^2)}$
p_o^*	$\dfrac{Z_6}{8(2-\lambda\theta^2-\theta^2)}$	$\dfrac{Z_7}{8(2-\lambda\theta^2-\theta^2)}$	$\dfrac{Z_8}{8(2-\lambda\theta^2-\theta^2)}$	$\dfrac{Z_9}{8(2-\lambda\theta^2-\theta^2)}$

其中 $Z_1=(\lambda-1)[(\lambda+2)\theta^2+\theta-4]A-(1-\theta)(\theta+2)(1-\lambda)a_0$，$Z_2=[-(2\lambda+3)$

$\theta^2-\theta+6]a_0$，$Z_3=2(2-\lambda\theta^2-\theta^2)A+(\theta+2)(1-\theta)a_0$，$Z_4=2(\theta+2)(1-\theta)A-[(2\lambda+1)\theta^2-\theta-2]a_0$，$Z_5=[-(2\lambda+3)\theta^2-\theta+6]a_0$，$Z_6=4(\theta-1)(2-\lambda\theta^2-\theta^2)A+[3(\lambda+1)(\theta+1)\theta^2-2\lambda-6\theta-4]a_0$，$Z_7=2(\theta-3)(\lambda\theta^2+\theta^2-2)A-\theta(\theta-1)(\theta+2)(\lambda+1)a_0$，$Z_8=2(\theta-1)[(\lambda+1)(\theta-2)\theta^2-4]A-[(\lambda+1)(\theta+1)\theta^2+2(\lambda-1)\theta-4]a_0$，$Z_9=[\theta(\theta^2-7\theta+2)\lambda+(\theta^3-7\theta^2-2\theta+12)]A$。

最优期望利润如表 5-3 所示。

表 5-3　最优期望利润

最优期望利润	信息分享模型			
	model IN	model IS-M	model IS-R	model IS-MR
$E(\pi_M^*)$	$B_0a_0^2$	$B_0a_0^2+C_1t\delta$	$B_0a_0^2$	$B_0a_0^2+B_0t\delta$
$E(\pi_R^*)$	$B_1a_0^2$	$B_1a_0^2-4B_1t\delta$	$B_0a_0^2+4B_1t\delta$	$B_1a_0^2+B_1t\delta$
$E(\pi_P^*)$	$B_2a_0^2+C_2t\delta$	$B_2a_0^2+C_3t\delta$	$B_2a_0^2+C_4t\delta$	$B_2a_0^2+B_2t\delta$

其中 $B_0=\dfrac{4\theta^2(\theta+1)\lambda^2+(\theta^3-5\theta^2-8\theta-4)\lambda-\theta^3-3\theta^2+4\theta+8}{16(2-\lambda\theta^2-\theta^2)(\theta+1)}$，$B_1=\dfrac{(\theta+2)^2(1-\theta)(1-\lambda)}{32(2-\lambda\theta^2-\theta^2)(\theta+1)}$，

$$B_2=\frac{\left[\begin{array}{c}16\theta^4(\theta+1)\lambda^3+\theta^2(23\theta^3+29\theta^2-56\theta-60)\lambda^2+(6\theta^5+18\theta^4-36\theta^3-52\theta^2+48\theta+48)\lambda+\\(1-\theta)(\theta^2-2\theta-4)^2\end{array}\right]}{64(2-\lambda\theta^2-\theta^2)^2(\theta+1)},$$

$C_1=\dfrac{\theta^2(\theta+1)\lambda^2+(\theta^3+\theta^2-2\theta-4)\lambda-\theta^3-3\theta^2+\theta+5}{4(2-\lambda\theta^2-\theta^2)(\theta+1)}$，$C_2=\dfrac{(1-\theta)}{4(\theta+1)}$，$C_3=\dfrac{4(\theta+1)\lambda-\theta+1}{16(\theta+1)}$，

$C_4=\dfrac{(1-\theta)[\theta^2(\theta^2-12\theta-12)\lambda^2+2(\theta^4-8\theta^3-10\theta^2+8\theta+8)\lambda+(\theta^2-2\theta-4)^2]}{16(2-\lambda\theta^2-\theta^2)^2(\theta+1)}$。

5.4　对比分析

在 5.3 节中通过求解得到四种信息分享模型的最优解，此部分对其进行对比分析以期得到一些结论。首先，对比四种模型下的决策变量。其次，分别从制造商、零售商、平台商及整个供应链的角度分析其对信息分享模式的偏好，并得到均衡选择条件。此处将偏好定义为利润大小，即若某成员在分

享模式 x 下的利润小于在 y 模式下的利润，则定义某成员相对 x 模式更偏好 y 模式。具体结论如命题 5.1～命题 5.5 所示。

命题 5.1 四种信息分享模式下的决策变量关系如下。

（1）当 $A>a_0$ 时，$p_r^{IS-MR*}>p_r^{IS-M*}>p_r^{IS-R*}>p_r^{IN*}$；$p_o^{IS-MR*}>p_o^{IS-M*}>p_o^{IS-R*}>p_o^{IN*}$；$w_r^{IS-M*}>w_r^{IS-MR*}>w_r^{IS-R*}=w_r^{IN*}$；$w_o^{IS-M*}=w_o^{IS-MR*}>w_o^{IS-R*}=w_o^{IN*}$。

（2）当 $A<a_0$ 时，$p_r^{IS-MR*}<p_r^{IS-M*}<p_r^{IS-R*}<p_r^{IN*}$；$p_o^{IS-MR*}<p_o^{IS-M*}<p_o^{IS-R*}<p_o^{IN*}$；$w_r^{IS-M*}<w_r^{IS-MR*}<w_r^{IS-R*}=w_r^{IN*}$；$w_o^{IS-M*}=w_o^{IS-MR*}<w_o^{IS-R*}=w_o^{IN*}$。

命题 5.1 表明决策变量大小关系与平台商需求预测值大小有关。当平台商对市场需求预测较为乐观（$A>a_0$）时，零售商与平台商的零售价格高低关系一致且均高于不分享模式下。具体而言，其在均分享模式（model IS-MR）下达到最大，在与制造商分享模式（model IS-M）下次之，然后是在与零售商分享模式（model IS-R）下。这是因为当消费者需求较旺盛时，制造商会提高批发价格以获得更多利润，相应地，零售商和平台商也会提高零售价格以防止自身利润受损。这也同时体现在批发价格大小关系中，制造商获得需求信息时的批发价格总是高于未获得需求信息时的批发价格。具体来说，对于零售商批发价格 w_r 来说，其在仅与制造商分享模式（model IS-M）下最大，其次是在均分享模式（model IS-MR）下。而对于平台商批发价格 w_o 来说，其在仅与制造商分享模式（model IS-M）和均分享模式（model IS-MR）下相等。这是因为平台商总是拥有需求预测信息，此时零售商是否获取信息对平台商的批发价格没有影响。同时，由于批发价格为制造商的决策变量，因此零售商是否获得需求信息并不影响其批发价格决策，即在仅与零售商分享（model IS-R）和不分享（model IN）两种信息分享模式下的批发价格总是相等（$w_r^{IS-R*}=w_r^{IN*}$，$w_o^{IS-R*}=w_o^{IN*}$）。此外，当平台商对市场需求预测比较悲观（$A<a_0$）时，批发价格、零售价格高低关系与乐观时恰好相反。

在对决策变量大小关系分析后，接下来进一步研究平台商需求预测值对供应链成员决策变量的影响以及需求预测准确度对其期望利润的影响，具体如推论 5.1 所示。

推论 5.1 需求预测值及预测准确度对最优解的影响如表 5-4 所示。

表 5-4　需求预测值及预测准确度与最优解相关性

决策变量	信息分享模式			
	model IN	model IS-M	model IS-R	model IS-MR
	A(需求预测值)			
w_o^*	⊥	↑	⊥	↑
w_r^*	⊥	↑	⊥	↑
p_r^*	⊥	↑	↑	↑
p_o^*	↑	↑	↑	↑
期望利润	**信息分享模式**			
	model IN	model IS-M	model IS-R	model IS-MR
	t (需求预测准确度)			
π_M^*	⊥	↑	⊥	↑
π_R^*	⊥	↓	↑	↑
π_P^*	↑	↑	↑	↑

注：↑表示正相关；↓表示负相关；⊥表示无关。

推论 5.1 表明在不分享模式(model IN)下，批发价格和零售商零售价格与需求预测值大小(A)无关，而平台商零售价格随需求预测值增大而提高。同时，制造商和零售商的利润与需求预测准确度(t)大小无关，而平台商的利润随预测精度提高而增加。这是因为在信息不分享模式下，制造商和零售商均未获得预测信息，此时需求预测值的大小并不影响其决策。而平台商本身拥有预测信息，预测值增大表明市场需求增大，其通过提高零售价格来增加利润，这也同时体现了预测信息的价值。

在与制造商分享模式(model IS-M)和均分享模式(model IS-MR)中，批发价格和零售价格均随需求预测值的增大而提高。此时，制造商和平台商的利润随着预测精度的提高而增加；而零售商的利润在与制造商分享模式下随预测精度的提高而减少，在均分享模式下与预测精度正相关。这是因为当零售商未获得预测信息而制造商获得时，制造商会根据预测信息策略性调整对零售商的批发价格，而零售商由于未获得信息不能及时准确地调整零售价格来有效应对，从而造成利润损失。

在仅与零售商分享模式(model IS-R)下，批发价格与需求预测值大小无关，而零售价格与其呈现正相关关系。此外，制造商利润与预测精度无关，零售商和平台商利润随信息预测精度的提高而增加。这是因为作为供应链中Stackelberg领导者的制造商首先做决策，当其未获得需求预测信息时，其相应的决策不受影响、利润不变；而零售商和平台商根据预测信息策略性调整自身价格决策，从而增加自身利润。

命题 5.2 制造商对信息分享模式的偏好关系为：$E(\pi_M^{IS-M*})>E(\pi_M^{IS-MR*})>E(\pi_M^{IS-R*})=E(\pi_M^{IN*})$。

命题 5.2 表明获取预测信息总是对制造商有利。特别地，制造商在平台商仅与其分享模式(model IS-M)中获得最大利润，其次是在均分享模式(model IS-MR)下。这是因为获得预测信息降低了需求不确定性，有利于制造商以自身利润最大化为目标策略性调整批发价格，从而使自身获得更多利润。此外，制造商利润在仅与零售商分享模式(model IS-R)和不分享模式(model IN)下相等，这是因为制造商作为领导者优先进行批发价格决策，当其未获得预测信息时，零售商是否获得信息不影响制造商的决策。

命题 5.3 零售商对信息分享模式的偏好关系为：$E(\pi_R^{IS-R*})>E(\pi_R^{IS-MR*})>E(\pi_R^{IN*})>E(\pi_R^{IS-M*})$。

命题 5.3 表明获取信息总是对零售商有利。零售商在平台商仅与其分享模式(model IS-R)下获得最大利润，其次是在均分享模式(model IS-MR)下。这是因为零售商和平台商间存在横向竞争，零售商获得信息能提高自身竞争力，减轻甚至消除需求不确定对其决策的影响，从而获取更多利润。而当制造商和零售商均获得信息时，两者间的双重边际效应增强，从而损害零售商的利润。此时零售商利润相对于仅与零售商分享模式(model IS-R)下减少。同时，相较于不分享模式，当平台商仅与制造商分享信息时，零售商利润受损。这是因为制造商获取信息后以自身利润最大化为目标进行决策，零售商由于未及时获得制造商准确的决策并做出有效应对，从而造成利润损失。

命题 5.4 平台商对信息分享模式的偏好关系如下。

(1)当$(\theta,\ \lambda)\in\Omega_1$时，$E(\pi_P^{IS-R*})>E(\pi_P^{IS-M*})>E(\pi_P^{IN*})>E(\pi_P^{IS-MR*})$。

(2)当$(\theta,\ \lambda)\in\Omega_2$时，$E(\pi_P^{IS-R*})>E(\pi_P^{IN*})>E(\pi_P^{IS-M*})>E(\pi_P^{IS-MR*})$。

(3)当$(\theta,\ \lambda)\in\Omega_3$时，$E(\pi_P^{IS-R*})>E(\pi_P^{IS-M*})>E(\pi_P^{IS-MR*})>E(\pi_P^{IN*})$。

(4)当$(\theta,\ \lambda)\in\Omega_4$时，$E(\pi_P^{IS-R*})>E(\pi_P^{IN*})>E(\pi_P^{IS-MR*})>E(\pi_P^{IS-M*})$。

(5)当$(\theta,\ \lambda)\in\Omega_5$时，$E(\pi_P^{IS-R*})>E(\pi_P^{IS-MR*})>E(\pi_P^{IS-M*})>E(\pi_P^{IN*})$。

(6)当$(\theta,\ \lambda)\in\Omega_6$时，$E(\pi_P^{IS-R*})>E(\pi_P^{IS-MR*})>E(\pi_P^{IN*})>E(\pi_P^{IS-M*})$。

(7)当$(\theta,\ \lambda)\in\Omega_7$时，$E(\pi_P^{IS-M*})>E(\pi_P^{IS-R*})>E(\pi_P^{IS-MR*})>E(\pi_P^{IN*})$。

(8)当$(\theta,\ \lambda)\in\Omega_8$时，$E(\pi_P^{IS-M*})>E(\pi_P^{IS-MR*})>E(\pi_P^{IS-R*})>E(\pi_P^{IN*})$。

(9)当$(\theta,\ \lambda)\in\Omega_9$时，$E(\pi_P^{IS-MR*})>E(\pi_P^{IS-M*})>E(\pi_P^{IS-R*})>E(\pi_P^{IN*})$。

(10)当$(\theta,\ \lambda)\in\Omega_{10}$时，$E(\pi_P^{IS-MR*})>E(\pi_P^{IS-R*})>E(\pi_P^{IS-M*})>E(\pi_P^{IN*})$。

其中$\Omega_1\sim\Omega_{10}$所指区域如表 5-5 所示。

表 5-5　符号说明

符号	说明
Ω_1	$\{(\theta,\ \lambda)\mid 0<\theta<\theta_5,\ \lambda_7<\lambda<\lambda_4\}$
Ω_2	$\{(\theta,\ \lambda)\mid 0<\theta<\theta_5,\ \lambda_3<\lambda<\lambda_7\}$
Ω_3	$\{(\theta,\ \lambda)\mid 0<\theta<\theta_5,\ \lambda_4<\lambda<1\}\cup\{(\theta,\ \lambda)\mid \theta_5<\theta<\theta_3,\ \lambda_3<\lambda<1\}\cup\{(\theta,\ \lambda)\mid \theta_3<\theta<\theta_4,\ \lambda_3<\lambda<\lambda_5\}\cup\{(\theta,\ \lambda)\mid \theta_3<\theta<\theta_4,\ \min(\lambda_6,\ 1)<\lambda<1\}$
Ω_4	$\{(\theta,\ \lambda)\mid 0<\theta<\theta_5,\ 0<\lambda<\lambda_3\}\cup\{(\theta,\ \lambda)\mid \theta_5<\theta<\theta_2,\ 0<\lambda<\lambda_4\}$
Ω_5	$\{(\theta,\ \lambda)\mid \theta_2<\theta<\theta_4,\ \lambda_7<\lambda<\lambda_3\}\cup\{(\theta,\ \lambda)\mid \theta_4<\theta<1,\ \lambda_7<\lambda<\lambda_1\}$
Ω_6	$\{(\theta,\ \lambda)\mid \theta_5<\theta<\theta_2,\ \lambda_4<\lambda<\lambda_7\}\cup\{(\theta,\ \lambda)\mid \theta_2<\theta<1,\ 0<\lambda<\lambda_7\}$
Ω_7	$\{(\theta,\ \lambda)\mid \theta_3<\theta<\theta_1,\ \lambda_5<\lambda<\min(\lambda_6,\ 1)\}\cup\{(\theta,\ \lambda)\mid \theta_1<\theta<\theta_4,\ \lambda_5<\lambda<\lambda_1\}\cup\{(\theta,\ \lambda)\mid \theta_1<\theta<1,\ \lambda_2<\lambda<1\}$
Ω_8	$\{(\theta,\ \lambda)\mid \theta_1<\theta<\theta_4,\ \lambda_1<\lambda<\lambda_2\}\cup\{(\theta,\ \lambda)\mid \theta_4<\theta<1,\ \lambda_3<\lambda<\lambda_2\}$
Ω_9	$\{(\theta,\ \lambda)\mid \theta_4<\theta<1,\ \lambda_5<\lambda<\lambda_3\}$
Ω_{10}	$\{(\theta,\ \lambda)\mid \theta_4<\theta<1,\ \lambda_1<\lambda<\lambda_5\}$

命题 5.4 表明平台商对四种信息分享模式的偏好与渠道间竞争强度和许可费率大小有关。对于平台商而言，其利润来源于两部分：一是销售产品所得收益；二是零售商缴纳的许可费。这说明平台商的收益跟制造商的定价决

策和零售商收入有关。通过图 5-2 可以看出，在不同区域中，平台商在不同信息分享模式下的期望利润偏好关系不同。命题 5.4 为平台商的信息分享模式选择提供了参考依据，其不仅表明了平台商是否需要分享预测信息，而且指出了在什么条件下选择哪种分享模式更为有利。此外，通过命题 5.4 可以得到平台商的均衡模式选择条件，具体如推论 5.2 所示。

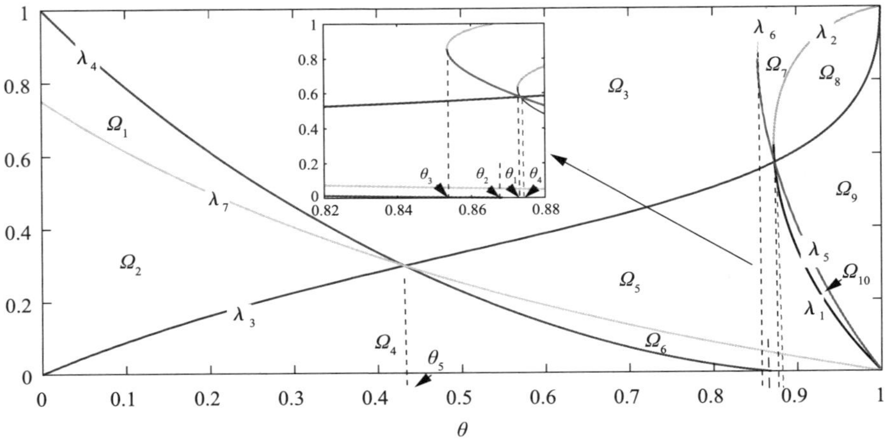

图 5-2　平台商期望利润在四种信息分享模式下的大小关系

推论 5.2　平台商最优信息分享模式选择如下。

（1）当$(\theta,\ \lambda)\in$ Ⅰ时，最优信息分享模式选择为 model IS-R。

（2）当$(\theta,\ \lambda)\in$ Ⅱ时，最优信息分享模式选择为 model IS-M。

（3）当$(\theta,\ \lambda)\in$ Ⅲ时，最优信息分享模式选择为 model IS-MR。

其中 Ⅰ $=\{(\theta,\ \lambda)\mid \Omega_1\cup\Omega_2\cup\Omega_3\cup\Omega_4\cup\Omega_5\cup\Omega_6\}$，Ⅱ $=\{(\theta,\ \lambda)\mid \Omega_7\cup\Omega_8\}$，Ⅲ $=\{(\theta,\ \lambda)\mid \Omega_9\cup\Omega_{10}\}$。

推论 5.2 表明平台商总是有动机分享预测信息，而其分享模式选择受渠道间竞争强度和许可费率大小的影响。具体来说，当渠道间竞争较弱时（区域Ⅰ），平台商在仅与零售商分享模式下期望利润最大；当渠道间竞争强度适中且许可费率较低时（区域Ⅲ），均分享模式为平台商最优选择；当渠道间竞争较强且许可费率较高时（区域Ⅱ），仅与制造商分享模式为平台商最优选择（见图 5-3）。这是因为平台商的利润来源于两部分：一是在自身渠道销售产品所得收益；二是为零售商提供销售平台所得的许可费。当渠道间竞争较弱时，在制造商未获得预测信息而零售商获取的情形下，纵向双重边际效应较弱，从而使得平台商和零售商赚取更多利润，此时平台商在两个渠道方面均能获得较多利润，从而使其总利润最大。此外，由于渠道间竞争较弱，因此许可费率大小不影响平台商最优分享模式选择。随着渠道间竞争加剧，仅与零售商分享预测信息使零售商利润增加较多，并蚕食了平台商销售渠道上的利润，从而使平台商总利润减少。此时平台商需要调整信息分享模式以应对变化。若许可费率较低，则平台商自身销售渠道的利润占主要方面，此时应选择与制造商和零售商均分享预测信息，从而使自身利润最大化。若许可费率较高，则应选择仅与制造商分享模式。

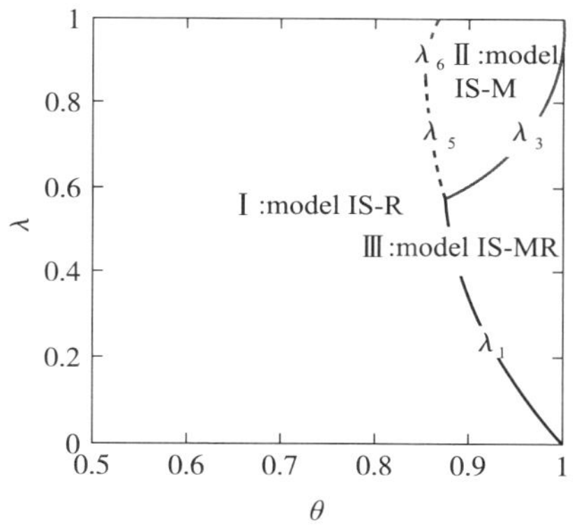

图 5-3　平台商最优信息分享模式选择

推论 5.3　与不分享模式(model IN)相比，在均分享模式(model IS-MR)下，若 $\lambda \in (\max(0,\ \lambda_4),\ 1)$，则供应链成员利润均得到提高，即达到帕累托绩效改进。

从命题 5.1~命题 5.3 可以得到推论 5.3。推论 5.3 表明相比信息不分享模式，当渠道间竞争较弱且许可费率较高，或者渠道间竞争较激烈时，在信息均分享模式(model IS-MR)下，供应链成员绩效能达到帕累托改进，即制造商、零售商和平台商绩效均得到提高(win-win-win)。具体如图 5-4 所示。

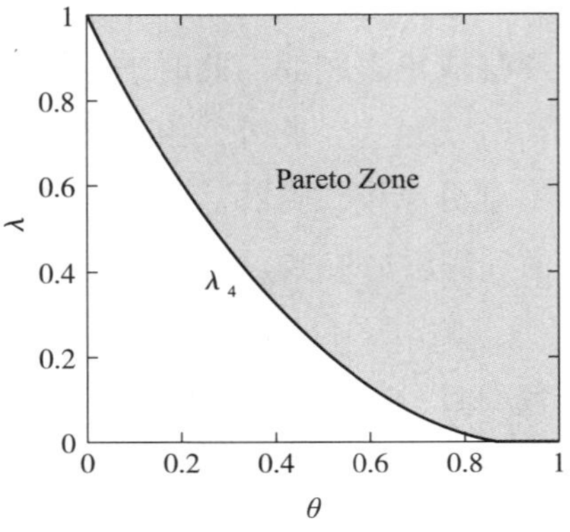

图 5-4　model IS-MR 下供应链成员 Pareto 区域

命题 5.5　供应链整体对信息分享模式的偏好关系如下。

(1)当$(\theta, \lambda) \in \Omega_{11}$时，$E(\pi_{SC}^{IS-R*}) > E(\pi_{SC}^{IS-M*}) > E(\pi_{SC}^{IS-MR*}) > E(\pi_{SC}^{IN*})$。此时均衡为 model IS-R。

(2)当$(\theta, \lambda) \in \Omega_{12}$时，$E(\pi_{SC}^{IS-M*}) > E(\pi_{SC}^{IS-R*}) > E(\pi_{SC}^{IS-MR*}) > E(\pi_{SC}^{IN*})$。此时均衡为 model IS-M。

(3)当$(\theta, \lambda) \in \Omega_{13}$时，$E(\pi_{SC}^{IS-M*}) > E(\pi_{SC}^{IS-MR*}) > E(\pi_{SC}^{IS-R*}) > E(\pi_{SC}^{IN*})$。此时均衡为 model IS-M。

(4)当$(\theta, \lambda) \in \Omega_{14}$时，$E(\pi_{SC}^{IS-MR*}) > E(\pi_{SC}^{IS-M*}) > E(\pi_{SC}^{IS-R*}) > E(\pi_{SC}^{IN*})$。此时均衡为 model IS-MR。

其中$\Omega_{11} = \{(\theta, \lambda) \mid \max(0, \lambda_8) < \lambda < 1\}$，$\Omega_{12} = \{(\theta, \lambda) \mid \max(0, \lambda_9) < \lambda < \min(\lambda_8, 1)\}$，$\Omega_{13} = \{(\theta, \lambda) \mid \max(0, \lambda_{10}) < \lambda < \max(0, \lambda_9)\}$，$\Omega_{14} = \{(\theta, \lambda) \mid 0 < \lambda < \max(0, \lambda_{10})\}$。

命题 5.5 表明对于整个供应链而言，平台商总是有动机分享预测信息且此分享总是有利于供应链整体利润的增加。这是因为信息分享能显著降低需求不确定带来的利润损失，这也体现了预测信息的价值。同时，不同信息分享模式对供应链整体利润的影响取决于渠道间竞争强度和许可费率的大小。从图 5-5(a)中可以看出，当渠道间竞争较弱(区域Ω_{11})时，供应链的最优选择是仅与零售商分享模式(model IS-R)，其次是在仅与制造商分享模式(model IS-M)下，最后是在均分享模式(model IS-MR)下。而随着渠道间竞争加剧（区域 Ω_{12} 和区域 Ω_{13}），仅与制造商分享模式（model IS-M）下供应链获得最大利润。当渠道间竞争十分激烈（区域 Ω_{14}）时，供应链在均分享模式（model IS-MR）下获得最大利润。这是因为供应链整体利润由制造商、零售商及平台商三者构成，当渠道间竞争较弱时，仅与零售商分享信息（model IS-R）能显著增加零售商和平台商的利润且超过制造商的利润损失，从而使供应链整体利润最大。而随着渠道间竞争加剧，上下游之间的信息不对称使制造商利润损失较为严重，故此时与制造商分享信息能获得更多利润。供应链最优信息分享模式选择如图 5-5（b）所示。

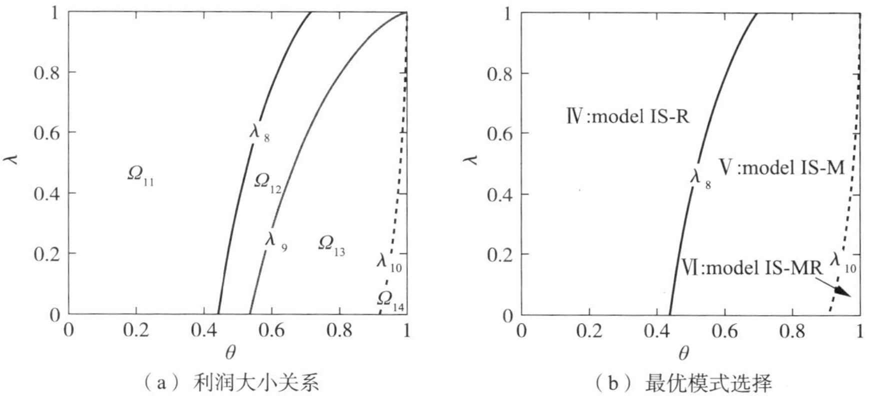

图 5-5　供应链整体期望利润大小关系及最优模式选择

5. 5　拓展与讨论

本章在 5. 4 节基础模型研究中假设平台商的销售成本为零且供应链成员相互之间没有合作。为了更加贴合实际，在此部分放松上述假设做进一步的拓展研究。具体为：在 5. 5. 1 小节研究平台商销售成本为正时的信息分享模式选择问题；在 5. 5. 2 小节考虑零售商与制造商联盟情形下的供应链成员的信息分享策略选择；在 5. 5. 3 小节研究零售商与平台商联盟情形下的供应链成员的信息分享策略选择。

5.5.1 平台商销售成本为正

在实际中平台商运营成本主要体现在平台搭建的固定成本及每日运营所需维护费用，即平台依然会产生可变成本。此处令平台商的单位产品销售成本为c，从而可得平台商的利润函数：$E(\pi_P \mid f)=E((\lambda p_r-c)q_r+(p_o-w_o-c)q_o \mid f)$。

命题 5.6 平台商销售成本大小不影响其信息分享模式选择。

命题 5.6 表明当平台商销售成本为正时，本章主要结论依然成立。也就是说，平台商的运营成本大小只对供应链成员的期望利润产生影响，而不改变其最优信息分享模式选择。平台商的信息分享模式选择依然只与渠道间竞争强度和许可费率有关。这是因为零售商所缴纳的许可费为其总收入的一定比例，而与变动成本无关。因此，平台商成本大小影响供应链成员的利润。但由于此影响对制造商、零售商和平台商三者均有涉及，因此并不会影响最终分享模式的选择。

5.5.2 零售商与制造商联盟

在现实中诸多企业会选择构建联盟以增强自身竞争力。本小节研究零售商和制造商联盟时平台商的信息分享模式选择。在此定义零售商和制造商组成的联盟为联盟企业，则此时供应链只存在两个主体（联盟企业和平台商），因此平台商只有两个信息分享模式，即不分享模式和分享模式。通过求解并对比分析可以得到命题 5.7。

命题 5.7 当零售商与制造商组成联盟时：

（1）对于平台商来说，其最优选择为分享信息，即$E(\pi_P^{C\text{-}IS*})>E(\pi_P^{C\text{-}IN*})$。

（2）当$\lambda \in (0,\ \lambda_7)$时，$E(\pi_{M+R}^{C\text{-}IS*})<E(\pi_{M+R}^{C\text{-}IN*})$，联盟企业在信息分享下利润损失；当$\lambda \in (\lambda_7,\ 1)$时，$E(\pi_{M+R}^{C\text{-}IS*})>E(\pi_{M+R}^{C\text{-}IN*})$，联盟企业在信息分享下利润增加。

（3）供应链在信息分享下利润增加，即$E(\pi_{SC}^{C\text{-}IS*})>E(\pi_{SC}^{C\text{-}IN*})$。

从命题 5.7 可知，对于平台商来说，其总是会分享预测信息，这是因为制造商获取信息一方面加强了双重边际效应使平台商利润损失，另一方面使制造商能策略使用需求信息增加利润，从而增加平台商从零售商处获得的收益且此收益大于因分享预测信息造成的利润损失，最终使平台商总利润增加。当制造商和零售商联盟时，信息分享前后其期望利润大小受许可费率的影响。当许可费率较低时，联盟企业在不分享模式下获得更多利润；当许可费率较高时，信息分享有利于其利润增加。此结论与文献[27]的研究一致。这是因为此时制造商相当于通过双渠道销售产品，当许可费率较高时上下游竞争较为激烈，制造商可以通过需求信息策略性调整决策，从而在自身销售渠道处获得更多利润以弥补在零售商渠道下的损失。此外，对整个供应链来说，其在信息分享模式下利润增加，这也体现了信息预测的价值。

5.5.3　零售商与平台商联盟

本小节研究当零售商和平台商联盟时的信息分享模式选择。此时，联盟企业有两种模式：不分享模式和分享模式。通过求解和对比分析可以得到命题 5.8。

命题 5.8　当零售商和平台商联盟时：

（1）联盟企业最优选择为不分享信息，即 $E(\pi_{R+P}^{CC-IS*})<E(\pi_{R+P}^{CC-IN*})$。

（2）制造商在信息分享下利润增加，即 $E(\pi_{M}^{CC-IS*})>E(\pi_{M}^{CC-IN*})$。

（3）供应链整体在信息分享下利润损失，即 $E(\pi_{SC}^{CC-IS*})<E(\pi_{SC}^{CC-IN*})$。

从命题 5.8 可知，当零售商和平台商联盟决策时，供应链结构相当于制造商通过平台商（零售商）销售产品，此时平台商没有动机分享预测信息。而上游制造商获取信息能够减少需求不确定造成的利润损失，并从信息分享中获利。对于整个供应链来说，信息分享时，平台商的利润损失大于制造商的利润增加，因此不分享信息是其最优选择。

5.6　本章小结

本章考虑包含一个制造商、一个零售商和一个平台商的混合销售模式线上零售供应链模型。其中，平台商由于更接近消费者市场而对需求信息进行预测，并得到四种信息分享模式。本章研究了平台商是否有动机分享预测信息及分享时的最优模式选择问题。分别分析了不同信息分享模式下制造商、零售商、平台商以及供应链整体的期望利润大小关系并得到均衡。此外，本章考虑了三种拓展情形：平台商销售成本为正、零售商与制造商联盟及零售商与平台商联盟。研究得到以下结论及管理启示：

(1)平台商总是有动机主动分享预测信息，且其信息分享模式选择可以极大地影响制造商和零售商的期望利润，因此其有与其他两个供应链成员谈判的基础。

(2)平台商需求信息分享模式的选择受渠道间竞争强度和许可费率的驱动。由于平台商对于不同种类商品的许可费率不同(例如，亚马逊是6%~25%的许可费率，京东是5%~12%的许可费率[189])，因此平台商针对不同零售商所采取的信息分享模式不尽相同，此研究可为平台商的分享模式选择提供参考。

(3)对于制造商(零售商)来说，其总是在仅自身获得预测信息时获得最大利润，即在model IS-M(model IS-R)下。但此时对于平台商来说却不一定是最优选择。因此对于制造商和零售商来说，可以运用自身条件与平台商协调以便获得最利于自身的模式。即使不能获得最优的，也不至于获得最差的(在model IS-M下，虽然制造商的利润最大，但零售商遭受了利润损失)。

(4)相对于信息不分享模式而言，在均分享模式(model IS-MR)下，制造商、零售商和平台商均能获得绩效改进，即win-win-win情形。

(5)平台商销售成本不影响其均衡模式选择。此外，当零售商和制造商联盟时，平台商依然有动机分享信息；而当零售商和平台商联盟时，其总是倾向于不分享信息。

第 6 章

线上零售竞合供应链制造商合作策略选择研究

6.1 引言

随着 5G(第五代移动通信技术)、人工智能、云计算、大数据等新技术持续赋能，电子商务市场规模不断扩大。“《2022 年度中国电子商务市场数据报告》显示，2022 年中国电子商务市场规模达 47.57 万亿元，同比增长 12.9%[①]。此外，《2022 年中国网络零售市场发展报告》表明，全国网上零售额达 13.79 万亿元，同比增长 4%[②]。由此可知，网络零售持续发展，成为现代企业零售渠道的重要组成部分和推动经济发展的新动力。特别是近年来受国际环境复杂多变、疫情冲击等超预期因素影响，线下零售市场出现停滞，而网络零售市场可以有效激发线上消费潜力，展现了其发展韧性。同时，部分产品主要依赖线上渠道销售，甚至仅通过线上渠道销售。例如 iQOO 主打线上销售，与苏宁易购保持着深度战略合作关系[③]；德尔玛的产品主要通过电商平台、线上直销和线上经销方式销售[④]；玫琳凯公司在中国市场所有销售全部来自其线上零售平台“幸福小店”，电商销售占比达到 100%[⑤]；等等。随着竞争的加剧和市场环境的变化，诸多电商平台(如亚马逊、京东)逐渐完成了从分销制造商产品(分销模式)或为卖家提供交易平台(代理模式)的单一经营模

① http：//www.100ec.cn/detail--6627094.html.

② http：//www.100ec.cn/detail--6624279.html.

③ http：//www.cb.com.cn/index/show/gd/cv/cv1361744551495.

④ http：//stock.10jqka.com.cn/20230524/c647476443.shtml.

⑤ http：//www.cb.com.cn/index/show/gd/cv/cv1361845541494.

式到混合经营模式的转变。其不仅为零售商提供交易平台对接消费者且充当电子零售商的角色分销制造商的产品。在此情形下，零售商一方面分销制造商的产品与平台商在下游形成竞争关系，另一方面通过缴纳一定费用在平台商提供的交易平台上开设专卖店从而与平台商形成合作关系。这种既竞争又合作的竞合关系使得两个供应链成员在分销制造商产品时的策略十分微妙。

此外，新冠疫情对消费产生了抑制作用，主要体现在以下两方面：一方面，疫情出现之后，为保证人民群众的生命安全，国家采取管控措施以减少不必要的人员聚集和流动，消费需求出现严重下滑；另一方面，消费者更加重视存款，减少弹性消费。需求减少使企业之间的竞争更加激烈，这进一步导致了企业利润降低，甚至面临退出市场或被兼并的局势。例如母婴巨头"蜜芽"宣布停运 App、每日优鲜被曝原地解散、国美电商被曝大幅裁员[①]等。面临形势严峻的市场环境，企业逐渐意识到合作的重要性，在部分领域或者市场中，通过与其他供应链成员建立合作关系可以获得长期稳定的利润。例如：迪士尼与 eBay 合作建立联合品牌并销售相关产品；宝洁与沃尔玛建立合作伙伴关系，有效降低了供应链的运营成本；小米集团与韩国的零售商 Youmi 合作销售智能手机；美的、格力等企业与京东多次达成战略合作关系[②]。然而，不当的合作关系及合作对象的选择也会损害双方的利益。例如：耐克集团解除了与线上零售商 Zappos 的合作关系[③]。对于制造商而言，零售商和平台商在分销产品中的作用不言而喻。面对竞争日益激烈和消费者需求更加多样化的市场，与下游企业合作能进一步把握市场变化和消费者偏好，从而成为其重要的战略选择。然而，由于零售商和平台商拥有不同的客户群体，在一定条件下的消费者对于购买渠道有自己的偏好。因此，上游制造商选择与哪个下游企业合作能最大化自身的利润是其需要进一步考虑的问题。综上所述，在线上竞合供应链中研究制造商合作策略选择，以及初始市场需求不对称对其的影响具有重要意义。

鉴于以上分析，本章主要研究以下问题：

（1）制造商是否有与下游企业（零售商或平台商）合作的动机？

---

① http：//www. 100ec. cn/detail--6626787. html.

② https：//finance. eastmoney. com/a/202203122307007147. html.

③ https：//k. sina. com. cn/article_ 5211109597_ 1369b38dd02000tcco. html.

(2)制造商在不同合作策略下合作动机大小如何?

(3)不同合作策略对供应链利润、消费者剩余及社会福利有何影响?

为了回答上述问题，本章研究两个零售渠道不同初始市场需求对线上零售竞合供应链中制造商合作策略选择的影响。具体而言，首先，在不同初始市场需求下，分析制造商是否有与下游企业(零售商或平台商)合作的动机。其次，探讨制造商在不同合作策略下合作动机大小的问题。再次，探究不同合作策略对供应链利润、消费者剩余及社会福利的影响。最后，放松假设，拓展并讨论数量竞争以及平台商为 Stackelbery 领导者情形下制造商的合作策略选择。

本章接下来的结构安排如下：在 6.2 节详细描述本章所研究的问题、需求函数及合作模型等；在 6.3 节构建不同合作模式下的供应链模型并进行求解；在 6.4 节对三个模型最优解进行对比并做详细分析；在 6.5 节对基础模型进行拓展讨论；在 6.6 节对本章结论进行总结。

6.2　问题描述

在由制造商、零售商和平台商组成的线上零售供应链中，制造商将产品以批发价格销售给零售商和平台商。零售商向平台商支付许可费从而在其提供的交易平台上将产品销售给消费者。平台商不仅为零售商提供销售平台，而且在自身平台上开设自营旗舰店进行产品销售。此时，平台商的收益来自零售商支付的许可费和分销产品所得的利润。值得注意的是，一方面零售商和平台商同时分销制造商的产品，两个下游企业在市场中存在横向竞争；另一方面零售商需要向平台商支付许可费，两个下游企业存在纵向合作，本书称此为线上竞合供应链。此外，为了提高市场竞争力和盈利能力，上游制造商可选择与下游零售商或平台商建立合作关系。因此，制造商存在三种合作策略：不合作、与零售商合作、与平台商合作。在线上竞合供应链中，本书假设制造商为 Stackelberg 领导者，零售商和平台商为追随者，并且各成员均为风险中性和以利润最大化为目标进行决策[182]。

6.2.1 符号说明

本章所用符号及其说明如表 6-1 所示。

表 6-1 符号说明

符号	说明
w_i	制造商销售给 i 的产品批发价格，其中 $i\in\{r, o\}$，分别代表零售商和平台商
p_i	i 渠道的产品零售价格
q_i	i 渠道的产品销售量
a_i	i 渠道的初始市场需求
θ	渠道间竞争强度，$0<\theta<1$，其值越大表明竞争越激烈
λ	平台商的许可费率，$0<\lambda<1$
k	不同零售渠道的初始市场需求比率
π_X^Y	供应链成员 X 在合作策略 Y 下利润，其中 $X=\{M, R, P, SC\}$，分别表示制造商、零售商、平台商和供应链；$Y=\{N, MR, MP\}$，分别代表不合作、制造商与零售商合作和制造商与平台商合作
π_{CS}^Y	合作策略 Y 下的消费者剩余
SW^Y	合作策略 Y 下的社会福利

6.2.2 需求函数

根据 Singh 和 Vives 的研究[183]，设消费者购买产品的总效用为：

$$U(q_r, q_o)=a_rq_r+a_oq_o-\frac{1}{2}q_r^2-\frac{1}{2}q_o^2-\theta q_rq_o \tag{6-1}$$

其中，$q_i(i\in\{r, o\})$表示 i 渠道的销售量；$a_i(i\in\{r, o\})$表示 i 渠道的初始市场需求；$p_i(i\in\{r, o\})$为 i 渠道产品零售价格。θ 表示渠道间竞争程度，θ 越大表示渠道间竞争越激烈。此时消费者剩余为：

$$\overline{U}=U(q_r, q_o)-p_rq_r-p_oq_o \tag{6-2}$$

使消费者剩余 $\overline{U}$ 最大化，可求得需求函数：

$$\begin{cases} q_r=\dfrac{a_r-\theta a_o-p_r+\theta p_o}{1-\theta^2} \\ q_o=\dfrac{a_o-\theta a_r-p_o+\theta p_r}{1-\theta^2} \end{cases} \tag{6-3}$$

令 $a_r=ka$，$a_o=a$，则需求函数可表示为[187]：

$$\begin{cases} q_r=\dfrac{(k-\theta)a-p_r+\theta p_o}{1-\theta^2} \\ q_o=\dfrac{(1-k\theta)a-p_o+\theta p_r}{1-\theta^2} \end{cases} \tag{6-4}$$

此时，$a_r/a_o=k$。$k=1$ 表示两个渠道的初始市场需求是对称的；$0<k<1$ 则表明 o 渠道的初始市场需求大于 r 渠道；$k>1$ 则表明 o 渠道的初始市场需求小于 r 渠道。

6.2.3　合作模型

制造商各合作策略所对应的供应链结构模型如图 6-1 所示：(a)不合作(model N)；(b)制造商与零售商合作(model MR)；(c)制造商与平台商合作(model MP)。

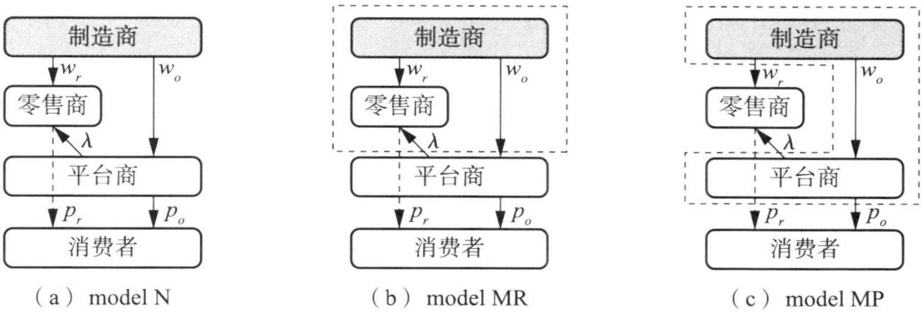

图 6-1　合作模型

6.3　模型构建与求解

本节构建制造商合作策略下的博弈模型，并通过逆向求解法得到各模型最优解。

6.3.1 不合作模型

当制造商选择不与其他成员合作时，供应链各成员的决策顺序：首先，制造商作为领导者决策产品的批发价格 w_r 和 w_o。其次，零售商和平台商同时决策各自的零售价格 p_r 和 p_o。此时，制造商、零售商及平台商的利润函数可分别表示为：

$$\begin{cases}\max\limits_{w_r,w_o} \pi_M^N = w_r q_r + w_o q_o \\ \max\limits_{p_r} \pi_R^N = (1-\lambda) p_r q_r - w_r q_r \\ \max\limits_{p_o} \pi_P^N = (p_o - w_o) q_o + \lambda p_r q_r\end{cases} \tag{6-5}$$

6.3.2 制造商与零售商合作模型

当制造商选择与零售商合作时，供应链各成员的决策顺序：首先，制造商和零售商组成的联盟共同决定批发价格 w_o 和零售价格 p_r。其次，平台商决策其零售价格 p_o。此时，供应链各成员的利润函数分别为：

$$\begin{cases}\max\limits_{p_r,w_o} \pi_{M+R}^{MR} = (1-\lambda) p_r q_r + w_o q_o \\ \max\limits_{p_o} \pi_P^{MR} = (p_o - w_o) q_o + \lambda p_r q_r\end{cases} \tag{6-6}$$

6.3.3 制造商与平台商合作模型

当制造商选择与平台商合作时，供应链各成员的决策顺序：首先，制造商和平台商组成的联盟共同决定批发价格 w_r 和零售价格 p_o。其次，零售商决策其零售价格 p_r。此时，供应链各成员的利润函数分别为：

$$\begin{cases}\max\limits_{w_r,p_o} \pi_{M+P}^{MP} = (w_r + \lambda p_r) q_r + p_o q_o \\ \max\limits_{p_r} \pi_R^{MP} = (1-\lambda) p_r q_r - w_r q_r\end{cases} \tag{6-7}$$

通过逆向归纳法可得各博弈模型的均衡解，具体如表 6-2 所示。

表 6-2　均衡结果

<table>
<tr><th rowspan="2">决策变量</th><th colspan="3">模型</th></tr>
<tr><th>model N</th><th>model MR</th><th>model MP</th></tr>
<tr><td>p_r^*</td><td>$\frac{a(6k-k\lambda\theta^2-2k\theta^2-\theta)}{2(4-\theta^2\lambda-\theta^2)}$</td><td>$\frac{ak}{2}$</td><td>$\frac{a(3k-2k\lambda+\lambda\theta-\theta)}{2(2-\lambda)}$</td></tr>
<tr><td>p_o^*</td><td>$\frac{a(6-2\theta^2\lambda+k\lambda\theta-k\theta-2\theta^2)}{2(4-\theta^2\lambda-\theta^2)}$</td><td>$\frac{3}{4}a-\frac{1}{4}ak\theta$</td><td>$\frac{a}{2}$</td></tr>
<tr><td>w_r^*</td><td>$\frac{1}{2}ak-\frac{1}{2}ak\lambda$</td><td>$NA$</td><td>$\frac{a(2k\lambda^2-\lambda^2\theta-4k\lambda+\theta\lambda+2k)}{2(2-\lambda)}$</td></tr>
<tr><td>w_o^*</td><td>$\frac{1}{2}a-\frac{1}{2}ak\lambda\theta$</td><td>$\frac{1}{2}a-\frac{1}{2}ak\lambda\theta$</td><td>$NA$</td></tr>
<tr><td>π_R^*</td><td>$\frac{a^2(1-\lambda)(k\theta^2-2k+\theta)^2}{4(4-\theta^2\lambda-\theta^2)^2(1-\theta^2)}$</td><td rowspan="2">$\frac{a^2[1-2k\theta+(2\lambda\theta^2-\theta^2-2\lambda+2)k^2]}{8(1-\theta^2)}$</td><td>$\frac{a^2(k-\theta)^2(1-\lambda)}{4(2-\lambda)^2(1-\theta^2)}$</td></tr>
<tr><td>π_M^*</td><td>$\frac{a^2z_1}{4(4-\theta^2\lambda-\theta^2)(1-\theta^2)}$</td><td rowspan="2">$\frac{a^2[k^2-2k\theta-\theta^2(1-\lambda)+2-\lambda]}{4(2-\lambda)(1-\theta^2)}$</td></tr>
<tr><td>π_P^*</td><td>$\frac{a^2z_2}{4(4-\theta^2\lambda-\theta^2)^2(1-\theta^2)}$</td><td>$\frac{a^2[1-2k\theta-(4\theta^2\lambda-\theta^2-4\lambda)k^2]}{16(1-\theta^2)}$</td></tr>
<tr><td>π_{CS}^*</td><td>$\frac{a^2z_3}{8(4-\theta^2\lambda-\theta^2)^2(1-\theta^2)}$</td><td>$\frac{a^2[1-2k\theta-(4-3\theta^2)k^2]}{32(1-\theta^2)}$</td><td>$\frac{a^2(k^2-2k\theta-\lambda^2\theta^2+4\lambda\theta^2+\lambda^2-3\theta^2-4\lambda+4)}{8(2-\lambda)^2(1-\theta^2)}$</td></tr>
<tr><td>SW^*</td><td>$\frac{a^2z_4}{8(4-\theta^2\lambda-\theta^2)^2(1-\theta^2)}$</td><td>$\frac{a^2[7-14k\theta-(12-5\theta^2)k^2]}{32(1-\theta^2)}$</td><td>$\frac{a^2z_5}{8(2-\lambda)^2(1-\theta^2)}$</td></tr>
</table>

其中：$z_1=(\theta^4\lambda^2-\lambda^2\theta^2-2\lambda\theta^2+\theta^2+2\lambda-2)k^2+(2\theta-2\lambda\theta^3+2\lambda\theta)k+\theta^2-2$，

$z_2=(\lambda^3\theta^4-\lambda^3\theta^6-\lambda^2\theta^6+8\lambda^2\theta^4+2\lambda\theta^4-7\lambda^2\theta^2-14\lambda\theta^2+\theta^2+12\lambda)k^2+(2\theta^3-4\theta)k+\lambda\theta^4+\theta^4-\lambda\theta^2-4\theta^2+4$，

$z_3=(2\lambda\theta^4-\theta^4\lambda^2+\lambda^2\theta^2-2\lambda\theta^2-3\theta^2+4)k^2+(4\lambda\theta^3-2\theta^3-4\lambda\theta)k-3\theta^2+4$，

$z_4=(\theta^4\lambda^2+2\lambda\theta^4-\lambda^2\theta^2+4\theta^4-6\lambda\theta^2-21\theta^2+28)k^2+4\lambda\theta^4+4\theta^4-8\lambda\theta^2-21\theta^2+28+(4\lambda^2\theta^3-4\lambda^2\theta^5-4\lambda\theta^4+24\lambda\theta^3+10\theta^3-12\lambda\theta-32\theta)k$，

$z_5=(7-4\lambda)k^2+(8\lambda\theta-14\theta)k-3\lambda^2\theta^2+8\lambda\theta^2+3\lambda^2-5\theta^2-12\lambda+12$。

6.4　对比分析

本节首先讨论制造商不同合作策略下各决策变量的大小关系；其次通过

比较制造商与零售商(平台商)合作时的联盟利润与不合作时制造商与零售商(平台商)的利润总和，探讨制造商是否有动机与零售商或平台商合作；再次通过比较制造商与零售商合作时的额外收益及制造商与平台商合作时的额外收益，分析制造商与下游两个企业的合作动机大小；最后研究制造商不同合作策略对供应链利润、消费者剩余及社会福利的影响。为保证各模型最优解存在且唯一，各参数需满足以下约束条件：$\{(\theta, \lambda, k) \mid 0<\theta<1, 0<\lambda<1, \underline{k_0}<k<\overline{k_0}\}$。其中，$\underline{k_0}=\theta$，$\overline{k_0}=1/\theta$。

6.4.1 决策变量影响分析

本小节首先分析许可费率和不同渠道初始市场需求比率对各合作策略中零售价格的影响，其次讨论不同合作策略中产品批发价格的大小关系，最后分析不同合作策略中产品价格、销售量的关系。

推论 6.1 平台商的许可费率(λ)和不同渠道初始市场需求比率(k)对不同合作策略下零售商及平台商的零售价格的影响如表 6-3 所示。

表 6-3 许可费率和初始市场需求比率对零售价格的影响

决策变量	模型		
	model N	model MR	model MP
λ(平台商的许可费率)			
p_r^*	↑	⊥	↓
p_o^*	↑	⊥	⊥
k(初始市场需求比率)			
p_r^*	↑	↑	↑
p_o^*	↓	↓	⊥

注：↑：正相关；↓：负相关；⊥：无关

由表 6-3 可知，在 model N 下，许可费率升高导致零售商支付高额许可费，此时零售商通过提高零售价格减少利润损失。由于零售商与平台商之间存在竞争，平台商会通过提高零售价格以获取更多利润。故随着许可费率升高，零售商和平台商的产品零售价格均升高。在 model MR 下，零售商的市场竞争力提高、利润增加，足以弥补支付给平台商的许可费。此时，许可费率对零售商和平台商的零售价格无影响。在 model MP 下，由于制造商与平台商之间的双重边际效应得到缓解，平台商的利润得到增加。平台商与零售商之间的竞争加剧，故平台商利润增加会刺激零售商降低价格进而增加利润。此时，许可费率使零售商的零售价格降低，而对平台商的零售价格无影响。

随着 k 的增大，零售商的初始市场需求增加。此时，各合作策略中零售商均提高零售价格以获取更多利润；平台商为避免损失会降低其零售价格，以此来提高销售量。但当制造商选择与平台商合作时，平台商的市场竞争力得以提高，此时其不必通过降低零售价格来减少利润损失。因此，k 的增大使得三种合作模式下零售商的零售价格均升高；使不合作及制造商与零售商合作时平台商的零售价格降低；对制造商与平台商合作时平台商的零售价格无影响。

命题 6.1 制造商对零售商和平台商的产品批发价格关系为：$w_o^{MR*}=w_o^{N*}$，$w_r^{MP*}<w_r^{N*}$。

命题 6.1 表明不同合作策略下制造商对零售商或平台商的产品批发价格与初始市场需求比率等因素无关。制造商与零售商合作不改变平台商的产品批发价格，这是因为制造商和零售商合作后两者组成的联盟通过向平台商支付许可费在平台上进行产品销售，这有效地缓和了两者间的双重边际效应，但加剧了零售商和平台商之间的价格竞争。此时，在两种影响的共同作用下，制造商没有动机改变平台商的产品批发价格，故制造商与零售商合作前后平台商的产品批发价格不改变。制造商选择不合作时对零售商的产品批发价格高于制造商与平台商合作时对零售商的产品批发价格，这是因为合作策略 N 中，制造商、零售商及平台商三者以其各自利润最大化为目标进行决策，存在严重的双重边际效应。当制造商与平台商合作时，两者追求整体利润最大化，利益冲突得到缓解，有效地弱化了两者之间的双重边际效应。

命题 6.2 各合作策略中零售价格及需求的关系如下。

(1)合作策略中零售商渠道零售价格：(i)当 $\lambda\in(0,\ \lambda_1)$ 时，$p_r^{MR*}<p_r^{MP*}<p_r^{N*}$；(ii)当 $\lambda\in(\lambda_1,\ 1)$ 且 $k\in(\underline{k_0},\ k_1)$ 时，$p_r^{MR*}<p_r^{N*}<p_r^{MP*}$；(iii)当 $\lambda\in(0,\ \lambda_1)$ 且 $k\in(k_1,\ \overline{k_0})$ 时，$p_r^{MR*}<p_r^{MP*}<p_r^{N*}$。

(2)合作策略中平台商渠道零售价格：$p_o^{MP*}<p_o^{MR*}<p_o^{N*}$。

(3)合作策略中零售商渠道需求：(i)当 $\lambda\in(0, \lambda_2)$时，$q_r^{MP*}<q_r^{N*}<q_r^{MR*}$；(ii)当 $\lambda\in(\lambda_2, 1)$且 $k\in(\underline{k_0}, k_2)$时，$q_r^{MP*}<q_r^{N*}<q_r^{MR*}$；(iii)当 $\lambda\in(\lambda_2, 1)$且 $k\in(k_2, \overline{k_0})$时，$q_r^{N*}<q_r^{MP*}<q_r^{MR*}$。

(4)合作策略中平台商渠道需求：$q_o^{MR*}<q_o^{N*}<q_o^{MP*}$。

由命题6.2可知，制造商与零售商合作时零售商的产品零售价格最低、产品销量最高。这是因为制造商与零售商合作可以减弱双方之间的双重边际效应。如图6-2(a)所示，可行域内 model MR 与 model N 下零售商的销量差值 Δ_r^1 随 k 值的增大而升高。但是相较合作策略 MP 而言，制造商与零售商合作所避免的双重边际效应占优，因此合作策略 MR 中零售价格低于合作策略 MP。相应地，销量高于合作策略 MP，且 Δ_r^3 随 k 值的增大而增大。model MP 与 model N 下零售商产品零售价格的大小关系与许可费率 λ、初始市场需求比率 k 有关：当 λ 较高且 k 较小时，合作策略 MP 的产品零售价格高于合作策略 N；否则，合作策略 MP 产品零售价格低于合作策略 N。

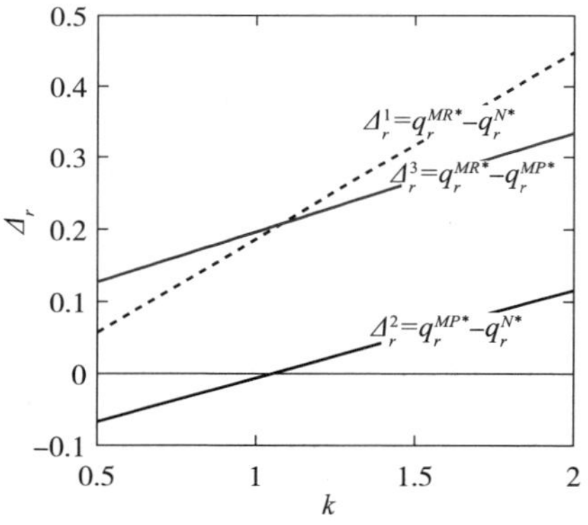

(a) 对不同合作策略下零售商需求差的影响

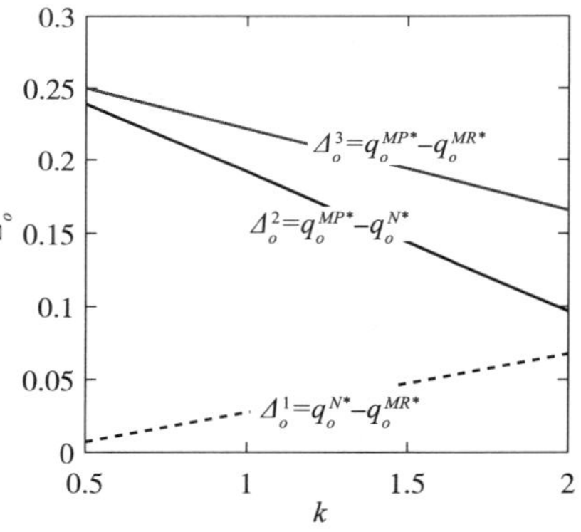

(b) 对不同合作策略下平台商需求差的影响

图6-2 初始市场需求比率对不同合作策略下需求差的影响

平台商渠道的销量差值变化趋势如图6-2(b)所示。Δ_o^1 随 k 值的增大而升高($\Delta_o^1=q_o^{N*}-q_o^{MR*}$)，而 Δ_o^2 和 Δ_o^3 随 k 值的增大而下降($\Delta_o^2=q_o^{MP*}-q_o^{N*}$，$\Delta_o^3=q_o^{MP*}-q_o^{MR*}$)，且 Δ_o^2 下降速度较快。由此可知，制造商与平台商合作时平台商的产品零售价格最低、产品销量最高；制造商选择不合作时平台商的产品销量高于制造商与零售商合作。合作策略 MR 虽然增加了零售商的利润，但加剧了零售商与平台商之间的竞争，此时平台商降低其零售价格，以提高产品销量。因此，制造商选择不合作时平台商的产品零售价格高于制造商与零售商合作。若不同渠道的初始市场需求是对称的，即 $k=1$，各合作策略的零售商产品零售价格大小关系是确定的，即合作策略 N 中最高，合作策略 MP 中次之，合作策略 MR 中最低。相应地，各合作策略中零售商销售量大小关系与之相反。

6.4.2 合作动机分析

本小节通过将制造商与零售商(平台商)合作时的联盟利润与不合作时制造商与零售商(平台商)的利润总和对比来分析其是否有动机与零售商(平台商)合作；并分析不同合作策略对第三方成员利润的影响。

命题 6.3 制造商与零售商合作动机：

(1) 制造商总是有动机与零售商合作，即 $\pi_{M+R}^{MR*}>\pi_{M}^{N*}+\pi_{R}^{N*}$；

(2) 制造商与零售商合作对平台商利润的影响：(i)当 $\lambda\in(0,\ \lambda_3)$或 $\lambda\in(\lambda_3,\ \lambda_4)$且 $k\in(\underline{k_0},\ k_3)$时，$\pi_{P}^{MR*}<\pi_{P}^{N*}$；(ii)当 $\lambda\in(\lambda_3,\ \lambda_4)$且 $k\in(k_3,\ \overline{k_0})$或 $\lambda\in(\lambda_4,\ 1)$时，$\pi_{P}^{MR*}>\pi_{P}^{N*}$。

命题 6.3 说明制造商总是有动机与零售商合作。这是因为制造商与零售商合作时，双方以整体利润最大化为目标进行决策，有效缓解了零售商渠道的双重边际效应，使得产品零售价格降低、销售量提高，此时联盟利润高于不合作时制造商与零售商的利润总和。然而，与不合作策略相比，平台商能否因制造商与零售商的合作而获利则受许可费率 λ 及初始市场需求比率 k 的影响。当 λ 较低时，制造商与零售商合作使平台商利润减少；而当 λ 较高时，制造商与零售商合作使平台商利润增加。这是因为制造商与零售商合作加剧了零售商和平台商渠道之间的竞争。当许可费率较低时，平台商向零售商收取的许可费较低，不足以弥补渠道间竞争加剧导致的利润损失，此时 model MR 下平台商的利润减少。反之，零售商支付给平台商的许可费较高，且超过了竞争加剧损失的利润，此时 model MR 下平台商的利润增加。当 λ 适中时，平台商能否因制造商与零售商的合作而获利由初始市场需求比率决定：当 k

较小时，制造商与零售商合作使平台商利润减少；反之，制造商与零售商合作使平台商利润增加。原因在于制造商与零售商合作使平台商的产品零售价格和产品销量降低，通过分销产品所得收益也随之减少。平台商拥有较大初始市场需求时，零售商向其支付的许可费不足以弥补竞争加剧损失的利润；而零售商拥有较大初始市场需求时，平台商向零售商收取的许可费超过了其损失的利润。当许可费率和初始市场需求比率满足条件$\{(\lambda, k) \mid \lambda_3<\lambda<1, k_3<k<\overline{k_0}\}$时，制造商与零售商合作时供应链各成员的利润均高于不合作时，此时供应链所有成员的绩效均得到帕累托改进。当 $a=1$，$\theta=0.5$ 时，制造商与零售商合作模式与不合作模式中的平台商利润大小关系如图 6-3 所示。

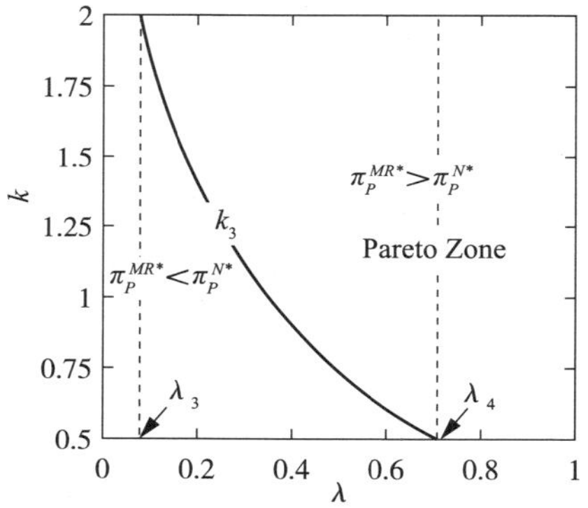

图 6-3　制造商与零售商合作前后平台商利润对比

命题 6.4　制造商与平台商合作动机：

（1）制造商总是有动机与平台商合作，即 $\pi_{M+P}^{MP*}>\pi_M^{N*}+\pi_P^{N*}$；

（2）制造商与平台商合作对零售商利润的影响：(i)当 $\lambda\in(0, \lambda_2)$或 $\lambda\in(\lambda_2, 1)$且 $k\in(\underline{k_0}, k_4)$时，$\pi_R^{MP*}<\pi_R^{N*}$；(ii)当 $\lambda\in(\lambda_2, 1)$且 $k\in(k_4, \overline{k_0})$时，$\pi_R^{MP*}>\pi_R^{N*}$。

命题 6.4 表明制造商始终存在与平台商合作的动机。这是因为制造商与平台商不合作时，两者均以各自利润最大化为目标进行决策，此时双重边际效应的负面影响非常显著；然而，两者合作有利于减少双重边际效应导致的负面影响，吸引更多消费者购买产品，从而使合作双方获得更高的利润，实现合作共赢。此外，与不合作策略 N 相比，零售商能否因制造商与平台商的合作而获利受许可费率 λ 及初始市场需求比率 k 的影响。当 λ 较高且 k 较大时，制造商与平台商合作使零售商利润增加；否则，制造商与平台商合作使零售商利润减少。此时可以得到一个结论：制造商与平台商合作时，若 k 较大，则零售商在支付给平台商高额许可费的情况下自身的利润反而增加。这是因为平台商与制造商合作加剧了其与零售商之间的竞争，而制造商给零售商的产品批发价格和零售价格降低，但其产品销量升高，进而增加了整体利润，并且弥补了支付给平台商的许可费。当 λ 较低或 λ 较高且 k 较小时，则不能攫取更多利润弥补许可费而导致利润损失，故此时制造商与平台商合作使零售商利润减少。当许可费率和初始市场需求比率满足条件$\{(\lambda, k) \mid \lambda_2<\lambda<1, k_4<k<\overline{k_0}\}$时，制造商与平台商合作时供应链各成员的利润均高于不合作时，此时供应链所有成员的绩效均得到帕累托改进。当 $a=1$，$\theta=0.5$ 时，制造商与平台商合作和不合作下零售商利润大小关系如图 6-4 所示。

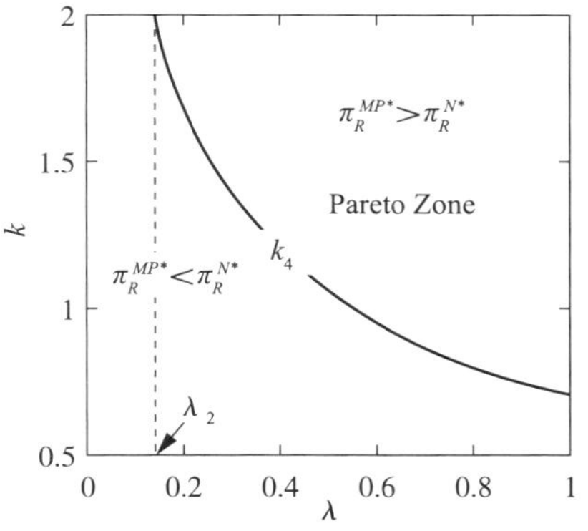

图 6-4　制造商与平台商合作前后零售商利润对比

部分已有研究表明，合作策略总是降低或增加供应链其他成员的利润。然而，命题 6.3 和命题 6.4 表明线上竞合供应链中平台商（零售商）的利润并不总是因制造商与零售商（平台商）合作而降低，其利润变化主要取决于许可费率和初始市场需求比率。有趣的是，当许可费率满足一定条件时，对于零售商而言，若初始市场需求比率较大，即零售商初始市场需求高于平台商，则制造商与平台商合作使之利润增加。这是因为当初始市场需求比率较大时，制造商与平台商合作情形下零售商渠道销售量高于制造商不合作。然而，对于平台商而言，若初始市场需求比率较小，即平台商初始市场需求高于零售商，则制造商与平台商合作使之利润降低。这是因为当初始市场需求比率较小时，制造商与零售商合作情形下平台商渠道销量和产品零售价格均低于不合作情形。由此可知，制造商与零售商(平台商)合作时，零售商扩大其初始市场需求有助于增加平台商(自身)利润。

6.4.3 合作动机大小分析

由命题6.3和命题6.4可知，制造商始终存在与零售商或平台商合作的动机。因此，通过比较制造商与零售商合作时的额外收益，以及制造商与平台商合作时的额外收益更深入地探讨制造商的合作动机大小，即其更倾向与零售商合作还是与平台商合作。此外，引入制造商在不同合作策略中的利润分配比例ρ，并分析利润分配比例对制造商最优合作策略选择的影响。此处令：$\nu_1^{MR^*-N^*}=\pi_{M+R}^{MR^*}-\pi_M^{N^*}-\pi_R^{N^*}$，$\nu_1^{MP^*-N^*}=\pi_{M+P}^{MP^*}-\pi_M^{N^*}-\pi_P^{N^*}$。

命题6.5 制造商合作动机大小：

(1) 当$\lambda\in(0,\ \lambda_5)$且$k\in(\underline{k_0},\ k_5)$或$\lambda\in(\lambda_5,\ 1)$时，制造商更倾向与平台商合作；

(2) 当$\lambda\in(0,\ \lambda_5)$且$k\in(k_5,\ \overline{k_0})$时，制造商更倾向与零售商合作。

已有研究聚焦于对称初始市场需求，忽略了不对称初始市场需求对制造商合作策略选择的影响。命题6.5表明制造商与零售商或平台商合作动机的大小由平台商许可费率λ和初始市场需求比率k共同决定。若λ较低，制造商与零售商合作还是与平台商合作取决于初始市场需求比率k。当k较小时，制造商与平台商合作的动机更大，这是因为平台商拥有更大的初始市场需求时，相较制造商与零售商合作，制造商与平台商合作更有效地弱化了双重边际效应的负面影响，刺激了产品销量，此时净增利润更高；当k较大时，制造商与零售商合作的动机更大，原因在于制造商与零售商合作可以充分利用其较大的初始市场需求这一优势获取更多的利润，此时制造商与零售商合作时的净增利润高于制造商与平台商合作。若λ较高，制造商与平台商合作的动机更大。这是因为当制造商与平台商合作时，零售商需要向平台商支付较高的许可费，且制造商与零售商合作所获得的净增利润无法完全弥补其向平台商支付的许可费。由图6-5可知，随着竞争逐渐激烈，制造商与零售商合作的动机逐渐增强。

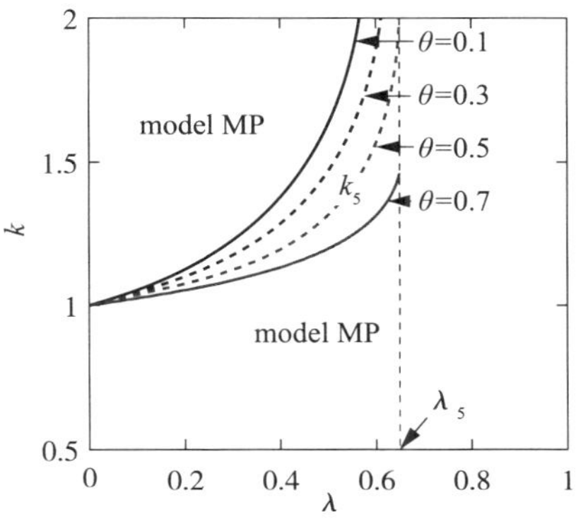

图6-5　制造商的合作倾向

推论6.2　考虑当制造商在合作策略中的收益分配比例为ρ时，其最优合作策略选择：

（1）当$\lambda \in (0, \lambda_6)$且$k \in (\underline{k_0}, k_6)$或$\lambda \in (\lambda_6, 1)$时，若$\rho \in (0, \rho_1)$，则制造商更倾向不合作；若$\rho \in (\rho_1, 1)$，则制造商更倾向与平台商合作；

（2）当$\lambda \in (0, \lambda_6)$且$k \in (k_6, \overline{k_0})$时，若$\rho \in (0, \rho_2)$，则制造商更倾向不合作；若$\rho \in (\rho_2, 1)$，则制造商更倾向与零售商合作。

由推论6.2可知，制造商的最优合作策略选择取决于许可费率λ、初始市场需求比率k和收益分配比例ρ。一方面，制造商的收益分配比例决定了其是否有动机与下游成员合作。具体而言，当制造商的收益分配比例较小时，制造商选择不合作；反之，制造商有动机与零售商或平台商合作。另一方面，许可费率和初始市场需求比率影响制造商的合作策略选择。当制造商有动机合作时，若许可费率较高，制造商选择与平台商合作，因为其可以从联盟的高额许可费中获得收益。若许可费率较低，制造商选择与初始市场需求较大的下游成员合作。即初始市场需求比率较小时，平台商拥有初始市场需求优势，故制造商选择与平台商合作；反之，制造商选择与零售商合作。

6.4.4 供应链利润、消费者剩余和社会福利的影响分析

由以上分析可知，制造商总是有动机与零售商或平台商合作，而其合作动机大小不定。本节进一步比较制造商与零售商（平台商）合作时的供应链利润、消费者剩余和社会福利。

命题 6.6 合作策略 MR 和合作策略 MP 中供应链利润大小关系：

（1）当 $k\in(\underline{k_0},\ k_7)$ 时，$\pi_{SC}^{MR*}<\pi_{SC}^{MP*}$；

（2）当 $k\in(k_7,\ \overline{k_0})$ 时，$\pi_{SC}^{MR*}>\pi_{SC}^{MP*}$。

命题 6.6 表明 model MR 下的供应链利润并非总高于 model MP。合作策略 MR 与合作策略 MP 中供应链利润的大小关系受不同渠道的初始市场需求比率 k 影响。若 k 较小，由命题 6.2 可知，则制造商与零售商合作时的产品销售量低于其与平台商合作，此时所获得的额外收益低于与平台商合作所获得的额外收益，故合作策略 MR 中的供应链利润低于合作策略 MP；若 k 较大，由命题 6.2 可知，制造商与零售商合作时的产品销售量高于其与平台商合作时，此时所获得的额外收益高于与平台商合作所获得的额外收益，故合作策略 MR 中的供应链利润高于合作策略 MP。

命题 6.7 合作策略 MR 和合作策略 MP 中消费者剩余大小关系：

（1）当 $k\in(\underline{k_0},\ k_8)$ 时，$\pi_{CS}^{MR*}<\pi_{CS}^{MP*}$；

（2）当 $k\in(k_8,\ \overline{k_0})$ 时，$\pi_{CS}^{MR*}>\pi_{CS}^{MP*}$。

命题 6.7 表明合作策略 MR 和合作策略 MP 中消费者剩余大小关系同样受初始市场需求比率 k 的影响。由命题 6.2 可知，合作策略 MP 中的零售商零售价格高于合作策略 MR，合作策略 MP 中的平台商零售价格低于合作策略 MR。初始市场需求比率较小意味着平台商拥有较大的初始市场需求，此时相较于合作策略 MP，合作策略 MR 中由于平台商零售价格升高而减少的消费者效用高于因零售商零售价格下降而增加的消费者效用，故合作策略 MR 中消费者剩余低于合作策略 MP；初始市场需求比率较大意味着零售商拥有较大的初始市场需求，此时相较于合作策略 MP，合作策略 MR 中由于平台商零售价格升高而减少的消费者效用低于因零售商零售价格下降而增加的消费者效用，故合作策略 MR 中消费者剩余高于合作策略 MP。

命题 6.8 合作策略 MR 和合作策略 MP 中社会福利大小关系：

(1) 当 $k \in (\underline{k_0},\ k_9)$ 时，$SW^{MR*} < SW^{MP*}$；

(2) 当 $k \in (k_9,\ \overline{k_0})$ 时，$SW^{MR*} > SW^{MP*}$。

命题 6.8 表明合作策略 MR 和合作策略 MP 中社会福利的大小与不同渠道的初始市场需求比率 k 有关。由命题 6.6 和命题 6.7 可知，初始市场需求比率较小时，合作策略 MR 中供应链利润和消费者剩余均低于合作策略 MP；反之，合作策略 MR 中供应链利润和消费者剩余均高于合作策略 MP。因此，当初始市场需求比率较小时，合作策略 MR 中社会福利低于合作策略 MP；反之，合作策略 MR 中社会福利高于合作策略 MP。

部分研究集中于合作动机与合作对象选择，忽略了合作策略对消费者剩余及社会福利的影响。而命题 6.7 和命题 6.8 表明制造商与零售商合作时的消费者剩余和社会福利可能高于或低于制造商与平台商合作，这取决于初始市场需求比率。由命题 6.6 可知，在平台商许可费率和渠道间竞争强度一定的情况下，较小的初始市场需求比率使合作策略 MR 所得收益较低，故合作策略 MP 中供应链利润高于合作策略 MR。由命题 6.7 可知，初始市场需求比率较小时，合作策略 MP 中消费者剩余高于合作策略 MR。此时，制造商与平台商合作不仅有利于增加供应链利润，而且有利于增加消费者剩余和社会福利，可以实现三方共赢（图 6-6 中区域 Ω_1）。当初始市场需求比率适中时，合作策略 MP 中供应链利润高于合作策略 MR，但合作策略 MP 中消费者剩余低于合作策略 MR。当 $k_8 < k < k_9$ 时，合作策略 MR 中供应链利润远低于合作策略 MP，此时制造商与零售商合作会导致社会福利减少（图 6-6 中区域 Ω_2）；当 $k_9 < k < k_7$ 时，合作策略 MR 中消费者剩余远高于合作策略 MP，此时制造商与零售商合作有利于增加社会福利，但会降低供应链利润（图 6-6 中区域 Ω_3）。当初始市场需求比率较大时，合作策略 MR 中供应链利润、消费者剩余和社会福利均高于合作策略 MP，此时制造商与零售商合作可以实现三方共赢（图 6-6 中区域 Ω_4）。令 $a=1$，$\theta=0.5$，得合作策略 MR 和合作策略 MP 中供应链利润、消费者剩余及社会福利关系（如图 6-6 和表 6-4 所示）。

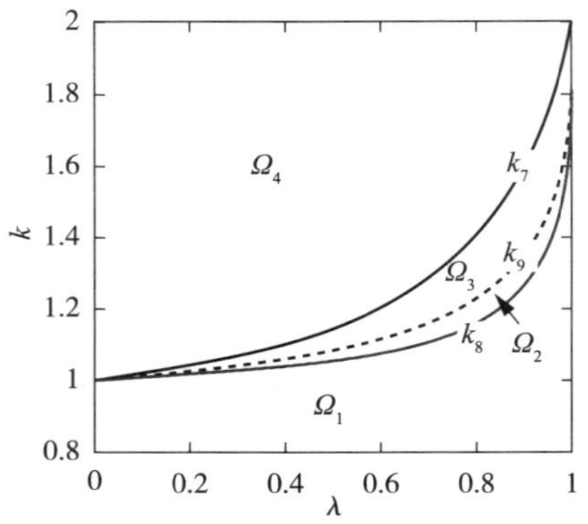

图 6-6　合作策略 MR 和合作策略 MP 下供应链利润、消费者剩余及社会福利关系

表 6-4　合作策略 MR 和合作策略 MP 下供应链利润、消费者剩余及社会福利关系

区域	参数范围	供应链利润	消费者剩余	社会福利
Ω_1	$k\in(\underline{k_0},\ k_8)$	$\pi_{SC}^{MR*}<\pi_{SC}^{MP*}$	$\pi_{CS}^{MR*}<\pi_{CS}^{MP*}$	$SW^{MR*}<SW^{MP*}$
Ω_2	$k\in(k_8,\ k_9)$	$\pi_{SC}^{MR*}<\pi_{SC}^{MP*}$	$\pi_{CS}^{MR*}>\pi_{CS}^{MP*}$	$SW^{MR*}<SW^{MP*}$
Ω_3	$k\in(k_9,\ k_7)$	$\pi_{SC}^{MR*}<\pi_{SC}^{MP*}$	$\pi_{CS}^{MR*}>\pi_{CS}^{MP*}$	$SW^{MR*}>SW^{MP*}$
Ω_4	$k\in(k_7,\ \overline{k_0})$	$\pi_{SC}^{MR*}>\pi_{SC}^{MP*}$	$\pi_{CS}^{MR*}>\pi_{CS}^{MP*}$	$SW^{MR*}>SW^{MP*}$

6.5　拓展与讨论

本节进一步研究不同条件下制造商合作策略选择：(1)零售商与平台商进行数量竞争；(2)平台商为 Stackelberg 领导者。

6.5.1　数量竞争

当零售商与平台商进行数量竞争时，不同渠道的需求函数分别为：

$$\begin{cases}p_r=ka-q_r-\theta q_o\\ p_o=a-q_o-\theta q_r\end{cases}\tag{6-8}$$

供应链各模型的可行域为：$\{(\theta,\ \lambda,\ k)\mid 0<\theta<1,\ 0<\lambda<\lambda^B=1/2,\ \underline{k_0}<k<$

$\overline{k_0}\}$。令：$\nu_1^{B-(MR^*-N^*)}=\pi_{M+R}^{B-MR^*}-\pi_M^{B-N^*}-\pi_R^{B-N^*}$，$\nu_1^{B-(MP^*-N^*)}=\pi_{M+P}^{B-MP^*}-\pi_M^{B-N^*}-\pi_P^{B-N^*}$。通过对比分析可得命题 6.9。

命题 6.9　在数量竞争情形下，制造商的合作倾向为：

(1) 当 $\lambda\in(0,\ \min(\lambda_1^B,\ \lambda^B))$ 且 $k\in(\underline{k_0},\ k_1^B)$ 时，$\nu_1^{B-(MR^*-N^*)}<\nu_1^{B-(MP^*-N^*)}$，制造商更倾向与平台商合作；

(2) 当 $\lambda\in(0,\ \min(\lambda_1^B,\ \lambda^B))$ 且 $k\in(k_1^B,\ \overline{k_0})$ 时，$\nu_1^{B-(MR^*-N^*)}>\nu_1^{B-(MP^*-N^*)}$，制造商更倾向与零售商合作；

(3) 当 $\lambda\in(\min(\lambda_1^B,\ \lambda^B),\ \lambda^B)$ 时，$\nu_1^{B-(MR^*-N^*)}<\nu_1^{B-(MP^*-N^*)}$，制造商更倾向与平台商合作。

命题 6.9 表明当零售商和平台商进行数量竞争时，制造商同样始终有动机与零售商或平台商合作，其合作动机大小受许可费率 λ 和不同渠道的初始市场需求比率 k 制约：当 λ 较低时，若 k 较小，制造商更倾向与平台商合作；若 k 较大，制造商更倾向与零售商合作。这是因为当平台商拥有较大的初始市场需求时，制造商与平台商合作可以利用其优势使获得的利润高于制造商与零售商合作时的利润，故此时制造商与平台商的合作动机更大；反之，制造商与零售商的合作动机更大。当 λ 较高时，制造商更倾向与平台商合作。命题 6.9 说明零售商与平台商进行数量竞争或价格竞争对制造商的合作策略选择无影响。

命题 6.10　数量竞争下合作策略 MR 和合作策略 MP 下供应链利润、消费者剩余及社会福利关系如表 6-5 所示。

表 6-5　数量竞争下合作策略 MR 和合作策略 MP 下供应链利润、消费者剩余及社会福利关系

参数范围	供应链利润	消费者剩余	社会福利
$k\in(\underline{k_0},\ k_2^B)$	$\pi_{SC}^{B-MR^*}<\pi_{SC}^{B-MP^*}$	$\pi_{CS}^{B-MR^*}<\pi_{CS}^{B-MP^*}$	$SW^{B-MR^*}<SW^{B-MP^*}$
$k\in(k_2^B,\ k_4^B)$	$\pi_{SC}^{B-MR^*}>\pi_{SC}^{B-MP^*}$	$\pi_{CS}^{B-MR^*}<\pi_{CS}^{B-MP^*}$	$SW^{B-MR^*}<SW^{B-MP^*}$
$k\in(k_4^B,\ k_3^B)$	$\pi_{SC}^{B-MR^*}>\pi_{SC}^{B-MP^*}$	$\pi_{CS}^{B-MR^*}<\pi_{CS}^{B-MP^*}$	$SW^{B-MR^*}>SW^{B-MP^*}$
$k\in(k_3^B,\ \overline{k_0})$	$\pi_{SC}^{B-MR^*}>\pi_{SC}^{B-MP^*}$	$\pi_{CS}^{B-MR^*}>\pi_{CS}^{B-MP^*}$	$SW^{B-MR^*}>SW^{B-MP^*}$

将表 6-4 的结果与表 6-5 的结果进行比较，发现存在一个阈值，使得社会福利在制造商与零售商（平台商）合作两种情形下均有可能更高，得到这一

结论的原因与表 6-4 的分析类似。当初始市场需求比率适中时，制造商与零售商合作情形下供应链利润更高，这是因为制造商与零售商合作促使产品零售价格升高，且刺激产品销量增加，进而获得更多利润。而制造商与平台商合作情形下消费者剩余更高，这是因为此时产品零售价格降低，部分生产者剩余转化为消费者剩余。当初始市场需求比率较小(较大)时，供应链利润、消费者剩余、社会福利在制造商与平台商(零售商)合作情形下更高。得出这一结论的原因与表 6-4 的分析类似，此处不再赘述。

6.5.2 平台商为 Stackelberg 领导者

当平台商为 Stackelberg 领导者时，供应链中各成员的决策顺序：首先平台商决策其销售单位产品的边际利润；其次制造商决策产品批发价格；最后零售商决策其销售单位产品的边际利润。此时，供应链各成员的利润函数分别为：

$$\begin{cases}\pi_P^{L-N}=\left(\dfrac{((1-k\theta)a-(w_o^{L-N}+m_o^{L-N})+\theta(w_r^{L-N}+m_r^{L-N}))m_o^{L-N}}{1-\theta^2}+\dfrac{\lambda(w_r^{L-N}+m_r^{L-N})((k-\theta)a-(w_r^{L-N}+m_r^{L-N})+\theta(w_o^{L-N}+m_o^{L-N}))}{1-\theta^2}\right)\\ \pi_M^{L-N}=\left(\dfrac{((1-k\theta)a-(w_o^{L-N}+m_o^{L-N})+\theta(w_r^{L-N}+m_r^{L-N}))w_o^{L-N}}{1-\theta^2}+\dfrac{w_r^{L-N}((k-\theta)a-(w_r^{L-N}+m_r^{L-N})+\theta(w_o^{L-N}+m_o^{L-N}))}{1-\theta^2}\right)\\ \pi_R^{L-N}=\left(\dfrac{((k-\theta)a-(w_r^{L-N}+m_r^{L-N})+\theta(w_o^{L-N}+m_o^{L-N}))m_r^{L-N}}{1-\theta^2}-\dfrac{\lambda(w_r^{L-N}+m_r^{L-N})((k-\theta)a-(w_r^{L-N}+m_r^{L-N})+\theta(w_o^{L-N}+m_o^{L-N}))}{1-\theta^2}\right)\end{cases} \tag{6-9}$$

其中，m_r 和 m_o 分别代表零售商和平台商销售单位产品的边际利润。此时供应链各模型的可行域为：$\{(\theta,\ \lambda,\ k)\mid 0<\theta<1,\ 0<\lambda<\lambda^L=\min(1/2,\ 2(\theta^2+\sqrt{1-\theta^2}-1)/\theta^2),\ \underline{k_0}<k<\overline{k_0}\}$。令：$\nu_1^{L-(MR^*-N^*)}=\pi_{M+R}^{L-MR^*}-\pi_M^{L-N^*}-\pi_R^{L-N^*}$，$\nu_1^{L-(MP^*-N^*)}=\pi_{M+P}^{L-MP^*}-\pi_M^{L-N^*}-\pi_P^{L-N^*}$。

命题 6.11 在平台商为 Stackelberg 领导者情形下，制造商的合作策略选择为：

(1) 当 $\lambda \in (0, \min(\lambda_1^L, \lambda^L))$ 且 $k \in (\underline{k_0}, k_1^L)$ 时，$\nu_1^{L-(MR^*-N^*)} < \nu_1^{L-(MP^*-N^*)}$，制造商更倾向与平台商合作；

(2) 当 $\lambda \in (0, \min(\lambda_1^L, \lambda^L))$ 且 $k \in (k_1^L, \overline{k_0})$ 时，$\nu_1^{L-(MR^*-N^*)} > \nu_1^{L-(MP^*-N^*)}$，制造商更倾向与零售商合作；

(3) 当 $\lambda \in (\min(\lambda_1^L, \lambda^L), \lambda^L)$ 时，$\nu_1^{L-(MR^*-N^*)} < \nu_1^{L-(MP^*-N^*)}$，制造商更倾向与平台商合作。

命题 6.11 表明当平台商为领导者时，制造商仍存在与零售商或平台商合作的动机，其合作倾向取决于许可费率 λ 和不同渠道的初始市场需求比率 k：若 λ 较低，当 k 较小时，则制造商更倾向与平台商合作；当 k 较大时，则制造商更倾向与零售商合作。这是因为平台商拥有较大初始市场需求时，相较于制造商与零售商合作，制造商与平台商合作使产品销售量显著提高，进而获取更高的利润，故此时制造商与平台商的合作动机更大；反之，制造商与零售商的合作动机更大。若 λ 较高，则制造商与平台商的合作动机更大。命题 6.11 表明权力结构不改变制造商对合作策略的选择，但平台商为领导者更加严格地限制了制造商与零售商(平台商)合作的条件。

命题 6.12 平台商为 Stackelberg 领导者情形下，各合作策略中产品价格大小关系如下。

(1) 批发价格关系：$w_o^{MR^*} > w_o^{N^*}$，$w_r^{MP^*} < w_r^{N^*}$。

(2) 零售商渠道的产品零售价格关系：当 $k \in (\underline{k_0}, k_2^L)$ 时，$p_r^{MP^*} < p_r^{MR^*} < p_r^{N^*}$；当 $k \in (k_2^L, \overline{k_0})$ 时，$p_r^{MR^*} < p_r^{MP^*} < p_r^{N^*}$。

(3) 平台商渠道的产品零售价格关系：$p_o^{MP^*} < p_o^{MR^*} < p_o^{N^*}$。

通过比较命题 6.1、命题 6.2 和命题 6.12 可得，当平台商为 Stackelberg 领导者时，制造商与零售商合作情形下产品批发价格高于不合作情形，这是因为制造商与零售商合作加剧了零售商和平台商之间的竞争。各合作策略中零售商渠道的产品零售价格大小关系仅与初始市场需求比率有关。这是因为平台商为领导者时，许可费率完全由平台商制定，且制造商和零售商由于议价能力较弱无法通过协商改变许可费率。由于制造商不合作情形下存在严重的双重边际效应，故此时产品零售价格最高。当初始市场需求比率较小时，制造商与平台商合作时零售价格更低，这是因为此时平台商拥有初始市场需求优势，制造商与之合作可显著缓解双重边际效应；反之，制造商与零售商合作时零售价格更低。此外，不同合作策略中零售商渠道产品批发价格关系和平台商渠道产品零售价格关系与基础模型一致，具有鲁棒性。

6.6　本章小结

本章在由制造商、零售商和平台商组成的线上零售竞合供应链模型中，构建了制造商三种合作策略模型（不合作、与零售商合作、与平台商合作），并研究了不同初始基本市场需求对其策略选择的影响。首先探讨了制造商是否有与其他成员合作的动机，其次对比分析了不同策略下合作动机大小的问题。研究得到以下结论及管理启示：

（1）制造商与平台商合作能降低零售价格、提高销量；制造商与零售商合作可以提高产品销量，但产品零售价格是否降低与平台商的许可费率及不同渠道初始市场需求比率有关：当许可费率较高且初始市场需求比率较小时，零售价格升高；反之，零售价格降低。由此可知，制造商合作策略总能提高其合作对象的产品销量。

（2）制造商总有动机与零售商（平台商）合作，但其合作动机大小与平台商的许可费率及不同渠道的初始市场需求比率有关：当许可费率较低且初始市场需求比率较大时，制造商与零售商的合作动机更大；否则，制造商更倾向与平台商合作。对于制造商而言，为了提高市场竞争力和盈利能力，应积极促进与零售商或平台商的合作，且根据市场环境选择适当的合作对象。对于平台商而言，为激励制造商与其合作：一方面，可以制定较高的许可费率；另一方面，可以提高顾客忠诚度，扩大初始市场需求 。对于零售商而言，为吸引制造商与其合作，既需要与平台商协商制定较低的许可费率，又需要扩大其初始市场需求。

（3）制造商与零售商（平台商）合作能否使平台商（零售商）的利润增加与平台商的许可费率及不同渠道的初始市场需求比率紧密相关。当许可费率和初始市场需求比率满足一定条件时，供应链所有成员的绩效得到帕累托改进。因此，平台商可通过灵活调节许可费率从制造商与零售商的合作中获益，或者引导制造商与之合作。无论是为了激励制造商与之合作还是从制造商与平台商的合作中获益，零售商应采取措施吸引潜在消费者，扩大初始市场需求，如举办促销活动、提高服务质量等。

(4)合作策略 MR 和合作策略 MP 中的供应链利润、消费者剩余及社会福利关系受不同渠道初始市场需求比率影响。当初始市场需求比率较小时，三者在合作策略 MP 下均可获得更大利润，即达到三方共赢；当初始市场需求比率较大时，在合作策略 MR 下可达到三方共赢；而当初始市场需求比率适中时，三方共赢区域不存在。由此可知，对于供应链、消费者和社会而言，制造商选择与初始市场需求较大的下游成员合作能实现三方共赢。因此，零售商和平台商应致力于挖掘并吸引潜在消费者。此外，进一步讨论了数量竞争和平台商为 Stackelberg 领导者两种情形下制造商的合作策略选择条件。

第 7 章

线上零售竞合供应链成员合作策略均衡研究

7.1 引言

随着经济全球化的发展，市场环境逐渐由卖方市场转变为买方市场，消费者对产品的质量和价格越来越敏感。企业逐渐意识到仅靠单打独斗已经无法凸显竞争优势，“既合作又竞争”将成为市场环境的常态，只有协同合作才能满足消费者的异质性需求，从而实现长期利润的增长并求得生存与发展的空间。在存在多个渠道和成员竞争情形下，企业可以选择与供应链中的上下游企业进行横向或者纵向的合作，从而消除部分双重边际效应，在两者协同的基础上最大化系统的运营效率和利润。在实际企业经营中，亦存在诸多供应链成员之间相互合作的案例。例如宝洁和沃尔玛的纵向合作联盟、丰田与一汽的横向联盟等[192]。在此背景下，供应链成员如何选择合作伙伴值得深入讨论。鉴于以上分析，本章主要研究以下问题：

(1) 供应链成员是否有与其他成员合作的动机?

(2)对于供应链成员来说，其最优合作模式如何选择?

(3)供应链成员最终的合作模式选择均衡如何?

为了回答上述问题，本章首先构建四种博弈模型，并以无合作模式下的模型为基准，分析供应链成员是否有与其他成员合作的动机，以及两两合作对第三方成员利润的影响。其次在有合作动机的基础上，分别从不同供应链成员的角度分析其最优合作模式选择。最后得到合作均衡及其对整体供应链利润和消费者剩余的影响。此外，对基础模型进行了拓展，研究讨论了制造商生产成本为正、平台商充当 Stackelberg 领导者以及决策顺序不随合作模型改变三种情形下合作模式选择。

本章接下来的结构安排如下：在 7.2 节对本章要研究的问题进行阐述并明确所用到的符号、假设、需求函数及合作模型；在 7.3 节构建四种合作模式模型并求解；在 7.4 节对四种合作模式模型进行对比分析；在 7.5 节研究数量竞争下的合作模式选择及其均衡；7.6 节对本章研究结论进行总结。

7.2　问题描述

本章考虑由一个制造商、一个零售商和一个平台商构成的线上零售供应链模型。其中，制造商产品以批发价格销售给零售商和平台商；零售商通过在平台商的电商平台上开设专营店对产品进行分销；平台商通过在自身平台上开通自营旗舰店来实现产品的再销售。需要说明的是由于零售商和平台商面向消费者销售同一种产品而存在横向竞争。此外，零售商通过平台商销售产品需要向其支付许可费。平台商此时不仅为零售商提供销售的平台用以对接消费者，而且作为一个零售商的角色直接分销产品。相应地，其收入来源于两方面：一是零售商所支付的许可费；二是分销产品所得利润。为了进一步提高市场竞争力、获取利润，供应链成员之间往往选择建立合作联盟。

7.2.1　符号说明

本章所用到的符号及其说明如表 7-1 所示。

表 7-1　符号说明

符号	说明
w_r	制造商销售给零售商的批发价格
w_o	制造商销售给平台商的批发价格
p_r	零售商的产品零售价格
p_o	平台商的产品零售价格

续表

符号	说明
q_r	零售商渠道的产品需求量
q_o	平台商渠道的产品需求量
a	市场的潜在需求量
θ	渠道间竞争强度，$0<\theta<1$，其值越大表明渠道间竞争越激烈
λ	平台商的许可费率，$0<\lambda<1$
π_X^Y	供应链成员 X 在模型 Y 下的利润，其中 $X=\{M, R, P, M+R, M+P, R+P, SC\}$，分别表示制造商、零售商、平台商、制造商与零售商联盟、制造商与平台商联盟、零售商与平台商联盟及供应链。$Y=\{N, MR, MP, RP\}$，分别表示无合作、制造商与零售商合作、制造商与平台商合作及零售商与平台商合作模式

7.2.2 模型假设

为了更严谨地进行研究，本章做出以下假设：

（1）制造商为 Stackelberg 领导者，零售商和平台商为追随者[69,70]；

（2）供应链成员均为风险中性且以各自利润最大化为目标进行决策[182]；

（3）制造商生产成本及零售商、平台商的销售成本为零[69]；

（4）供应链成员间没有信息不对称[182]；

（5）考虑单周期决策且在此周期内每个消费者至多购买一个产品[41-43,45]。

7.2.3 需求函数

根据 Abhishek 等[45]和 Zheng 等[186]的研究，需求函数可定义为：

$$\begin{cases} q_r=\dfrac{1}{1+\theta}-\dfrac{1}{1-\theta^2}p_r+\dfrac{\theta}{1-\theta^2}p_o \\ q_o=\dfrac{1}{1+\theta}-\dfrac{1}{1-\theta^2}p_o+\dfrac{\theta}{1-\theta^2}p_r \end{cases} \tag{7-1}$$

其中 θ 表示渠道间的竞争强度且 $\theta\in(0, 1)$。需要说明的是渠道间的竞争随着 θ 增大而加剧。当 $\theta\to0$ 时表明渠道间没有竞争；当 $\theta\to1$ 时表明渠道间竞争十分激烈。

7.2.4　合作模型

具体地说，存在以下四种合作模式：(a) 无合作(model N)；(b) 制造商与零售商合作(model MR)；(c) 制造商与平台商合作(model MP)；(d) 零售商与平台商合作(model RP)。具体如图 7-1 所示。

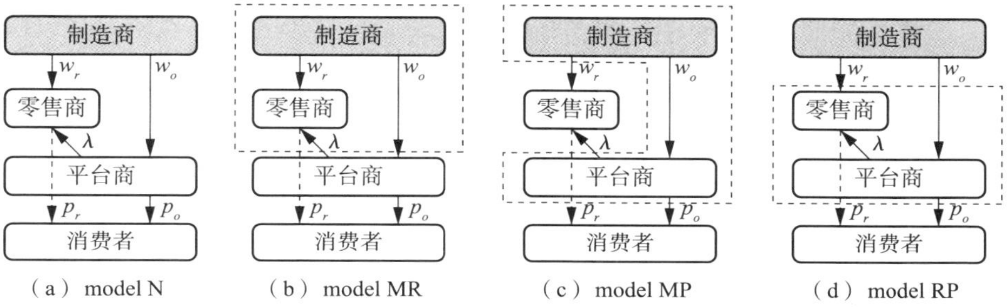

图 7-1　合作模型

此处不考虑制造商、零售商与平台商三者均合作的情形。这是因为当供应链成员均合作情形下，供应链相当于完全集中决策模式，此时的供应链成员及整体的绩效始终优于部分合作模型。本章的主要目的是以无合作模型为基准比较四种合作模式模型，从而研究供应链成员之间的合作动机及不同合作模式的影响。

7.3　模型构建与求解

为了提高供应链效率、增强市场竞争力，供应链成员间往往组建合作联盟。本章考虑在由一个制造商、一个零售商和一个平台商组成的线上零售供应链中成员间的四种合作模型：无合作模型(model N)、制造商与零售商合作模型(model MR)、制造商与平台商合作模型(model MP)及零售商与平台商合作模型(model RP)。具体四种合作模式的模型构建如下所述。其中，所有最优解在表 7-2 中呈现。

7.3.1 不合作模型

在不合作模型(model N)下，供应链各成员分散决策。此时的博弈顺序：首先制造商决策批发价格 w_r 和 w_o，其次零售商决策零售价格 p_r，最后平台商决策零售价格 p_o。此时最优解问题可分别表示为：

$$\max_{w_r,w_o} \pi_M^N = w_r q_r + w_o q_o \tag{7-2}$$

$$\max_{p_r} \pi_R^N = (1-\lambda) p_r q_r - w_r q_r \tag{7-3}$$

$$\max_{p_o} \pi_P^N = \lambda p_r q_r + (p_o - w_o) q_o \tag{7-4}$$

7.3.2 制造商与零售商合作模型

在模型 MR 中，制造商和零售商组建联盟并以双方总利润最大化为目标进行决策。此时的博弈顺序：首先制造商和零售商联盟决策其批发价格 w_o 和零售价格 p_r，其次平台商决策其零售价格 p_o。此时最优解问题可分别表示为：

$$\max_{w_o,p_r} \pi_{M+R}^{MR} = (1-\lambda) p_r q_r + w_o q_o \tag{7-5}$$

$$\max_{p_o} \pi_P^{MR} = \lambda p_r q_r + (p_o - w_o) q_o \tag{7-6}$$

7.3.3 制造商与平台商合作模型

在模型 MP 中，制造商和平台商组建联盟并以双方总利润最大化为目标进行决策。此时的博弈顺序：首先制造商和平台商联盟决策其批发价格 w_r 和零售价格 p_o，其次零售商决策其零售价格 p_r。此时最优解问题可分别表示为：

$$\max_{w_r,p_o} \pi_{M+P}^{MP} = w_r q_r + \lambda p_r q_r + p_o q_o \tag{7-7}$$

$$\max_{p_r} \pi_R^{MP} = (1-\lambda) p_r q_r - w_r q_r \tag{7-8}$$

7.3.4 零售商与平台商合作模型

在模型 RP 中，零售商与平台商组建联盟并以双方总利润最大化为目标进行决策。此时的博弈顺序：首先制造商决策其批发价格 w_r 和 w_o，其次零售商与平台商联盟决策其零售价格 p_r 和 p_o。此时最优解问题可分别表示为：

$$\max_{w_r, w_o} \pi_M^{RP} = w_r q_r + w_o q_o \tag{7-9}$$

$$\max_{p_r, p_o} \pi_{R+P}^{RP} = (p_r - w_r) q_r + (p_o - w_o) q_o \tag{7-10}$$

通过运用逆向求解法求解，可得四种合作模式模型的最优解如表 7-2 所示。

表 7-2　不同模型下最优解

<table>
<tr><th rowspan="2">决策变量</th><th colspan="4">模型</th></tr>
<tr><th>model N</th><th>model MR</th><th>model MP</th><th>model RP</th></tr>
<tr><td>w_r^*</td><td>$\frac{1-\lambda}{2}$</td><td>—</td><td>$\frac{(2-\theta)\lambda^2+(\theta-4)\lambda+2}{2(2-\lambda)}$</td><td>$\frac{1}{2}$</td></tr>
<tr><td>w_o^*</td><td>$\frac{1-\lambda\theta}{2}$</td><td>$\frac{1-\lambda\theta}{2}$</td><td>—</td><td>$\frac{1}{2}$</td></tr>
<tr><td>p_r^*</td><td>$\frac{-2\theta^2\lambda-3\theta^2-\theta+6}{4(-\theta^2\lambda-\theta^2+2)}$</td><td>$\frac{1}{2}$</td><td>$\frac{(\theta-2)\lambda-\theta+3}{2(2-\lambda)}$</td><td>$\frac{3}{4}$</td></tr>
<tr><td>p_o^*</td><td>$\frac{T_1}{8(-\theta^2\lambda-\theta^2+2)}$</td><td>$\frac{3-\theta}{4}$</td><td>$\frac{a}{2}$</td><td>$\frac{3}{4}$</td></tr>
<tr><td>π_R^*</td><td>$\frac{(1-\lambda)(1-\theta)(\theta+2)^2}{32(\theta+1)(-\theta^2\lambda-\theta^2+2)}$</td><td rowspan="2">$\frac{-2(\theta+1)\lambda+\theta+3}{8(\theta+1)}$</td><td>$\frac{(\theta-1)(\lambda-1)}{4(\theta+1)(2-\lambda)^2}$</td><td>—</td></tr>
<tr><td>π_M^*</td><td>$\frac{T_2}{16(\theta+1)(-\theta^2\lambda-\theta^2+2)}$</td><td rowspan="2">$\frac{\theta+3-(\theta+1)\lambda}{4(\theta+1)(2-\lambda)}$</td><td>$\frac{1}{4(\theta+1)}$</td></tr>
<tr><td>π_P^*</td><td>$\frac{T_3}{64(\theta+1)(-\theta^2\lambda-\theta^2+2)^2}$</td><td>$\frac{4(\theta+1)\lambda-\theta+1}{16(\theta+1)}$</td><td>—</td></tr>
<tr><td>π_{R+P}^*</td><td>—</td><td>—</td><td>—</td><td>$\frac{1}{8(\theta+1)}$</td></tr>
<tr><td>π_{SC}^*</td><td>$\frac{T_4}{64(\theta+1)(-\theta^2\lambda-\theta^2+2)^2}$</td><td>$\frac{\theta+7}{16(\theta+1)}$</td><td>$\frac{(\theta+1)\lambda^2-2(\theta+3)\lambda+\theta+7}{4(\theta+1)(2-\lambda)^2}$</td><td>$\frac{3}{8(\theta+1)}$</td></tr>
<tr><td>π_{CS}^*</td><td>$\frac{T_5}{128(\theta+1)(\lambda\theta^2+\theta^2-2)^2}$</td><td>$\frac{3\theta+5}{32(\theta+1)}$</td><td>$\frac{(\theta+1)\lambda^2-4(\theta+1)\lambda+3\theta+5}{8(\theta+1)(\lambda-2)^2}$</td><td>$\frac{1}{16(\theta+1)}$</td></tr>
</table>

其中：$T_1 = \theta(\theta^2-7\theta+2)\lambda+\theta^3-7\theta^2-2\theta+12$，

$T_2 = 4(\theta+1)\theta^2\lambda^2+(\theta^3-5\theta^2-8\theta-4)\lambda-\theta^3-3\theta^2+4\theta+8$，

$T_3 = 16(\theta+1)\theta^4\lambda^3+(23\theta^3+29\theta^2-56\theta-60)\theta^2\lambda^2+(6\theta^5+18\theta^4-36\theta^3-52\theta^2+48\theta+48)\lambda-(\theta-1)(\theta^2-2\theta-4)^2$，

$T_4 = (\theta^3+27\theta^2+8\theta-4)\theta^2\lambda^2+2(3\theta^4+25\theta^3-4\theta^2-48\theta-8)\theta\lambda+5\theta^5+23\theta^4-28\theta^3-96\theta^2+32\theta+96$，

$T_5=(7\theta^3+13\theta^2+8\theta+4)\theta^2\lambda^2+2\theta(5\theta^4+7\theta^3-12\theta^2-24\theta-8)\lambda+3\theta^5+\theta^4-20\theta^3-16\theta^2+32\theta+32$。

7.4 对比分析

此部分对供应链成员四种合作模式模型下的最优解进行对比。首先，分析不同合作模式下决策变量关系。其次，通过与无合作模型进行对比，研究供应链成员间合作动机大小及两两合作对第三方成员利润的影响。再次，从不同成员的角度分析其最优合作对象并得到均衡选择。最后，分析不同合作模式对供应链整体利润和消费者剩余的影响。

命题 7.1 不同合作模式下决策变量的关系：

(1) $p_r^{RP*}>p_r^{N*}>p_r^{MP*}>p_r^{MR*}$，$p_o^{RP*}>p_o^{N*}>p_o^{MR*}>p_o^{MP*}$。

(2) $w_r^{RP*}>w_r^{N*}>w_r^{MP*}$，$w_o^{RP*}>w_o^{N*}=w_o^{MR*}$。

从命题 7.1 可以看出，零售商与平台商合作模式下的零售价格和批发价格总是高于无合作模式。这是因为在模型 RP 中，零售商与平台商之间的合作消除了渠道间的竞争，有效避免了冲突，因此二者选择同时提高零售价格来增加利润。此外，当制造商与零售商合作(model MR)或制造商与平台商合作(model MP)时，其零售价格总是低于无合作模式。这是因为此时零售商和平台商之间的竞争加剧，从而使二者同时降低零售价格，相应地，制造商也会降低批发价格。此时较低的零售价格可以增加销售量，极大地刺激市场需求。当制造商与零售商或平台商合作时，其合作联盟减弱了相应销售渠道的双重边际效应，从而使其零售价格降低。

7.4.1 合作动机分析

本小节分别将供应链成员两两合作下的合作模式模型与无合作模型对比，从而分析供应链成员间是否有合作动机及其合作对第三方成员利润的影响。得到命题 7.2~命题 7.4。

命题 7.2 与无合作模式(model N)相比，制造商与零售商合作(model MR)下：

(1)制造商与零售商始终有合作动机，即 $\pi_{M+R}^{MR*}>\pi_{M}^{N*}+\pi_{R}^{N*}$。

(2)平台商的利润大小关系为：(i) 当 $\lambda\in(0,\ \lambda_1)$时，有 $\pi_{P}^{MR*}<\pi_{P}^{N*}$；(ii) 当 $\lambda\in(\lambda_1,\ 1)$时，有 $\pi_{P}^{MR*}>\pi_{P}^{N*}$。

命题 7.2 表明制造商与零售商始终有合作的动机。这是因为零售商和平台商之间存在渠道竞争，制造商与零售商合作能有效弱化两者之间的双重边际效应，使该渠道比平台商渠道更有效率，且使零售商渠道的价格降低，从而获得更多市场份额、增加产品销量并最终提高利润。同时，与无合作模式(model N)相比，平台商是否从制造商与零售商的合作中获利取决于平台商许可费率的大小。当许可费率较低时，制造商与零售商合作使得平台商的利润减少；而当许可费率较高时，两者合作使得平台商的利润增加。这是因为制造商与零售商合作加剧了零售商和平台商渠道之间的竞争。在模型 MR 中，平台商的利润由联盟的许可费和转售产品的利润组成。一方面，制造商和零售商联盟降低了零售商渠道的零售价格，扩大了需求，从而提高了联盟的利润。相应地，平台商获得的许可费收入也增加了。另一方面，与模型 N 相比，平台商渠道在与联盟渠道竞争时由于批发价格而处于劣势。因此，平台商降低了其零售价格，从而降低了转售产品的收益。结果表明，当许可费率较低时，零售商支付给平台商的许可费较低且不足以弥补渠道间竞争加剧导致的利润损失，从而使制造商与零售商合作下的平台商利润降低。反之，当许可费率较高时，零售商支付给平台商的许可费超过渠道间竞争加剧导致的利润损失，从而使平台商的利润增加。此时供应链成员绩效均取得帕累托改进。具体如图 7-2 所示。

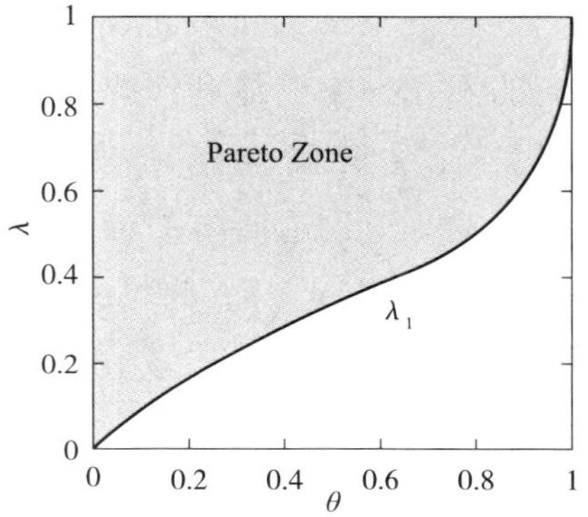

图 7-2　Model MR 下的帕累托改进区域

命题7.3 与无合作模式(model N)相比，制造商与平台商合作(model MP)下：

(1)制造商与平台商始终有合作动机，即$\pi_{M+P}^{MP*}>\pi_{M+P}^{N*}$。

(2)零售商利润大小关系为：(i)当$\theta\in(0, \theta_1)$和$\lambda\in(0, \lambda_2)$时，$\pi_R^{MP*}<\pi_R^{N*}$；(ii)当$\theta\in(0, \theta_1)$和$\lambda\in(\lambda_2, 1)$时，$\pi_R^{MP*}>\pi_R^{N*}$；(iii)当$\theta\in(\theta_1, 1)$时，$\pi_R^{MP*}<\pi_R^{N*}$。

命题7.3说明制造商与平台商始终存在合作动机。这是因为制造商与平台商合作能弱化两者之间的双重边际效应，与零售商渠道相比，该渠道的效率更高。然后，联盟倾向降低其零售价格，以增加联盟销售渠道的产品销量，从而增加其总利润。同时，与无合作模式(model N)相比，零售商利润的大小与渠道间竞争强度和许可费率有关。当渠道间竞争较弱且许可费率较低时，或当渠道间竞争较强时，制造商与平台商合作会使零售商的利润受损。当渠道间竞争较弱且许可费率较高时，制造商与平台商合作会使零售商的利润增加。此时得到一个有趣的结论：当制造商与平台商合作时，若渠道间竞争较弱，则零售商支付给平台商较高的许可费下自身的利润反而增加。这是因为当制造商和平台商联盟时，联盟利润的一部分来自零售商支付的许可费。因此，联盟将通过降低批发价格($w_r^{MP*}<w_r^{N*}$)来增加零售商渠道的收入。此外，平台商与制造商合作加剧了其与零售商之间的竞争，而制造商给零售商的批发价格是随许可费率提高而降低($\partial w_r^{MP*}/\partial\lambda<0$)，随渠道间竞争强度的增大而提高($\partial w_r^{MP*}/\partial\theta>0$)。当渠道间竞争较弱且许可费率较高时，零售商渠道的批发价格降低、需求量增大，从而有效弥补支付给平台商的费用、使整体利润提高；反之则不能攫取更多利润而造成利润损失。当渠道间竞争强度和许可费率满足条件$\{(\theta, \lambda)\mid 0<\theta<\theta_1, \lambda_2<\lambda<1\}$时，制造商与平台商合作(model MP)下的所有成员利润均高于无合作模式(model N)，此时供应链所有成员的绩效均得到帕累托改进，具体如图7-3所示。

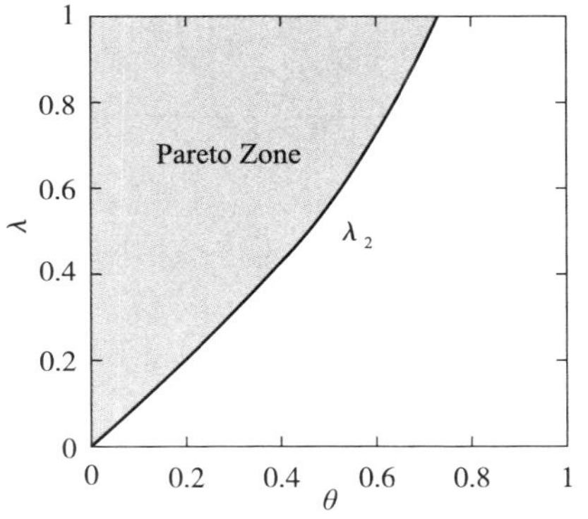

图 7-3 Model MP 下的帕累托改进区域

命题 7.4 与无合作模式(model N)相比，零售商与平台商合作(model RP)下：

(1)(i)当 $\lambda \in (0, \lambda_3)$时，$\pi_{R+P}^{RP*} > \pi_{R+P}^{N*}$，零售商与平台商有合作动机；(ii)当 $\lambda \in (\lambda_3, 1)$时，$\pi_{R+P}^{RP*} < \pi_{R+P}^{N*}$，零售商与平台商没有合作动机。

(2)制造商的利润大小关系为：(i) 当 $\lambda \in (0, \lambda_4)$时，$\pi_M^{RP*} < \pi_M^{N*}$；(ii)当 $\lambda \in (\lambda_4, 1)$时，$\pi_M^{RP*} > \pi_M^{N*}$。

由命题 7.4 可知，零售商与平台商不一定有合作动机，其取决于平台商许可费率大小。当许可费率较低时，零售商与平台商合作能使两者利润增加，此时两者有合作动机。反之则两者利润受损，没有合作动机。与模型 N 相比，合作模式下具有两种效应：正向缓解效应(合作缓解了横向渠道冲突)和负向增强效应(合作增强了纵向双重边际效应)。具体而言，一方面，当零售商和平台商联盟时，制造商仅通过联盟销售产品，这消除了横向渠道之间的冲突，并增加了联盟的利润。此外，当许可费率较低时，正向缓解效应较大，而当许可费率较高时，正向缓解效应较小。直观上，联盟是 $\lambda = 1$ 时的特例。此时，许可费率越小，模型 N 中的横向渠道冲突越高、正向缓解效应越大。另一方面，联盟提高了零售价格，加剧了纵向双重边际效应，从而导致需求急剧下降。因此，联盟的利润减少了。随着许可费率的提高，需求缺口越大，利润减少越多。总的来说，当许可费率较低时，正向缓解效应大于负向增强效应，并增加了联盟的利润。否则，负向增强效应占据主导地位。需要指出的是当零售商与平台商合作时只存在一个 lose-lose 区域，并没有一个 win-win

区域使得供应链成员的利润均增加。如图 7-4 所示。

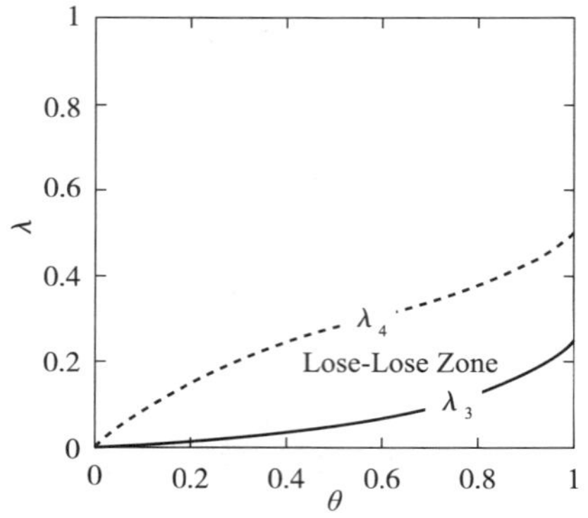

图 7-4 Model RP 和 model N 对比

7.4.2 合作策略选择

本小节分别从每个成员角度进一步研究供应链成员更倾向与谁联盟。当制造商和零售商联盟时，用 $\psi_{M+R}^{MR}=\pi_{M+R}^{MR*}-\pi_{M}^{N*}-\pi_{R}^{N*}$ 表示联盟后增加的利润。类似的，用 $\psi_{M+P}^{MP}=\pi_{M+P}^{MP*}-\pi_{M}^{N*}-\pi_{P}^{N*}$ 表示制造商和平台商联盟时增加的利润；用 $\psi_{R+P}^{RP}=\pi_{R+P}^{RP*}-\pi_{R}^{N*}-\pi_{P}^{N*}$ 表示零售商和平台商联盟增加的利润。具体如命题 7.5-7.7 所示。

命题 7.5 对于制造商而言：

(1)当 $\lambda\in(0, \lambda_5)$时，$\psi_{M+R}^{MR}>\psi_{M+P}^{MP}$，制造商更倾向与零售商合作。

(2)当 $\lambda\in(\lambda_5, 1)$时，$\psi_{M+R}^{MR}<\psi_{M+P}^{MP}$，制造商更倾向与平台商合作。

由命题 7.2 和命题 7.3 可知，对于制造商而言，其总是有动机与零售商或平台商合作。而命题 7.5 表明其合作动机的大小与平台商的许可费率有关。当许可费率较低时，制造商与零售商合作动机更大；当许可费率较高时，制造商更倾向与平台商合作。这是因为不管制造商与谁合作都能弱化相应渠道的纵向双重边际效应，并使该渠道与其他渠道相比更有效率。此时，联盟倾向降低其零售价格，以推动联盟销售渠道销量的增加，从而获得更大的市场份额和利润。从制造商的角度来看，两种模式的区别在于，联盟需要向模型 MR 中的平台商支付许可费，而模型 MP 中的联盟向零售商收取该费用。很明显，模型 MP 中的联盟渠道通过减少双重边际效应而获得的收益小于模型 MR 中联盟渠道所获收益（模型 MP 中联盟向零售商渠道收取许可费，因此不会设定特别高的零售价格）。结果表明，当许可费率较低时，缓解模型 MR 中的双重边际效应所带来利润的增加额超过了许可费。因此，模型 MR 是制造商的最优选择。随着许可费率的增加，利润无法弥补损失，制造商有更大的动机与平台联盟。

命题 7.6　对于零售商而言：

（1）当 $\theta \in (0, \theta_2)$ 时，$\psi_{R+P}^{RP} < \psi_{M+R}^{MR}$，零售商更倾向与制造商合作。

（2）当 $\theta \in (\theta_2, 1)$ 且 $\lambda \in (0, \lambda_6)$ 时，$\psi_{R+P}^{RP} > \psi_{M+R}^{MR}$，零售商更倾向与平台商合作。

（3）当 $\theta \in (\theta_2, 1)$ 且 $\lambda \in (\lambda_6, 1)$ 时，$\psi_{R+P}^{RP} < \psi_{M+R}^{MR}$，零售商更倾向与制造商合作。

由命题 7.2 和命题 7.4 可知，零售商总是有与制造商合作的动机，而只有当许可费率较低时才与平台商合作。其与制造商和平台商合作动机的大小不仅与许可费率有关，而且与渠道间竞争强度有关。直觉上，当渠道竞争较弱时，制造商和零售商之间的合作可以通过削弱零售商渠道中的双重边际效应来增加合作渠道的利润，这在许可费率较低的情况下更为显著。相反，随着许可费率的提高，负增强效应在模型 RP 中占主导地位，零售商与平台商合作不盈利，因此零售商有动机与制造商合作。此外，当渠道竞争相对激烈时，零售商更倾向与许可费较低的平台商合作，而如果许可费率较高，则模型 MR 占主导地位。这是因为模型 RP 中增加利润的正向缓解效应随着许可费率的增加而逐渐减弱（见命题 7.4）。因此，模型 MR 逐渐占优。此外，与模型 N 相比，模型 MR 和模型 RP 中的合作利润降低，并且模型 RP 利润减少的速度更快。

命题 7.7　对于平台商而言：

（1）当 $\theta \in (0, \theta_3)$ 时，$\psi_{R+P}^{RP} < \psi_{M+P}^{MP}$，平台商更倾向与制造商合作。

（2）当 $\theta \in (\theta_3, 1)$ 且 $\lambda \in (0, \lambda_7)$ 时，$\psi_{R+P}^{RP} > \psi_{M+P}^{MP}$，平台商更倾向与零售商合作。

（3）当 $\theta \in (\theta_3, 1)$ 且 $\lambda \in (\lambda_7, 1)$ 时，$\psi_{R+P}^{RP} < \psi_{M+P}^{MP}$，平台商更倾向与制造商

合作。

命题 7.7 表明对于平台商而言，与制造商和零售商合作动机的大小与渠道间竞争强度和许可费率有关。与命题 7.6 类似，当渠道间竞争强度较弱时，平台商倾向与制造商合作减弱双重边际效应以增加利润。而当渠道间竞争较强且许可费率较低时，平台商倾向与零售商合作(model RP)增强正向缓解效应以增加利润。然而，随着许可费率的提高，正向缓解效应减弱，零售商与平台商合作的动机也因此降低。当渠道间竞争较强且许可费率较高时，平台商更倾向与制造商合作从而显著增强其自身渠道的获利能力。此时亦表明较高的许可费率不利于零售商与平台商之间形成战略联盟。

7.4.3 合作均衡模式

根据以上分析，由命题 7.8 给出合作均衡模式。

命题 7.8 均衡模式选择：

(1)当且仅当 $\lambda \in (0, \max(0, \lambda_6))$时，model RP 是均衡选择；

(2)当且仅当 $\lambda \in (\max(0, \lambda_6), \lambda_5)$时，model MR 是均衡选择；

(3)当且仅当 $\lambda \in (\lambda_5, 1)$时，model MP 是均衡选择。

命题 7.8 表明对于供应链成员来说，合作模式总是优于不合作模式。每个合作模型都可能是最终的平衡。通常，当渠道竞争激烈且许可费率较低时，模型 RP 是最终均衡。这是因为零售商和平台商之间的合作可以缓解渠道竞争，增强他们对终端销售的控制。当渠道竞争和许可费率适中时，合作均衡演化为模型 MR。当渠道竞争较弱或渠道竞争激烈且许可费率较高时，制造商与平台商合作的动机最大(尽管零售商和平台商都有与制造商合作的动机)。当渠道竞争较弱且许可费率较高时，零售商在供应链中处于相对弱势的地位，而制造商作为渠道领导者，在定价方面具有更大的优势。因此，制造商和平台商的合作(model MP)为最终均衡。具体如图7-5所示。

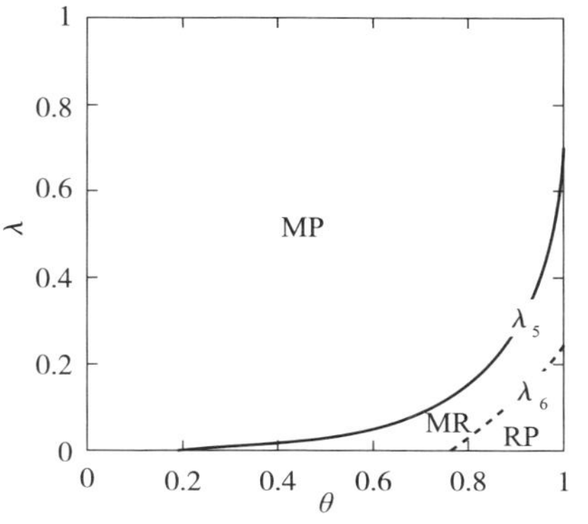

图 7-5　均衡合作模式

7.4.4　对供应链整体及消费者剩余影响分析

以上分别从供应链成员的角度分析了其合作动机大小及对第三方成员绩效的影响，并最终得到了均衡。此部分将进一步研究不同合作模式对供应链利润及消费者剩余的影响。具体如命题 7.9～命题 7.10 所示。

命题 7.9　不同合作模式对供应链整体绩效的影响为：

(1)当 $\theta\in(0,\ \theta_4)$时，$\pi_{SC}^{MP*}>\pi_{SC}^{MR*}>\pi_{SC}^{N*}>\pi_{SC}^{RP*}$；

(2)当 $\theta\in(\theta_4,\ 1)$和 $\lambda\in(0,\ \lambda_8)$时，$\pi_{SC}^{N*}>\pi_{SC}^{MP*}>\pi_{SC}^{MR*}>\pi_{SC}^{RP*}$；

(3)当 $\theta\in(\theta_4,\ 1)$和 $\lambda\in(\lambda_8,\ \lambda_9)$时，$\pi_{SC}^{MP*}>\pi_{SC}^{N*}>\pi_{SC}^{MR*}>\pi_{SC}^{RP*}$；

(4)当 $\theta\in(\theta_4,\ 1)$和 $\lambda\in(\lambda_9,\ 1)$时，$\pi_{SC}^{MP*}>\pi_{SC}^{MR*}>\pi_{SC}^{N*}>\pi_{SC}^{RP*}$。

命题 7.9 表明在零售商与平台商合作模式下供应链利润最低。这是因为下游成员之间合作增强了上下游之间的双重边际效应，从而使批发价格和零售价格增加、销量降低，供应链整体利润受损。而其他合作模式下供应链利润与渠道间竞争强度和许可费率有关。当渠道间竞争强度较弱时，供应链整体利润在模型 MP 下最大，其次是模型 MR，然后是模型 N，最后是模型 RP。直观上，当渠道间竞争较弱时，上游制造商与下游企业(零售商或平台商)的合作能够缓解双重边际效应，并且增强渠道效率。此时制造商与零售商或平台商合作能降低价格、提高销量，继而增加供应链利润。如图 7-6 所示，许可费率在模型 N 中反映在下游零售商和平台商之间，而在模型 MR 和模型 MP 中反映在上下游企业之间。当渠道竞争相对激烈时，随着许可费率的增加，渠道冲突逐渐减弱，整个供应链从合作中获得的利润增加，缓解了双重边际效应。因此，从整个供应链角度来看，最优渠道结构从模型 N 演变为模型 MR 和模型 MP。

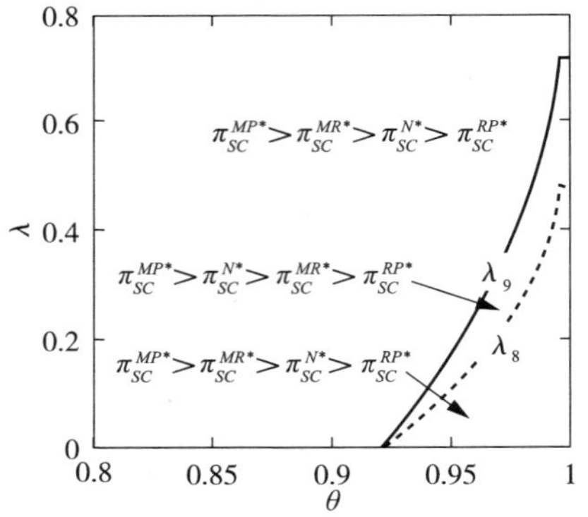

图 7-6　不同合作模式下供应链利润大小关系

命题 7.10　不同合作模式下消费者剩余的大小关系为：$\pi_{CS}^{MP*}>\pi_{CS}^{MR*}>\pi_{CS}^{N*}>\pi_{CS}^{RP*}$。

从命题 7.10 可知，消费者剩余在制造商与平台商合作时达到最大，在零售商与平台商合作时最小。这是因为从命题 7.1 可以看出，当制造商与平台商合作时，零售商的零售价格和平台商的零售价格均是最高的；而两者价格在零售商与平台商合作模式下最低。这是因为合作渠道中零售价格较低，且由于降低了双重边际效应使渠道效率更高。同时，在模型 MR 中，联盟需要向平台商支付许可费，而在模型 MP 中，联盟向零售商收取许可费，模型 MP 中的渠道冲突比模型 MR 中的更大。因此，模型 MP 的消费者剩余更高。与无合作模式情形相比，零售商与平台商联盟消除了横向竞争，增强了双重边际效应，从而严重损害了消费者的利益。

7.5　拓展与讨论

以上主要研究了零售商和平台商之间进行价格竞争时的供应链成员合作

模式选择问题。在本节中，通过放宽上述假设，考虑以下三种情况：（1）制造商生产成本为正；（2）平台商充当 Stackelberg 领导者；（3）决策顺序不随合作模型改变而变化。通过以上三个扩展，获得了更多的结论，并表明基本模型的主要结论在某些建模假设发生变化时仍然有效。

7.5.1 制造商生产成本为正

在基本模型中，制造商的生产成本标准化为零。在这里，通过考虑正的生产成本来放松上述假设。假设制造商在生产产品时产生了正成本 c。添加上标“C”来表示制造商生产成本为正的情况。

无合作模式模型(model C-N)下的利润函数为：

$$\begin{cases}\max\limits_{w_r^{N-C},w_o^{N-C}} \pi_M^{N-C}=(w_r^{N-C}-c)q_r^{N-C}+(w_o^{N-C}-c)q_o^{N-C}\\ \text{s. t. } \max\limits_{p_r^{N-C}} \pi_R^{N-C}=(1-\lambda)p_r^{N-C}q_r^{N-C}-w_r^{N-C}q_r^{N-C}\\ \text{s. t. } \max\limits_{p_o^{N-C}} \pi_P^{N-C}=\lambda p_r^{N-C}q_r^{N-C}+(p_o^{N-C}-w_o^{N-C})q_o^{N-C}\end{cases} \tag{7-11}$$

制造商与零售商合作模式模型(model C-MR)下的利润函数为：

$$\begin{cases}\max\limits_{w_o^{MR-C},p_r^{MR-C}} \pi_{M+R}^{MR-C}=(1-\lambda)p_r^{MR-C}q_r^{MR-C}+(w_o^{MR-C}-c)q_o^{MR-C}-cq_r^{MR-C}\\ \text{s. t. } \max\limits_{p_o^{MR-C}} \pi_P^{MR-C}=\lambda p_r^{MR-C}q_r^{MR-C}+(p_o^{MR-C}-w_o^{MR-C})q_o^{MR-C}\end{cases} \tag{7-12}$$

制造商与平台商合作模式模型(model C-MP)下的利润函数为：

$$\begin{cases}\max\limits_{w_r^{MP-C},p_o^{MP-C}} \pi_{M+P}^{MP-C}=(w_r^{MP-C}-c)q_r^{MP-C}+\lambda p_r^{MP-C}q_r^{MP-C}+(p_o^{MP-C}-c)q_o^{MP-C}\\ \text{s. t. } \max\limits_{p_r^{MP-C}} \pi_R^{MP-C}=(1-\lambda)p_r^{MP-C}q_r^{MP-C}-w_r^{MP-C}q_r^{MP-C}\end{cases} \tag{7-13}$$

零售商与平台商合作模式模型(model C-RP)下的利润函数为：

$$\begin{cases}\max\limits_{w_r^{RP-C},w_o^{RP-C}} \pi_M^{RP-C}=(w_r^{RP-C}-c)q_r^{RP-C}+(w_o^{RP-C}-c)q_o^{RP-C}\\ \text{s. t. } \max\limits_{p_r^{RP-C},p_o^{RP-C}} \pi_{R+P}^{RP-C}=(p_r^{RP-C}-w_r^{RP-C})q_r^{RP-C}+(p_o^{RP-C}-w_o^{RP-C})q_o^{RP-C}\end{cases} \tag{7-14}$$

三个模型的最优解如附录 6 中的表 A-1 所示。通过比较上述利润的大小可以得出命题 7.11 中的合作均衡。

命题 7.11 当制造商生产成本为正时的合作均衡为：

(1)当 $\lambda\in(0,\ \max(0,\ \min(\lambda_{11},\ \lambda_{12})))$时，model RP 最优；

(2)当 $\lambda \in (\max(0, \lambda_{11}), \max(\lambda_{10}, \lambda_{11}))$时，model MR 最优；

(3)当 $\lambda \in (\max(\lambda_{10}, \lambda_{12}), 1)$时，model MP 最优。

从命题 7.11 中可以看到，当考虑制造商生产成本为正时，最终合作均衡与命题 7.8 中的结果一致，这反映了基本模型的鲁棒性。具体而言，当渠道竞争较弱且许可费率较低时，制造商和零售商合作模式模型最优；当渠道竞争激烈且许可费率较低时，零售商和平台商合作模式模型最优；当许可费率较高时，制造商和平台商合作模式模型最优。命题 7.11 还表明，在任何条件下，无合作模式模型都不会是最优的，因为合作总能为供应链成员创造额外利润。通过数值分析可知，随着制造商生产成本的增加，MR 和 RP 区域逐渐减小(见图 7-7)。当生产成本相对较大时，零售商将失去其在销售渠道中的优势，制造商和平台商都不会选择与其合作。原因是零售商在市场销售产品时需要向平台支付许可费，由于生产成本高，制造商将为零售商设定相应的高批发价格，这使零售商无利可图。

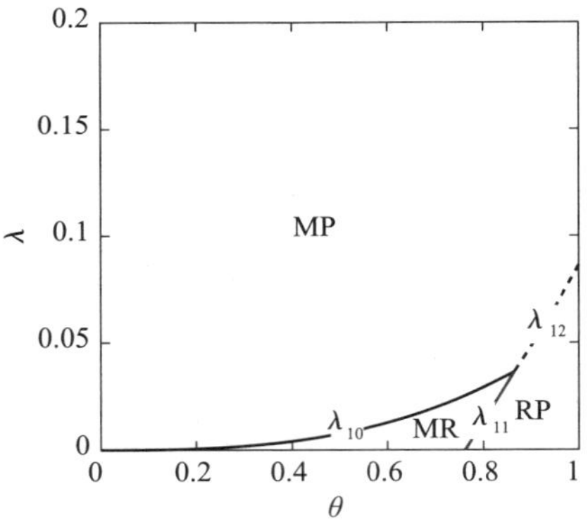

图 7-7　考虑制造商生产成本为正时的合作均衡

7.5.2　平台商充当 Stackelberg 领导者

在前文中，将制造商定义为 Stackelberg 领导者。然而，随着电子商务的发展，许多平台如亚马逊、天猫和京东往往比制造商更强大，成为 Stackelberg 领导者。这里放宽假设，考虑平台商是渠道领导者的情况。在平台商为 Stackelberg 领导者的供应链中，以模型 N 为例，决策顺序如下(添加上标“L”以表示平台足够大到可以充当渠道领导者的情况)。首先，平台商作为渠道领导者，决定其边际利润 m_o^{L-N}($m_o^{L-N}=p_o^{L-N}-w_o^{L-N}$)；其次，制造商决定批发价格 w_r^{L-N} 和 w_o^{L-N}；最后，零售商决定其边际利润 m_r^{L-N}($m_r^{L-N}=p_r^{L-N}-w_r^{L-N}$)。

因此，无合作模式模型(model L-N)下的利润函数为：

$$\begin{cases}\max\limits_{m_o^{L-N}} \pi_P^{L-N}=\lambda(w_r^{L-N}+m_r^{L-N})q_r^{L-N}+m_o^{L-N}q_o^{L-N}\\ \text{s. t.}\quad \max\limits_{w_r^{L-N},w_o^{L-N}} \pi_M^{L-N}=w_r^{L-N}q_r^{L-N}+w_o^{L-N}q_o^{L-N}\\ \text{s. t.}\quad \max\limits_{m_r^{L-N}} \pi_R^{L-N}=(1-\lambda)(w_r^{L-N}+m_r^{L-N})q_r^{L-N}-w_r^{L-N}q_r^{L-N}\end{cases} \tag{7-15}$$

制造商与零售商合作模式模型(model L-MR)下的利润函数为：

$$\begin{cases}\max\limits_{m_o^{L-MR}} \pi_P^{L-MR}=\lambda(w_r^{L-MR}+m_r^{L-MR})q_r^{L-MR}+m_o^{L-MR}q_o^{L-MR}\\ \text{s. t.}\quad \max\limits_{w_o^{L-MR},m_r^{L-MR}} \pi_{M+R}^{L-MR}=(1-\lambda)(w_r^{L-MR}+m_r^{L-MR})q_r^{L-MR}+w_o^{L-MR}q_o^{L-MR}\end{cases} \tag{7-16}$$

制造商与平台商合作模式模型(model L-MP)下的利润函数为：

$$\begin{cases}\max\limits_{w_r^{L-MP},m_o^{L-MP}} \pi_{M+P}^{L-MP}=w_r^{L-MP}q_r^{L-MP}+\lambda(w_r^{L-MP}+m_r^{L-MP})q_r^{L-MP}+(w_o^{L-MP}+m_o^{L-MP})q_o^{L-MP}\\ \text{s. t.}\quad \max\limits_{m_r^{L-MP}} \pi_R^{L-MP}=(1-\lambda)(w_r^{L-MP}+m_r^{L-MP})q_r^{L-MP}-w_r^{L-MP}q_r^{L-MP}\end{cases} \tag{7-17}$$

零售商与平台商合作模式模型(model L-RP)下的利润函数为：

$$\begin{cases}\max\limits_{m_r^{L-RP},m_o^{L-RP}} \pi_{R+P}^{L-RP}=m_r^{L-RP}q_r^{L-RP}+m_o^{L-RP}q_o^{L-RP}\\ \text{s. t.}\quad \max\limits_{w_r^{L-RP},w_o^{L-RP}} \pi_M^{L-RP}=w_r^{L-RP}q_r^{L-RP}+w_o^{L-RP}q_o^{L-RP}\end{cases} \tag{7-18}$$

类似地，通过反向归纳法求解四个模型，并在附录 6 表 A-2 中给出了最优解。通过比较利润大小得出命题 7.12 中的合作均衡。

命题 7.12　当平台商为 Stackelberg 领导者时的合作均衡为：

(1)当 $\lambda\in(0, \max(0, \min(\lambda_{14}, \lambda_{15})))$时，model RP 最优；

(2)当 $\lambda\in(\max(0, \lambda_{14}), \max(\lambda_{13}, \lambda_{14}))$时，model MR 最优；

(3)当 $\lambda\in(\max(\lambda_{13}, \lambda_{15}), 1)$时，model MP 最优。

命题 7.12 表明，当平台商充当渠道领导者时，上文中主要结论依然成立。具体而言，当渠道竞争较弱且许可费率较低时，制造商与零售商合作模式模型最优。当渠道竞争激烈且许可费率较低时，零售商与平台商合作模式模型最优。当许可费率较高时，制造商与平台商合作模式模型最优。由命题

7.8 和命题 7.12 可知，当平台商作为渠道领导者时，三种合作模型中的每一种都可能是特定条件下的最终均衡。不同之处在于，在命题 7.12 中，模型 MR 和模型 RP 的均衡区域变得更大。这是因为平台商在此情形下具有更大的渠道权力，当渠道竞争较弱且许可费率较低时，制造商和零售商更愿意合作，争取更大的定价权。命题 7.12 还证明，即使平台商比制造商更强大，平台商本身也无法改变最终的均衡结果。此种情形下的均衡结果如图 7-8所示。

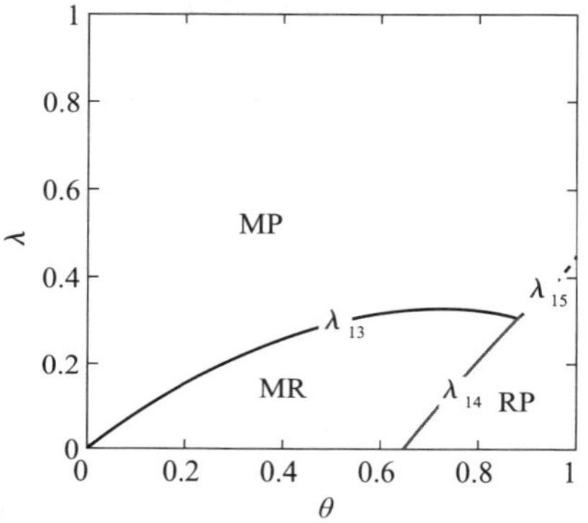

图 7-8　当平台商为渠道领导者时的合作均衡

7.5.3　决策顺序不随合作模型改变而变化

虽然已经进行了详细的分析，但是，没有计算合作不会改变现实中的决策顺序。因此，为了进一步研究决策顺序对最终均衡结果的影响，下面考虑决策顺序不变的情况。更具体地说，模型 N、模型 MR 和模型 RP 中的最终最优解与基准模型一致。然而，模型 MP 中的最优解是变化的。在 MP 模型中，决策顺序如下。首先，渠道领导者决定批发价格 w_r^{MP}；其次，零售商决定零售价格 p_r^{MP}；最后，渠道领导者决定零售价格 p_o^{MP}。

通过反向归纳法求解四个模型，并在附录 6 中的表 A-3 中给出最优解，均衡结果如图 7-9 所示。通过与图 7-5 中的均衡结果比较，可以发现基本模型的主要结论是稳健的，并且在决策序列不变时仍然有效。

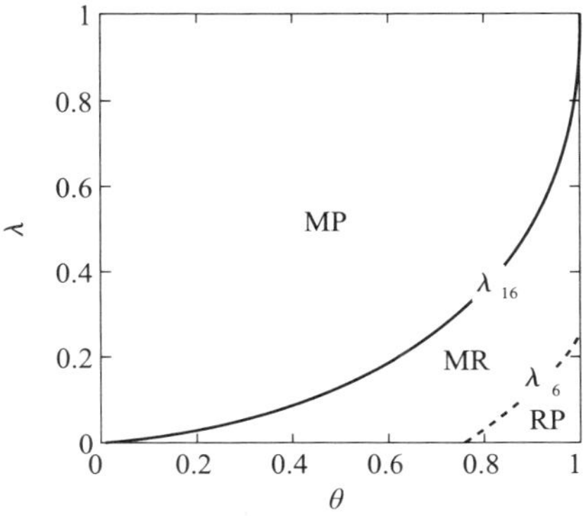

图 7-9 当决策顺序不随合作模型改变而变化时的合作均衡

7.6 本章小结

本书考虑包含一个制造商、一个零售商和一个平台商的线上零售供应链。其中，制造商生产产品并销售给零售商和平台商；零售商在平台商提供的销售平台上销售产品并向其支付一定的许可费；平台商一方面充当电子零售商的角色对产品进行再销售，另一方面为零售商提供销售平台并收取许可费获得利润。本章构建了四种合作模式下的博弈模型，并以无合作模式模型为基准分析供应链成员是否有合作动机，以及两两合作对第三方供应链成员利润的影响。在两两存在合作动机的前提下，本章进一步从制造商、零售商、平台商的角度研究合作动机大小的问题，从而得到最终的合作模式选择均衡。最后比较四种模式下供应链整体的利润及消费者剩余并得到其相应偏好。作为拓展，本章同时考虑了制造商生产成本为正、平台商充当 Stackelberg 领导者以及决策顺序不随合作模型改变三种情形下供应链成员合作模式选择问题。具体得到以下结论及管理启示：

（1）制造商与零售商合作、制造商与平台商合作能降低价格、提高销售量，而零售商与平台商合作则提高了价格、降低了销售量。

（2）制造商始终有与零售商（平台商）合作的动机，但其合作是否能增加平台商（零售商）的利润取决于渠道间竞争强度和许可费率大小。从制造商的角度来说，其为了增加市场竞争力和利润，应积极推进与零售商或平台商的合作。

（3）零售商与平台商不一定有合作动机，其合作是否能增加联盟整体及制造商的利润取决于许可费率的大小。此时平台商可根据自身情况通过调节许可费率来策略性选择是否与零售商合作。例如，京东于 2015 年与 X5 零售集团合作，但在半年后暂停了业务。因此，在考虑合作时，管理者应该清楚地了解合作的具体价值。

（4）对于供应链成员来说，制造商与零售商合作模式、制造商与平台商合作模式、零售商与平台商合作模式是否为均衡选择取决于许可费率的大小。此时平台商可将许可费率作为调节的工具和手段以增加自己的话语权和谈判筹码。

（5）合作并不总是有利于供应链整体利润增加。零售商与平台商合作始终使得供应链利润损失且在四种合作模式中利润最小。在制造商与零售商合作模式、制造商与平台商合作模式下，供应链利润是否增加取决于渠道间竞争强度和许可费率的大小。而当渠道间竞争较激烈且许可费率较低时，无合作模式下供应链利润最大，否则制造商与平台商合作模式下利润最大。

（6）制造商生产成本的增加压缩了零售商与其他供应链成员合作的空间，而平台商渠道权力的增加扩大了这一空间。因此，平台的发展和增长对零售商有利。

第 8 章

总结与展望

本章将在前面几章研究基础上对全书进行总结，同时归纳本书研究的创新点，最后提出本书的研究局限并展望未来研究方向。

8.1 研究总结

近年来随着信息技术的发展，电子商务得到了迅猛增长，网上购物已经成为新时代不可或缺的一部分。在此背景下，本书研究了面向平台模式的线上零售供应链决策优化问题。分别从制造商、零售商、平台商及供应链的角度分析了供应链成员的销售模式选择问题、信息分享模式选择问题及合作模式选择问题。通过求解和分析得到了以下结论：

(1)在面向平台模式的线上零售供应链中，以制造商为研究对象，界定了其最优销售模式选择条件。制造商销售模式选择均衡与竞争强度、许可费率和直销成本有关。具体而言，当直销成本较低时，制造商应选择直销模式；当竞争强度较弱且许可费率较低，或竞争强度较强时，制造商应选择代售模式；当竞争强度较弱且许可费率较高时，制造商应选择分销模式。

(2)在面向平台模式的线上零售供应链中，以零售商为研究对象，研究了不同竞争类型下其最优销售模式选择条件。具体而言，在相同的竞争类型下，零售商在直销成本较大时选择代售模式；在直销成本较小时选择直销模式。此外，零售商代售模式下，若许可费率较低或较高，则其在数量竞争下获得更多利润；若许可费率适中，则其在价格竞争下获得更多利润。当零售商选择直销模式时，零售商和平台商均在数量竞争下获得更多利润。

（3）在面向平台模式的线上零售供应链中，研究了供应链销售模式均衡选择问题。具体而言，供应链销售模式均衡选择与许可费率、直销成本和渠道间竞争强度有关。当许可费率较小且直销成本较高时，制造商和零售商都偏好选择代销模式；当许可费率增大或直销成本降低时，制造商和零售商动态调整自身销售模式，形成不同的供应链销售模式均衡；而渠道间竞争的激烈程度影响无均衡区域的大小，竞争越大越不利于达到均衡。

（4）信息分享动机及最优信息分享模式选择条件。具体而言，平台商总是有动机分享需求预测信息，但其最优分享模式的选择受渠道竞争强度和许可费率的影响。当渠道竞争较弱时，平台商在仅与零售商分享模式下期望利润最大；当渠道竞争强度适中且许可费率较低时，均分享模式为平台商最优选择；当渠道竞争较强且许可费率较高时，仅与制造商分享模式为平台商最优选择。此外，获取信息始终对制造商和零售商有利。相对于信息不分享模式，制造商、零售商和平台商在均分享模式下都能获得绩效改进。

（5）在面向平台模式的线上零售供应链中，研究了制造商合作策略选择问题。研究发现，制造商与零售商、平台商均有合作的动机。然而，其合作动机大小与平台商的许可费率及不同渠道初始市场需求比率的大小有关。当许可费率较低且初始市场需求比率较大时，制造商更倾向与零售商合作；否则，其与平台商合作动机更大。

（6）在面向平台模式的线上零售供应链中，研究得到了供应链成员合作模式均衡选择条件。具体而言，制造商始终有动机与其他成员合作；而零售商和平台商不一定有合作动机。同时，制造商与零售商、制造商与平台商、零售商与平台商合作均有可能是均衡选择，其取决于渠道间竞争强度和许可费率大小。当渠道竞争较激烈且许可费率较低时，零售商和平台商合作模式是均衡选择；当许可费率适中时，制造商和零售商合作模式是均衡选择；当许可费率较大时，制造商和平台商合作模式是均衡选择。此外，合作并不一定能增加供应链整体利润。

8.2　研究展望

本书在电子商务背景下，研究了面向平台模式的线上零售供应链决策优化问题。不仅丰富了供应链管理相关研究，在理论上具有一定的创新性，而且为企业决策提供了重要的参考依据，具有一定的应用价值。尽管如此，本书后续依然可以从以下几个方面进行深入研究：

（1）多个制造商或零售商或平台商竞争情形。本书主要研究了存在一个制造商、一个零售商和一个平台商的线上零售供应链结构。在实际中，存在多个制造商或零售商或平台商竞争的情形，此时的供应链结构变得更为复杂。那么在存在多个制造商或零售商或平台商竞争时，此线上零售供应链的决策优化问题如何演变有待进一步研究。

（2）考虑溢出效应的影响。本书主要研究了纯线上零售供应链，没有考虑线下零售的影响。在现实中，零售商往往是先发展线下实体零售店，随着网上交易的迅猛发展，零售商再选择在平台商提供的交易平台上开设线上渠道进行销售。对于线上渠道的开设，其必然会影响线下渠道销售，这也称为溢出效应。从实际来看，此效应可能为正（促进）也可能为负（抑制），因此在未来研究中应考虑溢出效应影响下的决策优化问题。

（3）考虑供应链成员风险态度下的决策优化问题。本书研究中均假设供应链成员是风险中性的理性行为人。然而在实际中，制造商、零售商或平台商均有自己的风险态度，有可能是风险偏好，也有可能是风险厌恶。因此，在未来研究中应考虑加入供应链成员的风险偏好因素。

（4）考虑多周期决策优化问题。本书考虑的是单周期的决策问题。在实际中，随着市场环境的改变，平台商的销售模式可能发生转变，因此考虑多周期及可能出现的销售模式转变问题具有十分重要的意义。

参考文献

[1]王玉燕，李璟．公平关切下基于网络平台销售、回收的 E-闭环供应链的主导模式研究[J]．中国管理科学，2018，26(1)：139-151.

[2]Geng X，Tan Y，Wei L. How add-on pricing interacts with distribution contracts[J]. Production and Operations Management，2018，27(4)：605-623.

[3]李佩，魏航，王广永，等．拥有自有品牌零售商的平台开放策略研究[J]．中国管理科学，2019，27(3)：105-115.

[4]Chen L. The proportional fee，transaction fee andmembership fee[J]. Available at SSRN 3320939，2019.

[5]Wang Y，Yu Z，Jin M. E-commerce supply chains under capital constraints[J]. Electronic Commerce Research and Applications，2019，35(35)：1-14.

[6]Zhang J，Cao Q，He X. Contract and product quality in platform selling [J]. European Journal of Operational Research，2019，272(3)：928-944.

[7]Sun C，Ji Y. For better or for worse：Impacts of IoT technology in e-commerce channel[J]. Production and Operations Management，2021，31(3)：1353-1371.

[8]孙自来，王旭坪，阮俊虎，等．考虑直销成本和平台交易费的制造商销售模式选择[J]．管理学报，2018，15(1)：111-117.

[9]Yi Z，Wang Y，Liu Y，et al. The impact of consumer fairness seeking on distribution channel selection：Direct selling vs. agent selling[J]. Production and Operations Management，2018，27(6)：1148-1167.

[10]Zhang Z，Xu H，Chen K，et al. Channel mode selection for an e-platform supply chain in the presence of a secondary marketplace[J]. European Journal of Operational Research，2022，305(3)：1215-1235.

[11]Huang L, Huang Z, Liu B. Interacting with strategic waiting for store brand: Online selling format selection[J]. Journal of Retailing and Consumer Services, 2022, 67: 102987.

[12]Wei Y, Dong Y. Product distribution strategy in response to the platform retailer's marketplace introduction[J]. European Journal of Operational Research, 2022, 303(2): 986-996.

[13]Luo H, Zhong L, Nie J. Quality and distribution channel selection on a hybrid platform[J]. Transportation Research Part E: Logistics and Transportation Review, 2022, 163: 102750.

[14]文悦，王勇，段玉兰，等．基于渠道接受差异和权力结构差异的电商平台自营影响研究[J]．管理学报，2019，16(4)：603-614.

[15]Tan Y, Carrillo J E. Strategic analysis of the agency model for digital goods[J]. Production and Operations Management, 2017, 26(4): 724-741.

[16]Kim A. Doubly-bound relationship between publisher and retailer: The curious mix of wholesale and agency models[J]. Journal of Management Information Systems, 2018, 35(3): 840-865.

[17]Ye F, Zhang L, Li Y. Strategic choice of sales channel and business model for the hotel supply chain[J]. Journal of Retailing, 2018, 94(1): 33-44.

[18]Li G, Zheng H, Liu M. Reselling or drop shipping: Strategic analysis of e-commerce dual-channel structures[J]. Electronic Commerce Research, 2019, 20(3): 1-34.

[19]He P, He Y, Xu H, et al. Online selling mode choice and pricing in an O2O tourism supply chain considering corporate social responsibility[J]. Electronic Commerce Research and Applications, 2019, 38(C): 1-13.

[20]石国强，王勇，段玉兰，等．直销渠道开通的情形下制造商与电商平台合约选择的研究[J]．管理工程学报，2021，35(1)：179-188.

[21]Liu C, Gilbert S, Hotkar P. Control of direct sales channel and the implications for supplier encroachment[J]. Available at SSRN 3940330, 2021.

[22]Xie X, Hu P, Yu J, et al. Impact of capacity on the supplier's distribution channel selection in facing a retail platform[J]. Naval Research Logis-

tics, 2021, 68(6): 837-854.

[23]刘震，郭强，聂佳佳. 数据驱动营销使能下制造商平台模式选择研究[J]. 系统工程理论与实践，2022，42(8)：2160-2173.

[24]Shi G, Jiang L, Wang Y. Interaction between the introduction strategy of the third-party online channel and the choice of online sales format[J]. International Transactions in Operational Research, 2021, 29(4): 2448-2493.

[25]Dong C, Yang Y, Zhao M. Dynamic selling strategy for a firm under asymmetric information: Direct selling vs. agent selling[J]. International Journal of Production Economics, 2018, 204: 204-213.

[26]Yan Y, Zhao R, Xing T. Strategic introduction of the marketplace channel under dual upstream disadvantages in sales efficiency and demand information[J]. European Journal of Operational Research, 2019, 273(3): 968-982.

[27]Wei Y, Huang P. Information sharing in the hybrid-format supply chain [J]. Available at SSRN 3301639, 2019.

[28]Zhang S, Zhang J. Agency selling or reselling: E-tailer information sharing with supplier offline entry[J]. European Journal of Operational Research, 2020, 280(1): 134-151.

[29]Chen L, Nan G, Li M, et al. Adding the online-to-store channel to supply chain: Impact of spillover effect[J]. Available at SSRN 3202600, 2018.

[30]Yan Y, Zhao R, Liu Z. Strategic introduction of the marketplace channel under spillovers from online to offline sales[J]. European Journal of Operational Research, 2018, 267(1): 65-77.

[31]Hagiu A, Wright J. Marketplace or reseller? [J]. Management Science, 2015, 61(1): 184-203.

[32]Chen L. Merchant, platform, or hybrid mode? [J]. Available at SSRN 3320936, 2019.

[33]李佩，魏航. 分销，平台还是混合？——零售商经营模式选择研究[J]. 管理科学学报，2018，21(9)：50-75.

[34]Tian L, Vakharia A J, Tan Y, et al. Marketplace, reseller, or hybrid:

Strategic analysis of an emerging e-commerce model[J]. Production and Operations Management, 2018, 27(8): 1595-1610.

[35]Li G, Zhang X, Liu M. E-tailer's procurement strategies for drop-shipping: Simultaneous vs. sequential approach to two manufacturers[J]. Transportation Research Part E: Logistics and Transportation Review, 2019, 130: 108-127.

[36] Hu F, Zhou Z. Information services andomnichannel retailing strategy choices of e-commerce platforms with supplier competition[J]. Electronic Commerce Research, 2022: 1-43.

[37]Zennyo Y. Strategic contracting and hybrid use of agency and wholesale contracts in e-commerce platforms[J]. European Journal of Operational Research, 2020, 281(1): 231-239.

[38]Kwark Y, Chen J, Raghunathan S. Platform or wholesale? A strategic tool for online retailers to benefit from third-party information[J]. MIS Quarterly, 2013, 41(3): 763-785.

[39]Zhao M, Dong C, Cheng T C E. Quality disclosure strategies for small business enterprises in a competitive marketplace [J]. European Journal of Operational Research, 2018, 270(1): 218-229.

[40] Li L, Chen J, Raghunathan S. Recommender system rethink: Implications for an electronic marketplace with competing manufacturers[J]. Information Systems Research, 2018, 29(4): 1003-1023.

[41]Chen L, Nan G, Li M. Wholesale pricing or agency pricing on online retail platforms: The effects of customer loyalty[J]. International Journal of Electronic Commerce, 2018, 22(4): 576-608.

[42]Liu W. The selling mode in a supply chain with online retailing[C]//The Advanced Science and Technology Application Research Center(ASTARC). Proceedings of 2018 International Conference on Computer, Communication and Network Technology(CCNT 2018 Volume 3). DEStech Publications, 2018: 36-41.

[43]Du S, Wang L, Hu L, et al. Platform-led green advertising: Promote the best or promote by performance[J]. Transportation Research Part E: Logistics and Transportation Review, 2019, 128: 115-131.

[44]Alaei A M, Taleizadeh A A, Rabbani M. Marketplace, reseller, or web-store channel: The impact of return policy and cross-channel spillover from marketplace to web-store[J]. Journal of Retailing and Consumer Services, 2022, 65: 102271.

[45]Abhishek V, Jerath K, Zhang Z J. Agency selling or reselling? Channel structures in electronic retailing[J]. Management Science, 2016, 62(8): 2259-2280.

[46]Nie J, Zhong L, Yan H, et al. Retailers' distribution channel strategies with cross-channel effect in a competitive market[J]. International Journal of Production Economics, 2019, 213: 32-45.

[47]Tan Y, Carrillo J E, Cheng H K. The agency model for digital goods[J]. Decision Sciences, 2016, 47(4): 628-660.

[48]Hao L, Guo H, Easley R F. A mobile platform's in-app advertising contract under agency pricing for app sales[J]. Production and Operations Management, 2017, 26(2): 189-202.

[49]Luo C, Leng M, Tian X, et al. Pricing the digital version of a book: Wholesale vs. agency models[J]. INFOR: Information Systems and Operational Research, 2018, 56(2): 163-191.

[50]Zhu C, Yao Z. Comparison between the agency and wholesale model under the e-book duopoly market[J]. Electronic Commerce Research, 2018, 18(2): 313-337.

[51]Chen P, Zhao R, Yan Y, et al. Promotional pricing and online business model choice in the presence of retail competition[J]. Omega, 2019, 94: 102085.

[52]Wei J, Lu J, Wang Y. How to choose online sales formats for competitive e-tailers[J]. International Transactions in Operational Research, 2020, 28(4): 2055-2080.

[53]Jiang B, Jerath K, Srinivasan K. Firm strategies in the "mid tail" of platform-based retailing[J]. Marketing Science, 2011, 30(5): 757-775.

[54]Ryan J K, Sun D, Zhao X. Competition and coordination in online marketplaces[J]. Production and Operations Management, 2012, 21(6): 997-1014.

[55]Chen J, Guo Z. Online advertising, retailer platform openness, and long tail sellers [J]. Social Science Electronic Publishing, Available at SSRN 2694073, 2015.

[56]Mantin B, Krishnan H, Dhar T. The strategic role of third-party marketplaces in retailing[J]. Production and Operations Management, 2014, 23(11): 1937-1949.

[57]Cao K, He P. The competition between B2C platform and third-party seller considering sales effort[J]. Kybernetes, 2016, 45(7): 1084-1108.

[58]王玉燕,于兆青. 考虑网络平台服务、消费者需求差异的混合供应链决策[J]. 系统工程理论与实践, 2018, 38(6): 1465-1478.

[59]Shen Y, Willems S P, Dai Y. Channel selection and contracting in the presence of a retail platform[J]. Production and Operations Management, 2019, 28(5): 1173-1185.

[60]段玉兰,王勇,石国强,等. 基于市场规模的在线销售平台开放策略研究[J]. 管理工程学报, 2021, 35(5): 236-246.

[61]魏杰,常美静. 基于电商平台的定价顺序和销售模式选择[J]. 系统工程, 2021, 39(1): 94-100.

[62]孙自来,王旭坪,詹红鑫,等. 考虑顾客新旧产品偏好的制造商多产品线上渠道运营策略选择[J]. 系统工程理论与实践, 2021, 41(8): 2076-2089.

[63]He Y, Xu Q, Shao Z. "Ship-from-store" strategy in platform retailing [J]. Transportation Research Part E: Logistics and Transportation Review, 2021, 145: 102153.

[64]Siqin T, Choi T M, Chung S H. Optimal E-tailing channel structure and service contracting in the platform era[J]. Transportation Research Part E: Logistics and Transportation Review, 2022, 160: 102614.

[65]赖雪梅,聂佳佳. 风险规避对制造商电商平台销售模式选择的影响[J]. 管理工程学报, 2022, 36(4): 240-248.

[66]Wang C, Yang D, Wang Z. Comparison of dual-channel supply chain structures: E-commerce platform as different roles[J]. Mathematical Problems in

Engineering, 2016(Pt. 9): 1-10.

[67]Dennis Z Y, Cheong T, Sun D. Impact of supply chain power and drop-shipping on a manufacturer's optimal distribution channel strategy[J]. European Journal of Operational Research, 2017, 259(2): 554-563.

[68]Lu Q, Shi V, Huang J. Who benefit from agency model: A strategic analysis of pricing models in distribution channels of physical books and e-books[J]. European Journal of Operational Research, 2018, 264(3): 1074-1091.

[69]梁喜，蒋琼，郭瑾．不同双渠道结构下制造商的定价决策与渠道选择[J]．中国管理科学，2018，26(7)：97-107.

[70]梁喜，蒋琼．考虑线上线下零售商竞争的制造商双渠道定价策略[J]．控制与决策，2019，34(7)：1501-1513.

[71]Fu F, Chen S, Yan W. Implications of e-tailers' transition from reselling to the combined reselling and agency selling[J]. Electronic Commerce Research, 2021(prepublish): 1-36.

[72]He B, Gupta V, Mirchandani P. Online selling through O2O platform or on your own? Strategic implications for local Brick-and-Mortar stores[J]. Omega, 2021, 103: 102424.

[73]Liu Y, Ma D, Hu J, et al. Sales mode selection of fresh food supply chain based on blockchain technology under different channel competition[J]. Computers & Industrial Engineering, 2021, 162: 107730.

[74]梁喜，梁伦海．网络零售商双渠道销售下的混合渠道供应链定价决策[J]．系统工程学报，2021，36(1)：30-44.

[75]马德青，王晓晴，胡劲松．多渠道零售下考虑消费者反展厅现象的平台型供应链销售模式选择[J/OL]．中国管理科学，1-12[2022-12-06]. DOI：10.16381/j.cnki.issn1003-207x.2021.0806.

[76]Renato D M, Lowe T J, Zhang D. Competition in the multi-sided platform market channel[J]. International Journal of Production Economics, 2017, 189: 40-51.

[77]李晓静，艾兴政，唐小我．电子商务环境下交叉竞争供应链的渠道策略研究[J]．管理学报，2017，14(3)：459-465.

[78] Li X, Ai X. A choice of selling format in the online marketplace with cross-sales supply chain: Platform selling or traditional reselling? [J]. Electronic Commerce Research, 2019(prepublish): 1-30.

[79] Chen F. Information sharing and supply chain coordination[M]. Handbooks in Operations Research and Management Science: Supply Chain Management. North Holland, 2002.

[80] Cachon G P, Lariviere M A. Contracting to assure supply: How to share demand forecasts in a supply chain[J]. Management science, 2001, 47(5): 629-646.

[81] Taylor T A, Xiao W. Does a manufacturer benefit from selling to a better-forecasting retailer? [J]. Management Science, 2010, 56(9): 1584-1598.

[82] Mittendorf B, Shin J, Yoon D H. Manufacturer marketing initiatives and retailer information sharing[J]. Quantitative Marketing and Economics, 2013, 11(2): 263-287.

[83] Zhang J, Chen J. Coordination of information sharing in a supply chain [J]. International Journal of Production Economics, 2013, 143(1): 178-187.

[84] Khanjari N, Iravani S, Shin H. Demand information sharing in a supply chain of durable goods with pricing decisions[J]. Available at SSRN 3032748, 2017.

[85] Jha A, Fernandes K, Xiong Y, et al. Effects of demand forecast and resource sharing on collaborative new product development in supply chain[J]. International Journal of Production Economics, 2017, 193: 207-221.

[86] Raza S A. Supply chain coordination under a revenue-sharing contract with corporate social responsibility and partial demand information[J]. International Journal of Production Economics, 2018, 205(205): 1-14.

[87] Zhang P, Xiong Y, Xiong Z, et al. Information sharing and service channel design in the presence of forecasting demand[J]. Journal of the Operational Research Society, 2018, 69(12): 1920-1934.

[88] 士明军，王勇，但斌，等. 绿色供应链中不对称需求预测下的信息共享研究[J]. 中国管理科学，2019，27(4)：104-114.

[89] Avinadav T, Chernonog T, Meilijson I, et al. A consignment contract

with revenue sharing between an app developer and a distribution platform[J]. International Journal of Production Economics, 2022, 243: 108322.

[90]Chen X, Li B, Chen W, et al. Influences of information sharing and online recommendations in a supply chain: reselling versus agency selling[J]. Annals of Operations Research, 2021: 1-40.

[91]Ha A Y, Luo H, Shang W. Supplier encroachment, information sharing, and channel structure in online retail platforms[J]. Production and Operations Management, 2021, 31(3): 1-17.

[92]Xu M, Li X. The interplay between e-tailer information sharing and supplier cause marketing[J]. International Journal of Production Research, 2022, 60(12): 3863-3878.

[93]聂佳佳，熊中楷．信息分享模式对第三方负责回收闭环供应链的影响[J]. 管理工程学报，2011，25(2)：74-81.

[94]聂佳佳．零售商信息分享对闭环供应链回收模式的影响[J]. 管理科学学报，2013，16(5)：69-82.

[95]黄燕婷．基于信息分享的闭环供应链再制造策略研究[D]. 武汉：华中科技大学，2018.

[96]张盼．政府奖惩下闭环供应链中需求预测信息分享研究[J]. 中国管理科学，2019，27(2)：107-118.

[97]Shen C, Zhang X. Analysis of the impact of demand uncertainty on retailer's dominance in coordinating closed loop supply chain with production remanufacturing[C]. IEEE International Conference on Service Operations and Logistics, and Informatics, 2008, 2: 2039-2044.

[98]Huang Y, Wang Z. Information sharing in a closed-loop supply chain with technology licensing[J]. International Journal of Production Economics, 2017, 191: 113-127.

[99]Huang Y, Wang Z. Values of information sharing: A comparison of supplier-remanufacturing and manufacturer-remanufacturing scenarios[J]. Transportation Research Part E: Logistics and Transportation Review, 2017, 106: 20-44.

[100]艾兴政，唐小我，马永开．传统渠道与电子渠道预测信息分享的绩

效研究[J]. 管理科学学报, 2008, 11(1): 12-21.

[101]李波, 孙鹏, 李庆华. 双渠道供应链中信息共享价值研究[J]. 系统工程学报, 2015, 30(4): 530-538.

[102]Yue X, Liu J. Demand forecast sharing in a dual-channel supply chain [J]. European Journal of Operational Research, 2006, 174(1): 646-667.

[103]Li G, Tian L, Zheng H. Information sharing in an online marketplace with co-opetitive sellers[J]. Production and Operations Management, 2021, 30 (10): 3713-3734.

[104]Wang T Y, Li Y L, Yang H T, et al. Information sharing strategies in a hybrid-format online retailing supply chain[J]. International Journal of Production Research, 2021, 59(10): 3133-3151.

[105]聂佳佳. 预测信息分享对制造商开通直销渠道的影响[J]. 管理工程学报, 2012, 26(2): 106-112.

[106]慕艳芬, 聂佳佳, 石纯来. 市场需求和成本信息不对称对制造商开通直销渠道的影响[J]. 管理评论, 2018, 30(9): 143-151.

[107]Huang S, Guan X, Chen Y J. Retailer information sharing with supplier encroachment [J]. Production and Operations Management, 2018, 27 (6): 1133-1147.

[108]石纯来, 聂佳佳. 网络外部性对双渠道供应链信息分享的影响[J]. 中国管理科学, 2019, 27(8): 142-150.

[109]Zhao D, Li Z. The impact of manufacturer's encroachment and nonlinear production cost on retailer's information sharing decisions[J]. Annals of Operations Research, 2018, 264(1): 499-539.

[110]Zheng H, Li G, Guan X, et al. Downstream information sharing and sales channel selection in a platform economy[J]. Transportation Research Part E: Logistics and Transportation Review, 2021, 156(156): 102512.

[111]Tsunoda Y, Zennyo Y. Platform information transparency and effects on third-party suppliers and offline retailers[J]. Production and Operations Management, 2021, 30(11): 4219-4235.

[112]Zha Y, Li Q, Huang T, et al. Strategic information sharing of online

platforms as resellers or marketplaces[J]. Marketing Science, 2022: 1-20.

[113]Wu H, Zheng H, Li J. The interplay between quality improvement and information acquisition in an E-commerce supply chain[J]. Annals of Operations Research, 2021(prepublish): 1-24.

[114]Yang M, Zhang T, Wang C. The optimal e-commerce sales mode selection and information sharing strategy under demand uncertainty[J]. Computers & Industrial Engineering, 2021, 162(162): 107718.

[115]高鹏，聂佳佳，谢忠秋．存在绿色消费者的再制造供应链信息分享策略[J]. 管理工程学报，2014，28(4)：193-200.

[116]谢印成，高鹏，聂佳佳．考虑制造商竞争的绿色供应链信息分享策略研究[J]. 科技管理研究，2015，35(8)：174-179.

[117]罗春林，毛小兵，田歆．网络平台销售模式中的需求信息分享策略研究[J]. 中国管理科学，2017，25(8)：149-157.

[118]周建亨，冉芸．基于策略性竞争博弈的供应链信息共享策略[J]. 中国管理科学，2019，27(6)：88-102.

[119]王桐远，李进军，李延来．制造商竞争下创新投资对零售商信息分享策略的影响[J]. 控制与决策，2020，35(12)：3006-3016.

[120]Shang W, Ha A Y, Tong S. Information sharing in a supply chain with a common retailer[J]. Management Science, 2016, 62(1): 245-263.

[121]Wu J, Jiang F, He Y. Pricing and horizontal information sharing in a supply chain with capacity constraint[J]. Operations Research Letters, 2018, 46(4): 402-408.

[122]Huang Y S, Hung J S, Ho J W. A study on information sharing for supply chains with multiple suppliers[J]. Computers and Industrial Engineering, 2017, 104: 114-123.

[123] Zhou M, Dan B, Ma S, et al. Supply chain coordination with information sharing: The informational advantage of GPOs[J]. European Journal of Operational Research, 2017, 256(3): 785-802.

[124]Wang J J, Dong J, Yue X, et al. Information sharing in a supply chain with acoopetitive contract manufacturer[J]. IEEE Transactions on Systems, Man,

and Cybernetics: Systems, 2019, 50(5): 1-17.

[125]Zhao J, Zhu H, Zheng S. What is the value of an online retailer sharing demand forecast information? [J]. Soft Computing, 2018, 22(16): 5419-5428.

[126]Liu Y, Zhang X, Zhang H, et al. Competingtourism service provider introduction strategy for an online travel platform with demand information sharing[J]. Electronic Commerce Research and Applications, 2021, 49: 101084.

[127]Zhang C, Ma H M. E-retailer information sharing with suppliers online selling mode[J]. Information Sciences, 2023, 622: 1252-1272.

[128]Li L. Information sharing in a supply chain with horizontal competition [J]. Management science, 2002, 48(9): 1196-1212.

[129]Li L, Zhang H. Confidentiality and information sharing in supply chain coordination[J]. Management science, 2008, 54(8): 1467-1481.

[130]Yan R. Demand forecast information sharing in the competitive online and traditional retailers[J]. Journal of Retailing and Consumer Services, 2010, 17(5): 386-394.

[131]Jain A, Seshadri S, Sohoni M. Differential pricing for information sharing under competition[J]. Production and Operations Management, 2011, 20(2): 235-252.

[132]Shamir N. Strategic information sharing between competing retailers in a supply chain with endogenous wholesale price[J]. International Journal of Production Economics, 2012, 136(2): 352-365.

[133]肖美丹，陈铭洋，沙德春，等．考虑额外服务和渠道地位的供应链信息共享均衡策略[J]．软科学，2016，30(9)：99-103.

[134]周建亨，王晓敏．收益共享机制下的供应链纵向信息共享策略[J]．系统管理学报，2018，27(5)：971-980.

[135]Yu M, Li T. Information sharing in a supply chain under cap-and-trade regulation[J]. Mathematical Problems in Engineering, 2018, 2018: 4573919.

[136]Shamir N, Shin H. The perils of sharing information in a trade association under a strategic wholesale price[J]. Production and Operations Management, 2018, 27(11): 1978-1995.

[137] Li Z, Zhang D J, Zhang F. Information sharing on retail platforms[J]. Manufacturing & Service Operations Management, 2020, 23(3): 606-619.

[138] Huang H, Li T, Zhang H. Information sharing in the online marketplace when sellers incur nonlinear costs[J]. Available at SSRN 3883770, 2021.

[139] Cui S, Hu S, Wei M M. The role of product and market information in an online marketplace[J]. Available at SSRN 3259465, 2019.

[140] Fiala P. Information sharing in supply chains[J]. Omega, 2005, 33(5): 419-423.

[141] Ha A Y, Tong S. Contracting and information sharing under supply chain competition[J]. Management science, 2008, 54(4): 701-715.

[142] Ha A Y, Tong S, Zhang H. Sharing demand information in competing supply chains with production diseconomies[J]. Management science, 2011, 57(3): 566-581.

[143] Guo L, Li T, Zhang H. Strategic information sharing in competing channels[J]. Production and Operations Management, 2014, 23(10): 1719-1731.

[144] Shamir N, Shin H. Public forecast information sharing in a market with competing supply chains[J]. Management Science, 2016, 62(10): 2994-3022.

[145] Ha A Y, Tian Q, Tong S. Information sharing in competing supply chains with production cost reduction[J]. Manufacturingand Service Operations Management, 2017, 19(2): 246-262.

[146] Bian W, Shang J, Zhang J. Two-way information sharing under supply chain competition[J]. International Journal of Production Economics, 2016, 178: 82-94.

[147] Wei J, Zhao J, Hou X. Bilateral information sharing in two supply chains with complementary products[J]. Applied Mathematical Modelling, 2019, 72: 28-49.

[148] Guan Z, Zhang X, Zhou M, et al. Demand information sharing in competing supply chains with manufacturer-provided service[J]. International Journal of Production Economics, 2019, 220: 1-10.

[149] Bouncken R B, Gast J, Kraus S, et al. Coopetition: a systematic

review, synthesis, and future research directions[J]. Review of Managerial Science, 2015, 9(3): 577-601.

[150]Wang L M, Liu L W, Wang Y J. Capacity decisions and supply price games under flexibility of backward integration [J]. International Journal of Production Economics, 2007, 110(1-2): 85-96.

[151]Wu C, Petruzzi N C, Chhajed D. Vertical integration with price-setting competitive newsvendors[J]. Decision Sciences, 2007, 38(4): 581-610.

[152]Li Y, Liu Y, Liu H. Co-opetition, distributor's entrepreneurial orientation and manufacturer's knowledge acquisition: Evidence from China[J]. Journal of Operations Management, 2011, 29(1-2): 128-142.

[153]Zhang C T, Liu L P. Research on coordination mechanism in three-level green supply chain under non-cooperative game[J]. Applied Mathematical Modelling, 2013, 37(5): 3369-3379.

[154]Zhou Y W, Cao Z H, Zhong Y. Pricing and alliance selection for a dominant retailer with an upstream entry[J]. European Journal of Operational Research, 2015, 243(1): 211-223.

[155]Glock C H, Kim T. The effect of forward integration on a single-vendor-multi-retailer supply chain under retailer competition[J]. International Journal of Production Economics, 2015, 164: 179-192.

[156]Huang H, Ke H, Wang L. Equilibrium analysis of pricing competition and cooperation in supply chain with one common manufacturer and duopoly retailers [J]. International Journal of Production Economics, 2016, 178: 12-21.

[157]Wan X, Sanders N R. The negative impact of product variety: Forecast bias, inventory levels, and the role of vertical integration[J]. International Journal of Production Economics, 2017, 186: 123-131.

[158]Wang S, Hu Q, Liu W. Price and quality-based competition and channel structure with consumer loyalty[J]. European Journal of Operational Research, 2017, 262(2): 563-574.

[159]Li W, Chen J. Backward integration strategy in a retailer Stackelberg supply chain[J]. Omega, 2018, 75: 118-130.

[160]Xiao Y. Horizontal mergers under yield uncertainty[J]. Production and Operations Management, 2020, 29(1): 24-34.

[161]Yuan Z, Chen F Y, Yan X, et al. Operational implications of yield uncertainty in mergers and acquisitions[J]. International Journal of Production Economics, 2020, 219: 248-258.

[162]Lin Y T, Parlaktürk A K, Swaminathan J M. Vertical integration under competition: forward, backward, or no integration? [J]. Production and Operations Management, 2014, 23(1): 19-35.

[163]李晓静，艾兴政，唐小我．创新驱动下竞争供应链的纵向整合决策[J]．管理工程学报，2018，123(2)：156-163.

[164] Anderson E J, Bao Y. Price competition with integrated and decentralized supply chains[J]. European journal of Operational research, 2010, 200(1): 227-234.

[165]Li X, Li Y. Chain-to-chain competition on product sustainability[J]. Journal of Cleaner Production, 2016, 112: 2058-2065.

[166]Chen P, Xu H, Zou X. The effects and incentive of vertical mergers: An analysis from the view of OM[J]. European Journal of Operational Research, 2017, 263(1): 158-172.

[167]Li J, Yang S, Shi V, et al. Partial vertical centralization in competing supply chains[J]. International Journal of Production Economics, 2019: 107565.

[168]Jin Y, Hu Q, Kim S W, et al. Supplier development and integration in competitive supply chains[J]. Production and Operations management, 2019, 28(5): 1256-1271.

[169]An Q. Strategic verticalintegration and decentralization[D]. San Diego: University of California, 2019.

[170]Cho S H. Horizontal mergers inmultitier decentralized supply chains[J]. Management Science, 2014, 60(2): 356-379.

[171]Zhu J, Boyaci T, Ray S. Effects of upstream and downstream mergers on supply chain profitability[J]. European Journal of Operational Research, 2016, 249(1): 131-143.

[172]Wei J, Zhao J, Hou X. Integration strategies of two supply chains with complementary products[J]. International Journal of Production Research, 2019, 57(7): 1972-1989.

[173]聂佳佳. 渠道结构对第三方负责回收闭环供应链的影响[J]. 管理工程学报, 2012, 26(3): 151-158.

[174]Chen J M, Chang C I. The co-opetitive strategy of a closed-loop supply chain with remanufacturing[J]. Transportation Research Part E: Logistics and Transportation Review, 2012, 48(2): 387-400.

[175]Sheu J B, Gao X Q. Alliance or no alliance—Bargaining power in competing reverse supply chains[J]. European Journal of Operational Research, 2014, 233(2): 313-325.

[176]Jena S K, Sarmah S P. Price competition and co-operation in a duopoly closed-loop supply chain[J]. International Journal of Production Economics, 2014, 156: 346-360.

[177]Ma Z J, Zhang N, Dai Y, et al. Managing channel profits of different cooperative models in closed-loop supply chains[J]. Omega, 2016, 59: 251-262.

[178]石纯来, 聂佳佳. 规模不经济下奖惩机制对闭环供应链制造商合作策略影响[J]. 中国管理科学, 2019, (3): 85-95.

[179]石纯来, 聂佳佳, 王桐远, 等. 规模不经济对闭环供应链中制造商合作策略选择影响[J]. 管理工程学报, 2019, 33(4): 184-192.

[180]Zheng X X, Liu Z, Li K W, et al. Cooperative game approaches to coordinating a three-echelon closed-loop supply chain with fairness concerns[J]. International Journal of Production Economics, 2019, 212: 92-110.

[181]Zheng X X, Li D F, Liu Z, et al. Coordinating a closed-loop supply chain with fairness concerns through variable-weighted Shapley values[J]. Transportation Research Part E: Logistics and Transportation Review, 2019, 126: 227-253.

[182]He P, He Y, Xu H. Channel structure and pricing in a dual-channel closed-loop supply chain with government subsidy[J]. International Journal of Production Economics, 2019, 213: 108-123.

[183]Singh N, Vives X. Price and quantity competition in a differentiated du-

opoly[J]. The Rand Journal of Economics, 1984, 15(4): 546-554.

[184] Chung H, Lee E. Asymmetric relationships with symmetric suppliers: Strategic choice of supply chain price leadership in a competitive market[J]. European Journal of Operational Research, 2017, 259(2): 564-575.

[185] Yan Y, Zhao R, Chen H. Prisoner's dilemma on competing retailers' investment in green supply chain management[J]. Journal of Cleaner Production, 2018, 184: 65-81.

[186] Zheng B, Yang C, Yang J, et al. Dual-channel closed loop supply chains: Forward channel competition, power structures and coordination[J]. International Journal of Production Research, 2017, 55(12): 3510-3527.

[187] Bian J, Lai K K, Hua Z, et al. Bertrand vs. Cournot competition in distribution channels with upstream collusion[J]. International Journal of Production Economics, 2018, 204: 278-289.

[188] Qin X, Liu Z, Tian L. The optimal combination between selling mode and logistics service strategy in an e-commerce market[J]. European Journal of Operational Research, 2021, 289: 639-651.

[189] Zhang Z, Xu H, Ke G Y, et al. Selecting online distribution modes for differentiated products in a platform supply chain[J]. International Journal of Production Economics, 2022, 244: 108384.

[190] Keifer S. Beyond point of sale: Leveraging demand signals for forecasting [J]. Journal of Business Forecasting, 2010, 29(2): 14-22.

[191] Guo L. The benefits of downstream information acquisition [J]. Marketing Science, 2009, 28(3): 457-471.

[192] 林贵华，刘睿，邹远洋．含有混合销售渠道的供应链合作策略研究[J]．运筹与管理，2018，27(12)：1-9.

附　录

附录1　第2章相关证明

1. 模型最优解存在及唯一性证明

证明：首先运用逆向求解法得到 model D 下最优解。其中平台商利润函数为：

$$\max \pi_P^D = \lambda p_r\left(\frac{a}{\theta+1}-\frac{p_r}{1-\theta^2}+\frac{\theta p_o}{1-\theta^2}\right) \tag{A-1}$$

此时平台商仅为零售商提供销售平台，并不决策价格。则零售商的利润函数为：

$$\max_{p_o} \pi_R^D = (1-\lambda)p_r\left(\frac{a}{\theta+1}-\frac{p_r}{1-\theta^2}+\frac{\theta p_o}{1-\theta^2}\right)-w_r\left(\frac{a}{\theta+1}-\frac{p_r}{1-\theta^2}+\frac{\theta p_o}{1-\theta^2}\right) \tag{A-2}$$

由$\frac{\partial^2\pi_R^D}{\partial p_r^2}=\frac{2(\lambda-1)}{1-\theta^2}<0$，可知 π_R^D是关于 p_r 的凹函数。因此令其一阶偏导数为零可得：

$$\frac{\partial \pi_R^D}{\partial p_r}=\frac{2(\lambda-1)p_r+(1-\lambda)\theta p_o+w_r+(\lambda\theta-\lambda-\theta+1)a}{1-\theta^2}=0 \tag{A-3}$$

求解可得零售商最优零售价格：

$$p_r^{D*}=\frac{(1-\lambda)\theta p_o+w_r+(\lambda\theta-\lambda-\theta+1)a}{2(1-\lambda)} \tag{A-4}$$

将零售商最优决策代入制造商利润函数可得：

$$\max_{w_r,p_o} \pi_M^D = w_r\left(\frac{a}{\theta+1}-\frac{p_r^{D*}}{1-\theta^2}+\frac{\theta p_r^{D*}}{1-\theta^2}\right)+(p_o-c)\left(\frac{a}{\theta+1}-\frac{p_r^{D*}}{1-\theta^2}+\frac{\theta p_r^{D*}}{1-\theta^2}\right) \tag{A-5}$$

求解可得制造商利润函数的海塞矩阵：

$$H^{D}=\begin{bmatrix}\dfrac{-1}{(1-\theta^{2})(1-\lambda)} & \dfrac{\theta(2-\lambda)}{2(1-\theta^{2})(1-\lambda)}\\ \dfrac{\theta(2-\lambda)}{2(1-\theta^{2})(1-\lambda)} & \dfrac{\theta^{2}-2}{1-\theta^{2}}\end{bmatrix} \tag{A-6}$$

计算可知其顺序主子式：$H_{1}^{D}=\dfrac{-1}{(1-\theta^{2})(1-\lambda)}<0$，$H_{2}^{D}=\dfrac{-\theta^{2}\lambda^{2}-8(1-\theta^{2})\lambda-8\theta^{2}+8}{(1-\theta^{2})^{2}(1-\lambda)^{2}}$，则易知当 $0<\lambda<\lambda_{0}=\dfrac{2(1-\theta)}{2-\theta}$时，$H_{2}^{D}>0$ 恒成立。

由以上可得制造商利润函数是关于价格 w_{r} 和 p_{o} 的凹函数。则令其偏导数为零可得：

$$w_{r}^{D*}=\frac{[\theta\lambda(2-\theta^{2})(1-\lambda)c-(1-\theta)(1-\lambda)(\theta^{2}\lambda-2\theta\lambda-4\lambda+4\theta+4)]a}{\theta^{2}\lambda^{2}+8(1-\theta^{2})\lambda-8(1-\theta^{2})} \tag{A-7}$$

$$p_{o}^{D*}=\frac{[(4\lambda-3\lambda\theta^{2}+4\theta^{2}-4)c+(1-\theta)(1-\lambda)(\theta\lambda-4\theta-4)]a}{\theta^{2}\lambda^{2}+8(1-\theta^{2})\lambda-8(1-\theta^{2})} \tag{A-8}$$

将 w_{r}^{D*} 和 p_{o}^{D*} 代入式(A-4)中，可以求得最优零售价格：

$$p_{r}^{D*}=\frac{[(3\lambda-2\lambda\theta^{2}+2\theta^{2}-2)\theta c-(1-\theta)(2\lambda\theta^{2}-3\theta\lambda-6\lambda-2\theta^{2}+4\theta+6)]a}{\theta^{2}\lambda^{2}+8(1-\theta^{2})\lambda-8(1-\theta^{2})} \tag{A-9}$$

将最优解 p_{r}^{D*}、w_{r}^{D*}、p_{o}^{D*} 分别代入制造商、零售商及平台商的利润函数中可求得供应链成员最优利润，分别为：

$$\pi_{M}^{D*}=\frac{(1-\lambda)[(\theta^{2}-2)c^{2}+(\theta\lambda-2\theta^{2}-2\theta+4)c-(1-\theta)(\theta+3-\lambda)]a^{2}}{\theta^{2}\lambda^{2}+8(1-\theta^{2})\lambda-8(1-\theta^{2})} \tag{A-10}$$

$$\pi_{R}^{D*}=\frac{(1-\lambda)(1-\theta^{2})[(\lambda-2)\theta c+(2-\theta)\lambda-2(1-\theta)]^{2}a^{2}}{[\theta^{2}\lambda^{2}+8(1-\theta^{2})\lambda-8(1-\theta^{2})]^{2}} \tag{A-11}$$

$$\pi_{P}^{D*}=\frac{\lambda[(3\lambda-2\lambda\theta^{2}+2\theta^{2}-2)\theta c-(1-\theta)(2\lambda\theta^{2}-3\theta\lambda-6\lambda-2\theta^{2}+4\theta+6)][(\lambda-2)\theta c+(2-\theta)\lambda-2(1-\theta)]a^{2}}{[\theta^{2}\lambda^{2}+8(1-\theta^{2})\lambda-8(1-\theta^{2})]^{2}} \tag{A-12}$$

需要说明的是，其他两种销售模式模型的求解过程与此类似，此处不再赘述。

2. 命题 2.1 证明

证明：将制造商在三种销售模式模型下的利润进行对比：

（1）将 model D 和 model A 下的制造商利润做差可得：

$$\pi_M^{D*}-\pi_M^{A*}=\frac{(1-\lambda)F_1(\theta,\ \lambda,\ c)a^2}{8[-\theta^2\lambda^2-8(1-\theta^2)\lambda+8-8\theta^2](\theta+1)} \tag{A-13}$$

其中：

$$F_1(\theta,\ \lambda,\ c)=8(\theta+1)(2-\theta^2)c^2-8(\theta+1)(\theta\lambda-2\theta^2-2\theta+4)c+\lambda(\theta^3\lambda+3\theta^2\lambda-8\theta^3-16\theta^2+8\theta+16) \tag{A-14}$$

令其两根分别为 c_1 和 $\bar{c}_1$，且 $0<c_1<c_0<\bar{c}_1$。其中：

$$c_1=\frac{2(\theta+1)(\theta\lambda-2\theta^2-2\theta+4)-(\theta+2)\sqrt{2(1-\theta^2)[-\theta^2\lambda^2-8(1-\theta^2)\lambda+8-8\theta^2]}}{4(\theta+1)(2-\theta^2)} \tag{A-15}$$

求解可得：当 $c\in(0,\ c_1)$ 时，$F_1(\theta,\ \lambda,\ c)>0$，$\pi_M^{D*}>\pi_M^{A*}$；当 $c\in(c_1,\ c_0)$ 时，$F_1(\theta,\ \lambda,\ c)<0$，$\pi_M^{D*}<\pi_M^{A*}$。

（2）将 model D 和 model R 下的制造商利润做差可得：

$$\pi_M^{D*}-\pi_M^{R*}=\frac{F_2(\theta,\ \lambda,\ c)a^2}{16(\theta+1)(2-\theta^2\lambda-\theta^2)[-\theta^2\lambda^2-8(1-\theta^2)\lambda+8-8\theta^2]} \tag{A-16}$$

其中：

$$\begin{aligned}F_2(\theta,\ \lambda,\ c)=\ &16(\theta+1)(2-\theta^2)(1-\lambda)(2-\theta^2\lambda-\theta^2)c^2\\&-16(\theta+1)(1-\lambda)(2-\theta^2\lambda-\theta^2)(\theta\lambda-2\theta^2-2\theta+4)c\\&+4(\theta+1)\theta^4\lambda^4-(31\theta^3+21\theta^2-24\theta-12)\theta^2\lambda^3\\&+\theta(7\theta^4+21\theta^3+60\theta^2-16\theta-64)\lambda^2\\&-16(1-\theta^2)(\theta^3-2\theta^2-4\theta+2)\lambda+8(\theta+1)(\theta-1)^2(\theta+2)^2\end{aligned} \tag{A-17}$$

令其两根为 c_2 和 $\bar{c}_2$ 且 $0<c_2<c_0<\bar{c}_2$。其中：

$$c_2=\frac{\left\{\begin{array}{l}2(\theta+1)(1-\lambda)(2-\theta^2-\theta^2\lambda)(\theta\lambda-2\theta^2-2\theta+4)\\-\sqrt{\begin{array}{l}(1-\theta^2)(1-\lambda)(2-\theta^2-\theta^2\lambda)[-\theta^2\lambda^2-8(1-\theta^2)\lambda+8-8\theta^2]\\ [4\theta^2(\theta+1)^2\lambda^2+\theta(\theta^3-4\theta^2-14\theta-8)\lambda+(2-\theta^2)(\theta+2)^2]\end{array}}\end{array}\right\}}{4(\theta+1)(1-\lambda)(2-\theta^2)(2-\theta^2-\theta^2\lambda)}$$

(A-18)

求解可得：当 $c\in(0, c_2)$时，$F_2(\theta, \lambda, c)>0$，$\pi_M^{D*}>\pi_M^{R*}$；当 $c\in(c_2, c_0)$时，$F_2(\theta, \lambda, c)<0$，$\pi_M^{D*}<\pi_M^{R*}$。

（3）将 model R 和 model A 下的制造商利润做差可得：

$$\pi_M^{R*}-\pi_M^{A*}=\frac{(1-\theta)F_3(\theta, \lambda, c)a^2}{16(2-\lambda\theta^2-\theta^2)(\theta+1)} \tag{A-19}$$

其中：

$$F_3(\theta, \lambda, c)=-2\theta^2\lambda^2-(\theta^2-4\theta-8)\lambda-\theta^2-4\theta-4 \tag{A-20}$$

令函数两根分别为 λ_1 和 $\overline{\lambda}_1$，则：（i）当 $\theta\in(0, \theta_1)$时，$0<\lambda_1<\lambda_0<\overline{\lambda}_1$；（ii）当 $\theta\in(\theta_1, 1)$时，$0<\lambda_0<\lambda_1<\overline{\lambda}_1$。其中 θ_1 为函数 $f_1(\theta)=9\theta^3-14\theta^2+16-(2-\theta)\sqrt{-7\theta^4-40\theta^3-32\theta^2+64\theta+64}$ 的根。此外：

$$\lambda_1=\frac{-\theta^2+4\theta+8-\sqrt{-7\theta^4-40\theta^3-32\theta^2+64\theta+64}}{4\theta^2} \tag{A-21}$$

求解可得：（i）当 $\theta\in(0, \theta_1)$时，若 $\lambda\in(0, \lambda_1)$，则 $F_3(\theta, \lambda, c)<0$，$\pi_M^{R*}<\pi_M^{A*}$；（ii）当 $\theta\in(0, \theta_1)$时，若 $\lambda\in(\lambda_1, \lambda_0)$，则 $F_3(\theta, \lambda, c)>0$，$\pi_M^{R*}>\pi_M^{A*}$；(iii) 当 $\theta\in(\theta_1, 1)$时，则 $F_3(\theta, \lambda, c)<0$，$\pi_M^{R*}<\pi_M^{A*}$。

综合(1)~(3)，命题得证。

3. 命题 2.2 证明

证明：将零售商在三种销售模式模型下的利润进行对比：

（1）将 model D 和 model A 下的零售商利润做差可得：

$$\pi_R^{D*}-\pi_R^{A*}=\frac{\theta(1-\lambda)(1-\theta)F_4(\theta, \lambda, c)F_5(\theta, \lambda, c)a^2}{16(\theta+1)[-\theta^2\lambda^2-8(1-\theta^2)\lambda+8-8\theta^2]^2} \tag{A-22}$$

其中：

$$F_4(\theta, \lambda, c)=4\theta(\theta+1)(2-\lambda)c-\theta^2\lambda^2+4(3\theta^2-\theta-4)\lambda+16(1-\theta^2)$$

(A-23)

$$F_5(\theta, \lambda, c)=4(\theta+1)(2-\lambda)c+\lambda(\lambda\theta-4\theta-4) \tag{A-24}$$

对函数 $F_4(\theta, \lambda, c)$ 求解可知，$F_4(\theta, \lambda, c)>0$ 恒成立。令函数 $F_5(\theta, \lambda, c)$ 的根为 c_3，有 $0<c_3<c_0$。其中：

$$c_3=\frac{\lambda(\lambda\theta-4\theta-4)}{4(\lambda\theta+\lambda-2\theta-2)} \tag{A-25}$$

对函数 $F_5(\theta, \lambda, c)$ 求解可得：当 $c\in(0, c_3)$ 时，$F_5(\theta, \lambda, c)<0$，$\pi_R^{D*}<\pi_R^{A*}$；当 $c\in(c_3, c_0)$ 时，$F_5(\theta, \lambda, c)>0$，$\pi_R^{D*}>\pi_R^{A*}$。

（2）将 model D 和 model R 下的零售商利润做差可得：

$$\pi_R^{D*}-\pi_R^{R*}=\frac{\theta(1-\theta)(1-\lambda)F_6(\theta, \lambda, c)a^2}{32(\theta+1)(2-\theta^2\lambda-\theta^2)[-\theta^2\lambda^2-8(1-\theta^2)\lambda+8-8\theta^2]^2} \tag{A-26}$$

其中：

$$\begin{aligned}F_6(\theta, \lambda, c)=&32\theta(2-\theta^2\lambda-\theta^2)(\theta+1)^2(2-\lambda)^2c^2-(\theta+2)^2\theta^3\lambda^4\\&+64(2-\lambda)(2-\theta^2\lambda-\theta^2)(\theta\lambda-2\lambda-2\theta+2)(\theta+1)^2c\\&-16(\theta+1)(\theta^3-9\theta^2+12)\lambda^3+16\theta(\theta+1)(\theta^3-25\theta^2+28)\lambda^2\\&-128(1-\theta)(\theta^2+2\theta-2)(\theta+1)^2\lambda-64(3\theta+4)(\theta+1)^2(\theta-1)^2\end{aligned} \tag{A-27}$$

令函数 $F_6(\theta, \lambda, c)$ 的根为 $\bar{c}_4$ 和 c_4，且 $\bar{c}_4<0<c_4<c_0$。其中：

$$c_4=\frac{\begin{bmatrix}8(\theta+1)(2-\lambda\theta^2-\theta^2)(\lambda\theta-2\lambda-2\theta+2)+\\(\theta+2)[-\theta^2\lambda^2-8(1-\theta^2)\lambda+8-8\theta^2]\sqrt{2-\lambda\theta^2-\theta^2}\end{bmatrix}}{8\theta(\theta+1)(2-\lambda)(2-\lambda\theta^2-\theta^2)} \tag{A-28}$$

对函数 $F_6(\theta, \lambda, c)$ 求解可得：当 $c\in(0, c_4)$ 时，$F_6(\theta, \lambda, c)<0$，$\pi_R^{D*}<\pi_R^{R*}$；当 $c\in(c_4, c_0)$ 时，$F_6(\theta, \lambda, c)>0$，$\pi_R^{D*}>\pi_R^{R*}$。

（3）将 model R 和 model A 下的零售商利润做差可得：

$$\pi_R^{R*}-\pi_R^{A*}=\frac{\theta(1-\theta)(1-\lambda)(2\lambda\theta+3\theta+4)a^2}{32(2-\lambda\theta^2-\theta^2)(\theta+1)}>0 \tag{A-29}$$

易得 $\pi_R^{R*}>\pi_R^{A*}$。

综合(1)~(3)，命题得证。

4. 命题 2.3 证明

证明：将平台商在三种销售模式模型下的利润进行对比：

（1）将 model D 和 model A 下的平台商利润做差可得：

$$\pi_P^{D*}-\pi_P^{A*}=\frac{\lambda F_7(\theta,\ \lambda,\ c)a^2}{16(\theta+1)[-\theta^2\lambda^2-8(1-\theta^2)\lambda+8-8\theta^2]^2} \tag{A-30}$$

其中：

$$\begin{aligned}F_7(\theta,\ \lambda,\ c)=&16(\theta+1)(2-\lambda)(2\theta^2\lambda-2\theta^2-3\lambda+2)\theta^2c^2\\&+16(\theta+1)[(4\theta^3-9\theta^2-6\theta+12)\lambda^2]c\\&+16(\theta+1)[4(1-\theta)(3\theta^2-3\theta-7)\lambda+8(2-\theta)(1-\theta^2)]c\\&+16(1-\theta^2)(\theta+4)(7\theta^2-4)\lambda^2-(\theta+7)\theta^4\lambda^4-16(1-\theta^2)(\theta+7)\theta^2\lambda^3\\&+32(1-\theta^2)(-7\theta^3-19\theta^2+6\theta+16)\lambda-128(\theta+2)(\theta+1)^2(\theta-1)^2\end{aligned} \tag{A-31}$$

对函数 $F_7(\theta,\ \lambda,\ c)$ 求解可得，$F_7(\theta,\ \lambda,\ c)<0$ 恒成立。因此 $\pi_P^{D*}<\pi_P^{A*}$ 恒成立。

（2）将 model D 和 model R 下的平台商利润做差可得：

$$\pi_P^{D*}-\pi_P^{R*}=\frac{F_8(\theta,\ \lambda,\ c)a^2}{64(\theta+1)(2-\theta^2\lambda-\theta^2)^2[-\theta^2\lambda^2-8(1-\theta^2)\lambda+8-8\theta^2]^2} \tag{A-32}$$

其中：

$$\begin{aligned}F_8(\theta,\ \lambda,\ c)=&64(\theta+1)(2-\lambda)(2\theta^2\lambda-2\theta^2-3\lambda+2)(2-\theta^2\lambda-\theta^2)^2\lambda\theta^2c^2\\&+64(\theta+1)\begin{bmatrix}(4\theta^3-9\theta^2-6\theta+12)\lambda^2\\+4(1-\theta)(3\theta^2-3\theta-7)\lambda\\+8(2-\theta)(1-\theta^2)\end{bmatrix}(2-\theta^2\lambda-\theta^2)^2\theta\lambda c\\&-16(\theta+7)\theta^8\lambda^7+(233\theta^3+227\theta^2-200\theta-196)\theta^6\lambda^6\\&-2(523\theta^5+193\theta^4-602\theta^3+142\theta^2+88\theta-328)\theta^4\lambda^5\\&+(\theta-1)(433\theta^5+188\theta^4+3340\theta^3+5584\theta^2-816\theta-2816)\lambda^4\\&-16\theta(1-\theta^2)(113\theta^6+15\theta^5-444\theta^4-64\theta^3+96\theta^2-32\theta+192)\lambda^3\\&+16(1-\theta^2)(47\theta^7-27\theta^6+40\theta^5-12\theta^4-544\theta^3+80\theta^2+448\theta-64)\lambda^2\\&-256(3\theta^5-\theta^4-13\theta^3+9\theta^2+16\theta-8)(1-\theta^2)^2\lambda\\&+64(\theta^2-2\theta-4)^2(\theta+1)^2(\theta-1)^3\end{aligned} \tag{A-33}$$

对函数 $F_8(\theta,\ \lambda,\ c)$ 求解可得，$F_8(\theta,\ \lambda,\ c)<0$ 恒成立。因此 $\pi_P^{D*}<\pi_P^{R*}$ 恒

成立。

(3) 将 model R 和 model A 下的平台商利润做差可得:

$$\pi_P^{R*}-\pi_P^{A*}=\frac{(1-\theta)F_9(\theta,\ \lambda)a^2}{64(\theta+1)(2-\lambda\theta^2-\theta^2)^2} \tag{A-34}$$

其中:

$$\begin{aligned}F_9(\theta,\ \lambda)=&-12\theta^4\lambda^3-(15\theta^2-12\theta-52)\theta^2\lambda^2+(\theta^2-2\theta-4)^2\\&-2(\theta^4-4\theta^3-14\theta^2+16\theta+32)\lambda\end{aligned} \tag{A-35}$$

令函数的根分别为 λ_2, $\bar{\lambda}_2$ 和 $\tilde{\lambda}_2$。对函数求解可得:(i) 当 $\theta\in(0,\ \theta_2)$时,$0<\lambda_2<\lambda_0<\bar{\lambda}_2<\tilde{\lambda}_2$,此时若 $\lambda\in(0,\ \lambda_2)$,则 $F_9(\theta,\ \lambda)>0$,$\pi_P^{R*}>\pi_P^{A*}$;若 $\lambda\in(\lambda_2,\ \lambda_0)$,则 $F_9(\theta,\ \lambda)<0$,$\pi_P^{R*}<\pi_P^{A*}$。(ii) 当 $\theta\in(\theta_2,\ 1)$时,有 $0<\lambda_0<\lambda_2<\bar{\lambda}_2<\tilde{\lambda}_2$,此时 $F_9(\theta,\ \lambda)>0$,$\pi_P^{R*}>\pi_P^{A*}$ 恒成立。其中 θ_2 为函数$f_2(\theta)$的根。其中:

$$f_2(\theta)=159\theta^7-602\theta^6+596\theta^5+592\theta^4-1424\theta^3+384\theta^2+704\theta-384 \tag{A-36}$$

综合(1)~(3),命题得证。

5. 命题 2.4 证明

证明:将供应链在三种销售模式模型下的利润进行对比:

(1) 将 model D 和 model A 下的供应链利润做差可得:

$$\pi_{SC}^{D*}-\pi_{SC}^{A*}=\frac{F_{10}(\theta,\ \lambda,\ c)a^2}{16(\theta+1)[-\theta^2\lambda^2-8(1-\theta^2)\lambda+8-8\theta^2]^2} \tag{A-37}$$

其中:

$$\begin{aligned}F_{10}(\theta,\ \lambda,\ c)=\ &16(\theta+1)\begin{bmatrix}2(2-\theta^2)\theta^2\lambda^3+(10\theta^4-29\theta^2+16)\lambda^2\\+4(1-\theta^2)(3\theta^2-8)\lambda+4(1-\theta^2)(4-\theta^2)\end{bmatrix}c^2\\&-16(\theta+1)\begin{bmatrix}\theta^3\lambda^4-2(2\theta^2+3\theta-4)\theta^2\lambda^3\\+2(\theta-1)(10\theta^3+23\theta^2-6\theta-16)\lambda^2\\+4(1-\theta^2)(6\theta^2+11\theta-16)\lambda\\+8(\theta+1)(\theta+4)(1-\theta^2)\end{bmatrix}c\\&-\theta\lambda\begin{bmatrix}(\theta^3-9\theta^2+16)\theta\lambda^3+16\theta(\theta-1)(\theta+1)^2\lambda^2\\-16(\theta-1)(5\theta-4)(\theta+1)^2\lambda+64(\theta+1)^2(\theta-1)^2\end{bmatrix}\end{aligned}$$

(A-38)

对函数求解可得，$F_{10}(\theta,\ \lambda,\ c)<0$ 恒成立。因此 $\pi_{SC}^{D*}<\pi_{SC}^{A*}$ 恒成立。

（2）将 model D 和 model R 下的供应链利润做差可得：

$$\pi_{SC}^{D*}-\pi_{SC}^{R*}=\frac{F_{11}(\theta,\ \lambda,\ c)a^2}{64(\theta+1)(2-\theta^2\lambda-\theta^2)^2[-\theta^2\lambda^2-8(1-\theta^2)\lambda+8-8\theta^2]^2} \quad (\text{A-39})$$

其中：

$$\begin{aligned}F_{11}(\theta,\ \lambda,\ c)=&64(\theta+1)(2-\theta^2\lambda-\theta^2)^2\begin{bmatrix}2(2-\theta^2)\theta^2\lambda^3+(10\theta^4-29\theta^2+16)\lambda^2\\+4(1-\theta^2)(3\theta^2-8)\lambda+4(1-\theta^2)(4-\theta^2)\end{bmatrix}c^2\\&-64(\theta+1)\begin{bmatrix}\theta^3\lambda^4-2(2\theta^2+3\theta-4)\theta^2\lambda^3\\+2(\theta-1)(10\theta^3+23\theta^2-6\theta-16)\lambda^2\\+4(1-\theta^2)(6\theta^2+11\theta-16)\lambda\\+8(\theta+1)(\theta+4)(1-\theta)^2\end{bmatrix}(2-\theta^2\lambda-\theta^2)^2c\\&-(\theta^3-37\theta^2+8\theta+60)\theta^6\lambda^6-2(59\theta^5+\theta^4-124\theta^3+136\theta^2+56\theta-160)\theta^4\lambda^5\\&+(395\theta^6-39\theta^5-1076\theta^4+624\theta^3+928\theta^2-608\theta-256)\theta^3\lambda^4\\&-16\theta(1-\theta^2)(7\theta^6+21\theta^5-52\theta^4-112\theta^3+112\theta^2+64\theta-64)\lambda^3\\&+16(1-\theta^2)(21\theta^7+15\theta^6-100\theta^5-72\theta^4+208\theta^3-16\theta^2-128\theta+64)\lambda^2\\&-256(\theta^4+4\theta^3-4\theta^2-8\theta+8)(1-\theta^2)^2\lambda\\&-64(\theta+2)(\theta^3-6\theta^2-4\theta+8)(\theta+1)^2(\theta-1)^3\end{aligned} \quad (\text{A-40})$$

令函数的两根分别为 c_5 和 $\bar{c}_5$，求解可得：（i）当 $\bar{F}_{11}(\theta,\ \lambda)>0$ 时，有 $0<c_5<c_0<\bar{c}_5$，此时若 $c\in(0,\ c_5)$，则 $F_{11}(\theta,\ \lambda,\ c)>0$，$\pi_{SC}^{D*}>\pi_{SC}^{R*}$；若 $c\in(c_5,\ c_0)$，则 $F_{11}(\theta,\ \lambda,\ c)<0$，$\pi_{SC}^{D*}<\pi_{SC}^{R*}$。（ii）当 $\bar{F}_{11}(\theta,\ \lambda)<0$ 时，有 $c_5<0<c_0<\bar{c}_5$，此时 $F_{11}(\theta,\ \lambda,\ c)<0$，$\pi_{SC}^{D*}<\pi_{SC}^{R*}$ 恒成立。其中：

$$\begin{aligned}\bar{F}_{11}(\theta,\ \lambda)=&-(\theta^3-37\theta^2+8\theta+60)\theta^6\lambda^6-2(59\theta^5+\theta^4-124\theta^3+136\theta^2+56\theta-160)\theta^4\lambda^5\\&+(395\theta^6-39\theta^5-1076\theta^4+624\theta^3+928\theta^2-608\theta-256)\theta^3\lambda^4\\&-16\theta(1-\theta^2)(7\theta^6+21\theta^5-52\theta^4-112\theta^3+112\theta^2+64\theta-64)\lambda^3\\&+16(1-\theta^2)(21\theta^7+15\theta^6-100\theta^5-72\theta^4+208\theta^3-16\theta^2-128\theta+64)\lambda^2\\&-256(\theta^4+4\theta^3-4\theta^2-8\theta+8)(1-\theta^2)^2\lambda\\&-64(\theta+2)(\theta^3-6\theta^2-4\theta+8)(\theta+1)^2(\theta-1)^3\end{aligned} \quad (\text{A-41})$$

令 λ_3 为函数 $\overline{F}_{11}(\theta, \lambda)$ 可行域内的根。求解可得：（i）当 $\theta \in (0, \theta_3)$ 时，若 $\lambda \in (0, \lambda_3)$，则 $\overline{F}_{11}(\theta, \lambda)>0$；若 $\lambda \in (\lambda_3, \lambda_0)$，则 $\overline{F}_{11}(\theta, \lambda)<0$。（ii）当 $\theta \in (\theta_3, 1)$ 时，$\overline{F}_{11}(\theta, \lambda)<0$ 恒成立。其中 θ_3 为函数 $f_3(\theta)$ 的根。

$$f_3(\theta)=\theta^3-6\theta^2-4\theta+8 \tag{A-42}$$

综上所述：（i）当 $\theta \in (0, \theta_3)$ 时，若 $\lambda \in (0, \lambda_3)$ 且 $c \in (0, c_5)$，则 $\pi_{SC}^{D*}>\pi_{SC}^{R*}$。（ii）当 $\theta \in (0, \theta_3)$ 时，若 $\lambda \in (0, \lambda_3)$ 且 $c \in (c_5, c_0)$，则 $\pi_{SC}^{D*}<\pi_{SC}^{R*}$。（iii）当 $\theta \in (\theta_3, 1)$ 时，则 $\pi_{SC}^{D*}<\pi_{SC}^{R*}$。

（3）将 model R 和 model A 下的供应链利润做差可得：

$$\pi_{SC}^{R*}-\pi_{SC}^{A*}=\frac{(1-\theta)(\theta+2)F_{12}(\theta, \lambda)a^2}{64(\theta+1)(2-\lambda\theta^2-\theta^2)^2} \tag{A-43}$$

其中：

$$F_{12}(\theta, \lambda)=(3\theta-2)\theta^2\lambda^2+2\theta(\theta^2+2\theta-4)\lambda-\theta^3+6\theta^2+4\theta-8 \tag{A-44}$$

令函数的两根分别为 λ_4 和 $\overline{\lambda}_4$。其中：

$$\lambda_4=\frac{\theta^2+2\theta-4+2\sqrt{\theta(4-\theta)(1-\theta^2)}}{\theta(2-3\theta)} \tag{A-45}$$

求解函数 $F_{12}(\theta, \lambda)$ 可得：（i）当 $\theta \in (0, \theta_3)$ 时，$F_{12}(\theta, \lambda)<0$，$\pi_{SC}^{R*}<\pi_{SC}^{A*}$。（ii）当 $\theta \in (\theta_3, \theta_4)$ 时，若 $\lambda \in (0, \lambda_4)$，则 $F_{12}(\theta, \lambda)>0$，$\pi_{SC}^{R*}>\pi_{SC}^{A*}$；若 $\lambda \in (\lambda_4, \lambda_0)$，则 $F_{12}(\theta, \lambda)<0$，$\pi_{SC}^{R*}<\pi_{SC}^{A*}$。（iii）当 $\theta \in (\theta_4, 1)$ 时，$F_{12}(\theta, \lambda)>0$，$\pi_{SC}^{R*}>\pi_{SC}^{A*}$。其中 θ_3 为函数 $f_3(\theta)$ 的根，θ_4 为函数 $f_4(\theta)$ 的根。

$$f_4(\theta)=15\theta^5-26\theta^4-28\theta^3+56\theta^2+16\theta-32 \tag{A-46}$$

综合(1)～(3)，命题得证。

6. 命题 2.5 证明

证明：将消费者剩余在三种销售模式模型下的大小进行对比：

(1)将 model D 和 model A 下的消费者剩余做差可得：

$$\pi_{CS}^{D*}-\pi_{CS}^{A*}=\frac{F_{13}(\theta, \lambda, c)a^2}{32(\theta+1)[-\theta^2\lambda^2-8(1-\theta^2)\lambda+8-8\theta^2]^2} \tag{A-47}$$

其中：

$$F_{13}(\theta,\ \lambda,\ c)=16(\theta+1)\begin{bmatrix}(8\theta^4-23\theta^2+16)\lambda^2+4(1-\theta^2)(5\theta^2-8)\lambda\\-4(1-\theta^2)(3\theta^2-4)\end{bmatrix}c^2$$
$$-32(\theta+1)\begin{bmatrix}\theta(3\theta^2-4)\lambda^3-(\theta-1)(\theta+2)(8\theta^2+\theta-8)\lambda^2\\-2(1-\theta^2)(10\theta^2+5\theta-16)\lambda-4(\theta+1)(3\theta+4)(1-\theta)^2\end{bmatrix}c$$
$$-\theta\lambda\begin{bmatrix}(3\theta^3+5\theta^2-16\theta-16)\theta\lambda^3+16(1-\theta^2)(3\theta^2-\theta-8)\lambda^2\\-16(1-\theta^2)(7\theta^2-\theta-12)\lambda-64(\theta+1)^2(\theta-1)^2\end{bmatrix}$$

（A-48）

令函数的两根分别为 c_6 和 $\bar{c}_6$，求解可得：（i）当 $\overline{F}_{13}(\theta,\ \lambda)>0$ 时，$0<c_6<c_0<\bar{c}_6$，此时若 $c\in(0,\ c_6)$，则 $F_{13}(\theta,\ \lambda,\ c)>0$，$\pi_{CS}^{D*}>\pi_{CS}^{A*}$；若 $c\in(c_6,\ c_0)$，则 $F_{13}(\theta,\ \lambda,\ c)<0$，$\pi_{CS}^{D*}<\pi_{CS}^{A*}$。（ii）当 $\overline{F}_{13}(\theta,\ \lambda)<0$ 时，$c_6<0<c_0<\bar{c}_6$，此时 $F_{13}(\theta,\ \lambda,\ c)<0$，$\pi_{CS}^{D*}<\pi_{CS}^{A*}$。其中：

$$\overline{F}_{13}(\theta,\ \lambda)=-(3\theta^3+5\theta^2-16\theta-16)\theta\lambda^3-16(1-\theta^2)(3\theta^2-\theta-8)\lambda^2$$
$$+16(1-\theta^2)(7\theta^2-\theta-12)\lambda+64(\theta+1)^2(\theta-1)^2$$

（A-49）

令 λ_5 为函数 $\overline{F}_{13}(\theta,\ \lambda)$ 在可行域内的实数根。则求解可得：当 $\lambda\in(0,\ \lambda_5)$ 时，$\overline{F}_{13}(\theta,\ \lambda)>0$；当 $\lambda\in(\lambda_5,\ \lambda_0)$ 时，$\overline{F}_{13}(\theta,\ \lambda)<0$。

综上所述：（i）当 $\lambda\in(0,\ \lambda_5)$ 时，若 $c\in(0,\ c_6)$，则 $\pi_{CS}^{D*}>\pi_{CS}^{A*}$。（ii）当 $\lambda\in(0,\ \lambda_5)$ 且 $c\in(c_6,\ c_0)$ 时，$\pi_{CS}^{D*}<\pi_{CS}^{A*}$。（iii）当 $\lambda\in(\lambda_5,\ \lambda_0)$ 时，$\pi_{CS}^{D*}<\pi_{CS}^{A*}$。

（2）将 model D 和 model R 下的消费者剩余做差可得：

$$\pi_{CS}^{D*}-\pi_{CS}^{R*}=\frac{F_{14}(\theta,\ \lambda,\ c)a^2}{64(\theta+1)(2-\theta^2\lambda-\theta^2)^2\,[-\theta^2\lambda^2-8(1-\theta^2)\lambda+8-8\theta^2]^2}\quad(\text{A-50})$$

其中：

$$F_{14}(\theta,\ \lambda,\ c)=64(\theta+1)(2-\theta^2\lambda-\theta^2)^2\begin{bmatrix}(8\theta^4-23\theta^2+16)\lambda^2\\+4(1-\theta^2)(5\theta^2-8)\lambda\\-4(1-\theta^2)(3\theta^2-4)\end{bmatrix}c^2$$
$$+128(\theta+1)\begin{bmatrix}\theta(3\theta^2-4)\lambda^3\\-(\theta-1)(\theta+2)(8\theta^2+\theta-8)\lambda^2\\-2(1-\theta^2)(10\theta^2+5\theta-16)\lambda\\-4(\theta+1)(3\theta+4)(1-\theta)^2\end{bmatrix}(2-\theta^2\lambda-\theta^2)^2c$$

$$
\begin{aligned}
&-(7\theta^3+13\theta^2-56\theta-60)\theta^6\lambda^6+2\begin{pmatrix}51\theta^5-95\theta^4-172\theta^3\\+208\theta^2+72\theta-160\end{pmatrix}\theta^4\lambda^5\\
&+(109\theta^6+79\theta^5-1628\theta^4+3616\theta^2-32\theta-2048)\theta^3\lambda^4\\
&+16\theta(1-\theta^2)(7\theta^6-59\theta^5-68\theta^4+112\theta^3-80\theta^2-32\theta+192)\lambda^3\\
&+16(1-\theta^2)\begin{pmatrix}43\theta^7+81\theta^6-140\theta^5-8\theta^4\\+336\theta^3-272\theta^2-256\theta+192\end{pmatrix}\lambda^2\\
&-256(3\theta^4-4\theta^3-24\theta^2+24)(1-\theta^2)^2\lambda\\
&+64(\theta+2)(9\theta^3+10\theta^2-20\theta-24)(\theta+1)^2(\theta-1)^3
\end{aligned}
\tag{A-51}
$$

令上述函数的两根分别为 c_7 和 $\bar{c}_7$ 且 $0<c_7<c_0<\bar{c}_7$。因此当 $c\in(0,\ c_7)$时，$F_{14}(\theta,\ \lambda,\ c)>0$，$\pi_{CS}^{D*}>\pi_{CS}^{R*}$；当 $c\in(c_7,\ c_0)$时，$F_{14}(\theta,\ \lambda,\ c)<0$，$\pi_{CS}^{D*}<\pi_{CS}^{R*}$。

(3)将 model R 和 model A 下的消费者剩余做差可得：

$$
\pi_{CS}^{R*}-\pi_{CS}^{A*}=\frac{(1-\theta)(\theta+2)F_{15}(\theta,\ \lambda)a^2}{128(\theta+1)(2-\lambda\theta^2-\theta^2)^2}
\tag{A-52}
$$

其中：

$$
F_{15}(\theta,\ \lambda)=(5\theta+2)\theta^2\lambda^2+2\theta(7\theta^2+6\theta-4)\lambda+9\theta^3+10\theta^2-20\theta-24
\tag{A-53}
$$

对函数求解可得，$F_{15}(\theta,\ \lambda)<0$ 恒成立。因此 $\pi_{CS}^{R*}<\pi_{CS}^{A*}$ 恒成立。

综合(1)~(3)，命题得证。

7. 命题 2.6 证明

证明：当零售商和平台商同时决策时，将制造商在三个模型下的利润进行对比：

(1)将 model D 和 model A 下的制造商利润做差可得：

$$
\pi_M^{T-D*}-\pi_M^{T-A*}=\frac{(1-\lambda)F_{16}(\theta,\ \lambda,\ c)a^2}{8(\theta+1)[-\theta^2\lambda^2-8(1-\theta^2)\lambda+8-8\theta^2]}
\tag{A-54}
$$

其中：

$$
\begin{aligned}
F_{16}(\theta,\ \lambda,\ c)=&\ 8(\theta+1)(2-\theta^2)c^2-8(\theta+1)(\lambda\theta-2\theta^2-2\theta+4)c\\
&+\lambda(\lambda\theta^3+3\lambda\theta^2-8\theta^3-16\theta^2+8\theta+16)
\end{aligned}
\tag{A-55}
$$

令上述函数的两根分别为 c_8 和 $\bar{c}_8$ 且 $0<c_8<c_0<\bar{c}_8$。因此当 $c\in(0,\ c_8)$时，

$F_{16}(\theta, \lambda, c)>0$，$\pi_M^{T-D*}>\pi_M^{T-A*}$；当 $c\in(c_8, c_0)$ 时，$F_{16}(\theta, \lambda, c)<0$，$\pi_M^{T-D*}<\pi_M^{T-A*}$。

(2)将 model D 和 model R 下的制造商利润做差可得：

$$\pi_M^{T-D*}-\pi_M^{T-R*}=\frac{F_{17}(\theta, \lambda, c)a^2}{4(\theta+1)(4-\theta^2\lambda-\theta^2)[-\theta^2\lambda^2-8(1-\theta^2)\lambda+8-8\theta^2]} \quad (A-56)$$

其中：

$$\begin{aligned}F_{17}(\theta, \lambda, c)=&4(\theta+1)(2-\theta^2)(1-\lambda)(4-\theta^2\lambda-\theta^2)c^2\\&-4(\theta+1)(1-\lambda)(4-\theta^2\lambda-\theta^2)(\theta\lambda-2\theta^2-2\theta+4)c\\&+(\theta+1)\theta^4\lambda^4-2(\theta+1)(4\theta^2-\theta-1)\theta^2\lambda^3\\&+2\theta(2\theta^4+6\theta^3+15\theta^2-4\theta-16)\lambda^2\\&+4(1-\theta^2)(\theta+2)(5\theta-2)\lambda+4(\theta+1)(\theta-1)^2(\theta+2)^2\end{aligned} \quad (A-57)$$

令上述函数的两根分别为 c_9 和 $\bar{c}_9$ 且 $0<c_9<c_0<\bar{c}_9$。因此当 $c\in(0, c_9)$ 时，$F_{17}(\theta, \lambda, c)>0$，$\pi_M^{T-D*}>\pi_M^{T-R*}$；当 $c\in(c_9, c_0)$ 时，$F_{17}(\theta, \lambda, c)<0$，$\pi_M^{T-D*}<\pi_M^{T-R*}$。

(3)将 model R 和 model A 下的制造商利润做差可得：

$$\pi_M^{T-R*}-\pi_M^{T-A*}=\frac{(1-\theta)F_{18}(\theta, \lambda)a^2}{8(\theta+1)(2-\theta^2\lambda-\theta^2)} \quad (A-58)$$

其中：

$$F_{18}(\theta, \lambda)=-\theta^2\lambda^2+4(\theta+2)\lambda-4\theta-4 \quad (A-59)$$

令函数的两根分别为 λ_6 和 $\bar{\lambda}_6$，且 $\lambda_6<\bar{\lambda}_6$。其中：

$$\lambda_6=\frac{(\theta+2)(2-\sqrt{4-\theta^2})}{\theta^2} \quad (A-60)$$

求解以上函数可得：(i) 当 $\theta\in(0, \theta_5)$ 时，若 $\lambda\in(0, \lambda_6)$，则 $F_{18}(\theta, \lambda)<0$，$\pi_M^{T-R*}<\pi_M^{T-A*}$；若 $\lambda\in(\lambda_6, \lambda_0)$，则 $F_{18}(\theta, \lambda)>0$，$\pi_M^{T-R*}>\pi_M^{T-A*}$。(ii) 当 $\theta\in(\theta_5, 1)$ 时，$F_{18}(\theta, \lambda)<0$，$\pi_M^{T-R*}<\pi_M^{T-A*}$。其中 θ_5 为函数 $f_5(\theta)$ 的根。

$$f_5(\theta)=2\theta^3-4\theta^2+8-(4-\theta^2)\sqrt{(4-\theta^2)} \quad (A-61)$$

综合(1)~(3)，命题得证。

8. 命题 2.7 证明

证明：当平台商作为渠道领导者时，将制造商在三种销售模式模型下的利润进行对比：

(1)将 model D 和 model A 下的制造商利润做差可得：

$$\pi_M^{L-D*}-\pi_M^{L-A*}=\frac{(1-\lambda)F_{19}(\theta,\ \lambda,\ c)a^2}{8(1+\theta)[\theta^2\lambda^2+8(1-\theta^2)\lambda-8+8\theta^2]} \tag{A-62}$$

其中

$$F_{19}(\theta,\ \lambda,\ c)=8(2-\theta^2)(1+\theta)c^2-8(1+\theta)(\lambda\theta-2\theta^2-2\theta-4)c \\ +\lambda(\lambda\theta^3+3\lambda\theta^2-8\theta^3-16\theta^2+8\theta+16) \tag{A-63}$$

令上述函数两根为 c_{10} 和 $\bar{c}_{10}$ 且有 $0<c_{10}<c_0<\bar{c}_{10}$。因此当 $c\in(0,\ c_{10})$ 时，$F_{19}(\theta,\ \lambda,\ c)>0$，$\pi_M^{L-D*}>\pi_M^{L-A*}$；当 $c\in(c_{10},\ c_0)$ 时，$F_{19}(\theta,\ \lambda,\ c)<0$，$\pi_M^{L-D*}<\pi_M^{L-A*}$。

(2)将 model R 和 model A 下的制造商利润做差可得：

$$\pi_M^{L-R*}-\pi_M^{L-A*}=\frac{(1-\lambda)(1-\theta)F_{20}(\theta,\ \lambda)a^2}{8(1+\theta)\begin{bmatrix}4(1-\theta^2)(8-3\theta^2)\lambda^2-4(1-\theta^2)(16-7\theta^2)\lambda\\+16(1-\theta^2)(2-\theta^2)+\theta^2\lambda^3\end{bmatrix}^2} \tag{A-64}$$

其中：

$$\begin{aligned}F_{20}(\theta,\ \lambda)=&-(2\theta^2+4\theta+3)\theta^4\lambda^6+8\theta^2(1-\theta^2)(\theta^3-3\theta^2-16\theta-17)\lambda^5\\&-8(1-\theta^2)(17\theta^6+79\theta^5+7\theta^4-340\theta^3-309\theta^2+240\theta+256)\lambda^4\\&+16(1-\theta^2)(37\theta^6+165\theta^5+37\theta^4-614\theta^3-556\theta^2+448\theta+480)\lambda^3\\&-8(1-\theta^2)\begin{pmatrix}121\theta^6+524\theta^5+144\theta^4-1784\theta^3-1604\theta^2\\+1264\theta+1344\end{pmatrix}\lambda^2\\&-64(\theta+2)(11\theta^3+24\theta^2-24\theta-52)(\theta-1)^2(\theta+1)^2\lambda\\&-192(2-\theta^2)(\theta-1)^2(\theta+1)^2(\theta+2)^2\end{aligned} \tag{A-65}$$

令 λ_7 为函数 $F_{20}(\theta,\ \lambda)$ 在可行域内的实数根。则求解可得：(i)当 $\theta\in(0,\ \theta_6)$ 时，若 $\lambda\in(0,\ \lambda_7)$，则 $F_{20}(\theta,\ \lambda)<0$，$\pi_M^{L-R*}<\pi_M^{L-A*}$；若 $\lambda\in(\lambda_7,\ \lambda_0)$，则 $F_{20}(\theta,\ \lambda)>0$，$\pi_M^{L-R*}>\pi_M^{L-A*}$。(ii)当 $\theta\in(\theta_6,\ 1)$ 时，$F_{20}(\theta,\ \lambda)<0$，$\pi_M^{L-R*}<\pi_M^{L-A*}$。其中 θ_6 为函数 $f_6(\theta)$ 的根。

$$f_6(\theta)=3\theta^9+8\theta^8-23\theta^7-84\theta^6+34\theta^5+296\theta^4+96\theta^3-384\theta^2-234\theta+72 \tag{A-66}$$

(3)将 model D 和 model R 下的制造商利润做差可得：

$$\pi_M^{L-D*}-\pi_M^{L-R*}=\frac{(1-\lambda)F_{21}(\theta,\lambda,c)F_{22}(\theta,\lambda,c)a^2}{4\begin{bmatrix}\theta^2\lambda^2-8+8\theta^2\\+8(1-\theta^2)\lambda\end{bmatrix}\begin{bmatrix}4(1-\theta^2)(8-3\theta^2)\lambda^2\\-4(1-\theta^2)(16-7\theta^2)\lambda\\+\theta^2\lambda^3+16(1-\theta^2)(2-\theta^2)\end{bmatrix}^2}\quad(A-67)$$

其中：

$$\begin{aligned}F_{21}(\theta,\lambda,c)=&2(\theta^2-2)\begin{bmatrix}\theta^2\lambda^3-4(1-\theta^2)(16-7\theta^2)\lambda\\+4(1-\theta^2)(8-3\theta^2)\lambda^2+16(1-\theta^2)(2-\theta^2)\end{bmatrix}c\\&+\theta^5\lambda^4-2\theta(1-\theta)(\theta^4+3\theta^3-2\theta^2-18\theta-12)\lambda^3\\&+2(1-\theta)(21\theta^5+44\theta^4-68\theta^3-160\theta^2+28\theta+96)\lambda^2\\&-8(1-\theta^2)(11\theta^4+11\theta^3-46\theta^2-26\theta+48)\lambda\\&-48(1+\theta)(2+\theta)(2-\theta^2)(1-\theta)^2\end{aligned}\quad(A-68)$$

$$\begin{aligned}F_{22}(\theta,\lambda,c)=&\theta^3\lambda^4+2\theta(1-\theta^2)(10-\theta)\lambda^3\\&-2(1-\theta)(3\theta^3+32\theta^2+14\theta-16)\lambda^2\\&+8(1-\theta^2)(3\theta^2+7\theta-8)\lambda+16(1+\theta)(2+\theta)(1-\theta)^2\\&-2\begin{bmatrix}4(1-\theta^2)(8-3\theta^2)\lambda^2-4(1-\theta^2)(16-7\theta^2)\lambda\\+\theta^2\lambda^3+16(1-\theta^2)(2-\theta^2)\end{bmatrix}c\end{aligned}\quad(A-69)$$

求解函数可得：$F_{21}(\theta,\lambda,c)>0$ 恒成立，令函数 $F_{22}(\theta,\lambda,c)$ 的根为 c_{11} 且有 $0<c_{11}<c_0$ 因此当 $c\in(0,c_{11})$ 时，$F_{22}(\theta,\lambda,c)>0$，$\pi_M^{L-D*}>\pi_M^{L-R*}$；当 $c\in(c_{11},c_0)$ 时，$F_{22}(\theta,\lambda,c)<0$，$\pi_M^{L-D*}<\pi_M^{L-R*}$。

综上(1)-(3)可得，命题得证。

9. 命题 2.8 证明

证明：当数量竞争时，将制造商在三种销售模式模型下的利润进行对比：

(1)将 model D 和 model A 下的制造商利润做差可得：

$$\pi_M^{C-D*}-\pi_M^{C-A*}=\frac{(1-\lambda)F_{23}(\theta,\lambda,c)a^2}{4(2-\theta^2)[-\theta^2\lambda^2-8(1-\theta^2)\lambda+8-8\theta^2]}\quad(A-70)$$

其中

$$\begin{aligned}F_{23}(\theta,\lambda,c)=&8(2-\theta^2)c^2+4(2-\theta^2)(\lambda\theta-2\theta-4)c\\&+\lambda(2\lambda\theta^3+3\lambda\theta^2-4\theta^3-8\theta^2+8\theta+16)\end{aligned}\quad(A-71)$$

令上述函数两根为c_{12}和$\bar{c}_{12}$且有$0<c_{12}<c_0^0<\bar{c}_{12}$。因此当$c\in(0,\ c_{12})$时，$F_{23}(\theta,\ \lambda,\ c)>0$，$\pi_M^{C-D*}>\pi_M^{C-A*}$；当$c\in(c_{12},\ c_0^0)$时，$F_{23}(\theta,\ \lambda,\ c)<0$，$\pi_M^{C-D*}<\pi_M^{C-A*}$。

(2)将 model R 和 model A 下的制造商利润做差可得：

$$\pi_M^{C-R*}-\pi_M^{C-A*}=\frac{(1-\lambda)F_{24}(\theta,\ \lambda)a^2}{8(2-\theta^2)(\theta^2\lambda^2-4\lambda-2\theta^2+4)} \tag{A-72}$$

其中：

$$F_{24}(\theta,\ \lambda)=-2(2\theta+3)\theta^2\lambda^2+(\theta^4+2\theta^2+16\theta+16)\lambda-(2-\theta^2)(\theta+2)^2 \tag{A-73}$$

令函数的两根为λ_8和$\bar{\lambda}_8$且$0<\lambda_8<\lambda_0<\bar{\lambda}_8$。其中

$$\lambda_8=\frac{\theta^4+2\theta^2+16\theta+16-\sqrt{\begin{array}{l}\theta^8+16\theta^7+92\theta^6+160\theta^5-44\theta^4\\-256\theta^3+128\theta^2+512\theta+256\end{array}}}{4(2\theta+3)\theta^2} \tag{A-74}$$

因此有(i)当$\theta\in(0,\ \theta_7)$时，若$\lambda\in(0,\ \lambda_8)$，则$F_{24}(\theta,\ \lambda)<0$，$\pi_M^{C-R*}<\pi_M^{C-A*}$；当$\lambda\in(\lambda_8,\ \lambda_0)$时，则$F_{24}(\theta,\ \lambda)>0$，$\pi_M^{C-R*}>\pi_M^{C-A*}$。(*ii*)当$\theta\in(0,\ \theta_7)$时，$F_{24}(\theta,\ \lambda)<0$，$\pi_M^{C-R*}<\pi_M^{C-A*}$。其中$\theta_7$为函数$f_7(\theta)$的根。

$$\begin{aligned}f_7(\theta)=&\ \theta^5+14\theta^4-38\theta^3+4\theta^2+48\theta-32\\&+(2-\theta)\sqrt{\theta^8-16\theta^7+92\theta^6-160\theta^5-44\theta^4+256\theta^3+128\theta^2-512\theta+256}\end{aligned} \tag{A-75}$$

(3)将 model D 和 model R 下的制造商利润做差可得：

$$\pi_M^{C-D*}-\pi_M^{C-R*}=\frac{(1-\lambda)F_{25}(\theta,\ \lambda,\ c)a^2}{8(\theta^2\lambda^2-4\lambda-2\theta^2+4)[-\theta^2\lambda^2-8(1-\theta^2)\lambda+8-8\theta^2]} \tag{A-76}$$

其中：

$$\begin{aligned}F_{25}(\theta,\ \lambda,\ c)=&\ 16(\theta^2\lambda^2-4\lambda-2\theta^2+4)c^2\\&+8(\lambda\theta-2\theta-4)(\theta^2\lambda^2-4\lambda-2\theta^2+4)c\\&-(\theta+2)(\theta+6)\theta^2\lambda^3+\theta(\theta+4)(3\theta^2+8\theta+8)\lambda^2\\&-32(\theta+1)^2\lambda+4(2-\theta^2)(\theta+2)^2\end{aligned} \tag{A-77}$$

令上述函数两根为c_{13}和$\bar{c}_{13}$且有$0<c_{13}<c_0^0<\bar{c}_{13}$。因此当$c\in(0,\ c_{13})$时，$F_{25}(\theta,\ \lambda,\ c)>0$，$\pi_M^{C-D*}>\pi_M^{C-R*}$；当$c\in(c_{13},\ c_0^0)$时，$F_{25}(\theta,\ \lambda,\ c)<0$，$\pi_M^{C-D*}<\pi_M^{C-R*}$。

综上(1)-(3)可得，命题得证。

附录 2　第 3 章相关证明

1. 模型最优解存在及唯一性证明

证明：首先运用逆向求解法来求解 model RA-C 下的最优解。平台商利润函数为：

$$\max_{q_o} \pi_P^{RA-C} = \lambda(a-q_r-\theta q_o)q_r+(a-q_o-\theta q_r-w_o)q_o \tag{B-1}$$

由$\frac{\partial^2 \pi_P^{RA-C}}{\partial {q_o}^2}=-2<0$，可知 π_P^{RA-C}是关于 q_o 的凹函数。因此令其一阶偏导数为零可得：

$$\frac{\partial \pi_P^{RA-C}}{\partial q_o}=-2q_o-(\lambda+1)\theta q_r-w_o+a=0 \tag{B-2}$$

求解得平台商最优销售量：

$$q_o^{RA-C}=\frac{-(\lambda+1)\theta q_r-w_o+a}{2} \tag{B-3}$$

将其代入零售商利润函数可得：

$$\max_{q_r} \pi_R^{RA-C}=(1-\lambda)p_r(a-q_r-\theta q_o^{RA-C})-w_r(a-q_r-\theta q_o^{RA-C}) \tag{B-4}$$

由$\frac{\partial^2 \pi_R^{RA-C}}{\partial {q_r}^2}=-\theta^2\lambda^2+2\lambda+\theta^2-2<0$，可知 π_R^{RA-C}是关于 q_r 的凹函数。因此可得：

$$\frac{\partial \pi_R^{RA-C}}{\partial q_r}=\frac{2(-\theta^2\lambda^2+2\lambda+\theta^2-2)q_r-2w_r+(1-\lambda)\theta w_o+(\lambda\theta-\theta-2\lambda+2)a}{2}=0 \tag{B-5}$$

求解得平台商最优销售量：

$$q_r^{RA-C}=\frac{2w_r-(1-\lambda)\theta w_o-(\lambda\theta-\theta-2\lambda+2)a}{2(-\theta^2\lambda^2+2\lambda+\theta^2-2)} \tag{B-6}$$

将平台商和零售商最优决策代入制造商利润函数可得：

$$\max_{w_r,w_o} \pi_M^{RA-C}=w_r q_r^{RA-C}+w_o q_o^{RA-C} \tag{B-7}$$

此时制造商利润函数的海塞矩阵为：

$$H^{RA-C}=\begin{bmatrix}\frac{-2}{(1-\lambda)(2-\lambda\theta^2-\theta^2)} & \frac{\theta}{(1-\lambda)(2-\lambda\theta^2-\theta^2)}\\ \frac{\theta}{(1-\lambda)(2-\lambda\theta^2-\theta^2)} & \frac{\lambda\theta^2+\theta^2-4}{2(2-\lambda\theta^2-\theta^2)}\end{bmatrix} \quad (B-8)$$

求解可知其顺序主子式：$H_1^{RA-C}=\frac{-2}{(1-\lambda)(2-\lambda\theta^2-\theta^2)}<0$，$H_2^{RA-C}=\frac{\theta^2\lambda^2-4\lambda-2\theta^2+4}{(1-\lambda)^2(2-\lambda\theta^2-\theta^2)^2}$。计算可知，当$0<\lambda<\lambda_0=\frac{2-\sqrt{2\theta^4-4\theta^2+4}}{\theta^2}$时，$H_2^{RA-C}>0$恒成立，因此制造商利润函数是关于价格$w_r$和$w_o$的凹函数。求解可得：

$$w_r^{RA-C*}=\frac{(1-\lambda)[(2-\theta)\theta^2\lambda^2-(\theta^3+2\theta^2-4\theta+8)\lambda-4\theta^2+8]a}{4(\theta^2\lambda^2-4\lambda-2\theta^2+4)} \quad (B-9)$$

$$w_o^{RA-C*}=\frac{(1-\lambda)[-(\theta+2)\theta\lambda-2\theta^2+4]a}{2(\theta^2\lambda^2-4\lambda-2\theta^2+4)} \quad (B-10)$$

将w_r^{RA-C*}和w_o^{RA-C*}分别代入式(B-6)和式(B-3)中，可以求得最优销售量，分别为：

$$q_r^{RA-C*}=\frac{(2-\theta-2\lambda)a}{2(\theta^2\lambda^2-4\lambda-2\theta^2+4)} \quad (B-11)$$

$$q_o^{RA-C*}=\frac{[\theta^2\lambda^2-2(2-\theta)\lambda-\theta^2-2\theta+4]a}{8(\theta^2\lambda^2-4\lambda-2\theta^2+4)} \quad (B-12)$$

将w_r^{RA-C*}、w_o^{RA-C*}、q_r^{RA-C*}、q_o^{RA-C*}代入供应链成员的利润函数中可得：

$$\pi_M^{RA-C*}=\frac{(1-\lambda)[-(\theta^2+4)\lambda-\theta^2-4\theta+8]a^2}{8(\theta^2\lambda^2-4\lambda-2\theta^2+4)} \quad (B-13)$$

$$\pi_R^{RA-C*}=\frac{(1-\lambda)(2-\theta^2\lambda-\theta^2)(2\lambda+\theta-2)^2a^2}{8(\theta^2\lambda^2-4\lambda-2\theta^2+4)^2} \quad (B-14)$$

$$\pi_P^{RA-C*}=\frac{\begin{bmatrix}(\theta^2-16)\theta^2\lambda^4-4(\theta^3-2\theta^2-6)\lambda^3-2(\theta^4+2\theta^3-22\theta^2+40)\lambda^2\\+4(\theta-2)(3\theta^2-3\theta-2)\lambda+(\theta^2+2\theta-4)^2\end{bmatrix}a^2}{16(\theta^2\lambda^2-4\lambda-2\theta^2+4)^2}$$

(B-15)

需要说明的是，其他三个模型(model RA-B、model RD-B 和 model RD-C)的求解过程与此类似，此处不再赘述。

2. 命题 3.1 证明

证明：(1) 当进行价格竞争时，零售商零售价格在两种销售模式模型下做差可得：

$$p_r^{RA-B*}-p_r^{RD-B*}=\frac{G_1(\theta,\ \lambda,\ c)a}{4(2-\theta^2)(2-\theta^2\lambda-\theta^2)} \tag{B-16}$$

其中：

$$G_1(\theta,\ \lambda,\ c)=[(2-\theta^2)\theta^2\lambda-(2-\theta^2)^2]c+\theta\lambda(2-\theta-\theta^2) \tag{B-17}$$

对函数求解可得其根：

$$c_1=\frac{\theta\lambda(2-\theta-\theta^2)}{(\theta^2-2)\theta^2\lambda+(2-\theta^2)^2} \tag{B-18}$$

又因为 $0<c_1<c_0$，可得：当 $c\in(0,\ c_1)$时，$G_1(\theta,\ \lambda,\ c)>0$，$p_r^{RA-B*}>p_r^{RD-B*}$；当 $c\in(c_1,\ c_0)$时，$G_1(\theta,\ \lambda,\ c)<0$，$p_r^{RA-B*}<p_r^{RD-B*}$。

(2) 当进行价格竞争时，平台商零售价格在两种销售模式模型下做差可得：

$$p_o^{RA-B*}-p_o^{RD-B*}=\frac{\theta G_2(\theta,\ \lambda,\ c)a}{8(2-\theta^2)(2-\theta^2\lambda-\theta^2)} \tag{B-19}$$

其中：

$$G_2(\theta,\ \lambda,\ c)=[(2-\theta^2)\theta^2\lambda-(2-\theta^2)^2]c+2\lambda(2-\theta-\theta^2) \tag{B-20}$$

对函数求解可得其根：

$$c_2=\frac{2\lambda(2-\theta-\theta^2)}{(\theta^2-2)\theta^2\lambda+(2-\theta^2)^2} \tag{B-21}$$

求解可知：(i) 当 $\lambda\in(0,\ \lambda_1)$时，$0<c_2<c_0$，此时若 $c\in(0,\ c_2)$，则 $G_2(\theta,\ \lambda,\ c)>0$，$p_o^{RA-B*}>p_o^{RD-B*}$；若 $c\in(c_2,\ c_0)$，则 $G_2(\theta,\ \lambda,\ c)<0$，$p_o^{RA-B*}<p_o^{RD-B*}$。(ii) 当 $\lambda\in(\lambda_1,\ \lambda_0)$时，$0<c_0<c_2$，此时 $G_2(\theta,\ \lambda,\ c)>0$，$p_o^{RA-B*}>p_o^{RD-B*}$。

(3) 当进行数量竞争时，零售商销售量在两种销售模式模型下做差可得：

$$q_r^{RA-C*}-q_r^{RD-C*}=\frac{G_3(\theta,\ \lambda,\ c)a}{4(2-\theta^2)(\theta^2\lambda^2-4\lambda-2\theta^2+4)} \tag{B-22}$$

其中：

$$G_3(\theta,\ \lambda,\ c)=2(\theta^2\lambda^2-4\lambda-2\theta^2+4)c+\theta\lambda(\theta^2\lambda-2\theta\lambda+4\theta-4) \tag{B-23}$$

对函数求解可得其根：

$$c_3=\frac{-\theta\lambda(\theta^2\lambda-2\theta\lambda+4\theta-4)}{2(\theta^2\lambda^2-4\lambda-2\theta^2+4)} \tag{B-24}$$

求解可知：（i）当 $\lambda\in(0,\ \lambda_2)$时，$0<c_3<c_0$，此时若 $c\in(0,\ c_3)$，则 $G_3(\theta,\ \lambda,\ c)<0$，$q_r^{RA-C*}<q_r^{RD-C*}$；若 $c\in(c_3,\ c_0)$，则 $G_3(\theta,\ \lambda,\ c)>0$，$q_r^{RA-C*}>q_r^{RD-C*}$。（ii）当 $\lambda\in(\lambda_2,\ \lambda_0)$时，$0<c_0<c_3$，此时 $G_3(\theta,\ \lambda,\ c)<0$，$q_r^{RA-C*}<q_r^{RD-C*}$。

（4）当进行数量竞争时，平台商销售量在两种销售模式模型下做差可得：

$$q_o^{RA-C*}-q_o^{RD-C*}=\frac{-\theta G_3(\theta,\ \lambda,\ c)a}{8(2-\theta^2)(\theta^2\lambda^2-4\lambda-2\theta^2+4)} \tag{B-25}$$

求解可知：（i）当 $\lambda\in(0,\ \lambda_2)$时，若 $c\in(0,\ c_3)$，则 $q_o^{RA-C*}>q_o^{RD-C*}$；若 $c\in(c_3,\ c_0)$，则 $q_o^{RA-C*}<q_o^{RD-C*}$。（ii）当 $\lambda\in(\lambda_2,\ \lambda_0)$时，$q_o^{RA-C*}>q_o^{RD-C*}$。

综合(1)~(4)，命题得证。

3. 命题 3.2 证明

证明：当进行价格竞争时，将零售商在两种销售模式模型下的利润做差可得：

$$\pi_R^{RA-B*}-\pi_R^{RD-B*}=\frac{G_4(\theta,\ \lambda,\ c)a^2}{32(1-\theta^2)(2-\theta^2)(2-\theta^2\lambda-\theta^2)} \tag{B-26}$$

其中：

$$G_4(\theta,\ \lambda,\ c)=(\lambda\theta^2+\theta^2-2)(2-\theta^2)^2c^2+2(1-\theta)(\theta+2)(2-\theta^2)(\lambda\theta^2+\theta^2-2)c \\ +2\lambda(\theta+1)(\theta+2)^2(\theta-1)^3 \tag{B-27}$$

令 c_4 和 $\bar{c}_4$ 为函数的两根，则 $0<c_4<c_0<\bar{c}_4$。其中：

$$c_4=\frac{(1-\theta)(\theta+2)\left[2-\theta^2-\lambda\theta^2-\sqrt{(2-\theta^2)(1-\lambda)(2-\theta^2-\lambda\theta^2)}\right]}{(2-\theta^2)(2-\theta^2-\lambda\theta^2)} \tag{B-28}$$

求解可得：（i）当 $c\in(0,\ c_4)$时，若 $G_4(\theta,\ \lambda,\ c)<0$，则 $\pi_R^{RA-B*}<\pi_R^{RD-B*}$；（ii）当 $c\in(c_4,\ c_0)$时，若 $G_4(\theta,\ \lambda,\ c)>0$，则 $\pi_R^{RA-B*}>\pi_R^{RD-B*}$。

命题得证。

4. 命题 3.3 证明

证明：当进行价格竞争时，将平台商在两种销售模式模型下的利润进行对比可得：

$$\pi_P^{RA-B*}-\pi_P^{RD-B*}=\frac{\theta G_5(\theta,\ \lambda,\ c)a^2}{128(1-\theta^2)(2-\theta^2)^2(2-\theta^2\lambda-\theta^2)^2} \tag{B-29}$$

其中：

$$G_5(\theta,\ \lambda,\ c)=-2\theta(2-\theta^2)^2(\lambda\theta^2+\theta^2-2)^2c^2$$
$$+4(1-\theta)(2-\theta^2)(\theta^2-2\theta-4)(\lambda\theta^2+\theta^2-2)^2c$$
$$+(1-\theta)\begin{bmatrix}\theta(9\theta^7+3\theta^6-20\theta^5-8\theta^4-4\theta^3+4\theta^2+32\theta+16)\lambda^2\\+2(\theta^2-2)(7\theta^6-3\theta^5-22\theta^4+2\theta^3+16\theta^2+16\theta+16)\lambda\\+(5\theta^4-9\theta^3-20\theta^2+24\theta+32)(2-\theta^2)^2\end{bmatrix}$$

（B-30）

令 $\bar{c}_5$ 和 c_5 为函数的两根，求解可得：（i）当 $\overline{G}_5(\theta,\ \lambda)>0$ 时，$\bar{c}_5<0<c_0<c_5$，此时$G_5(\theta,\ \lambda,\ c)>0$，$\pi_P^{RA-B*}>\pi_P^{RD-B*}$。（ii）当 $\overline{G}_5(\theta,\ \lambda)<0$ 时，$\bar{c}_5<0<c_5<c_0$，此时若 $c\in(0,\ c_5)$，则 $G_5(\theta,\ \lambda,\ c)>0$，$\pi_P^{RA-B*}>\pi_P^{RD-B*}$；若 $c\in(c_5,\ c_0)$，则$G_5(\theta,\ \lambda,\ c)<0$，$\pi_P^{RA-B*}<\pi_P^{RD-B*}$。其中：

$$\overline{G}_5(\theta,\ \lambda)=\theta(7\theta^7+13\theta^6+12\theta^5-16\theta^4-36\theta^3+4\theta^2+32\theta+16)\lambda^2$$
$$+2(\theta^2-2)(5\theta^6+7\theta^5+10\theta^4-6\theta^3-16\theta^2+16\theta+16)\lambda$$
$$+\theta(3\theta^3+\theta^2+12\theta+16)(2-\theta^2)^2$$

（B-31）

令其两根分别为 λ_3 和 $\bar{\lambda}_3$，其中：

$$\lambda_3=\frac{(2-\theta^2)\begin{bmatrix}5\theta^6+7\theta^5+10\theta^4-6\theta^3-16\theta^2+16\theta+16\\-2(\theta+2)(1-\theta)\sqrt{(\theta^2-1)(\theta^2+4\theta+2)(\theta^4-2\theta^2-\theta-8)}\end{bmatrix}}{\theta(7\theta^7+13\theta^6+12\theta^5-16\theta^4-36\theta^3+4\theta^2+32\theta+16)}$$

（B-32）

求解可得：（i）当 $\theta\in(0,\ \theta_1)$时，$0<\lambda_3<\lambda_0<\bar{\lambda}_3$，此时若 $\lambda\in(0,\ \lambda_3)$，则 $\overline{G}_5(\theta,\ \lambda)>0$;若 $\lambda\in(\lambda_3,\ \lambda_0)$，则 $\overline{G}_5(\theta,\ \lambda)<0$。（ii）当 $\theta\in(\theta_1,\ 1)$时，$0<\lambda_0<\lambda_3<\bar{\lambda}_3$，此时 $\overline{G}_5(\theta,\ \lambda)>0$ 恒成立。其中 θ_1 为函数 $g_1(\theta)$的根，且：

$$g_1(\theta)=17\theta^{11}+27\theta^{10}+16\theta^9-44\theta^8-100\theta^7+36\theta^6+208\theta^5$$
$$+64\theta^4-224\theta^3-160\theta^2+128\theta+128$$
$$-\begin{pmatrix}5\theta^9+7\theta^8+14\theta^7+6\theta^6-12\theta^5\\-4\theta^4-24\theta^3-24\theta^2+32\theta+32\end{pmatrix}\sqrt{2\theta^4-4\theta^2+4}$$

（B-33）

综上所述：（1）当 $\theta\in(0,\ \theta_1)$时：（i）若 $\lambda\in(0,\ \lambda_3)$，则 $\pi_P^{RA-B*}>\pi_P^{RD-B*}$；（ii）若 $\lambda\in(\lambda_3,\ \lambda_0)$，则在 $c\in(0,\ c_5)$时，$\pi_P^{RA-B*}>\pi_P^{RD-B*}$；在 $c\in(c_5,\ c_0)$时，

则 $\pi_P^{RA-B*}<\pi_P^{RD-B*}$。(2) 当 $\theta\in(\theta_1, 1)$时，$\pi_P^{RA-B*}>\pi_P^{RD-B*}$。命题得证。

5. 命题 3.4 证明

证明：当进行数量竞争时，将零售商在两种销售模式模型下的利润做差可得：

$$\pi_R^{RA-C*}-\pi_R^{RD-C*}=\frac{G_6(\theta, \lambda, c)a^2}{32(2-\theta^2)(\theta^2\lambda^2-4\lambda-2\theta^2+4)^2} \tag{B-34}$$

其中：

$$G_6(\theta, \lambda, c)=-4(\theta^2\lambda^2-4\lambda-2\theta^2+4)^2c^2+4(2-\theta)(\theta^2\lambda^2-4\lambda-2\theta^2+4)^2c \\ -\lambda\begin{bmatrix}(\theta^4-4\theta^3+20\theta^2-32)\theta^2\lambda^3+8(2\theta^5-5\theta^4+8)\lambda^2\\-8(2\theta^4+4\theta^3-18\theta^2+16)\lambda-8(2-\theta)(2-\theta^2)(2\theta^2-\theta-2)\end{bmatrix} \tag{B-35}$$

令 c_6 和 $\bar{c}_6$ 为函数的两根，则：(i) 当 $\overline{G}_6(\theta, \lambda)>0$ 且 $\overline{G}_6(\theta, \lambda)>0$ 时，有 $c_6<0<c_0<\bar{c}_6$，此时 $G_6(\theta, \lambda, c)>0$，$\pi_R^{RA-C*}>\pi_R^{RD-C*}$。(ii) 当 $\overline{G}_6(\theta, \lambda)>0$ 且 $\overline{G}_6(\theta, \lambda)<0$ 时,有 $0<c_6<c_0<\bar{c}_6$，此时若 $c\in(0, c_6)$，则 $G_6(\theta, \lambda, c)<0$，$\pi_P^{RA-B*}<\pi_P^{RD-B*}$；若 $c\in(c_6, c_0)$，则 $G_6(\theta, \lambda, c)>0$，$\pi_P^{RA-B*}>\pi_P^{RD-B*}$。(iii) 当 $\overline{G}_6(\theta, \lambda)<0$ 且 $\overline{G}_6(\theta, \lambda)<0$ 时，有 $0<c_0<c_6<\bar{c}_6$，此时 $G_6(\theta, \lambda, c)<0$，$\pi_R^{RA-C*}<\pi_R^{RD-C*}$。其中：

$$\begin{aligned}\overline{G}_6(\theta, \lambda)=&-(\theta^8+16\theta^6-96\theta^4+192\theta^2-128)\theta^2\lambda^4\\&-8(2\theta^9-5\theta^8-12\theta^7+20\theta^6+24\theta^5-24\theta^4-16\theta^3-16\theta^2+32)\theta^2\lambda^3\\&+16(\theta^9+\theta^8-4\theta^7-10\theta^6+38\theta^4+16\theta^3-72\theta^2-16\theta+48)\lambda^2\\&+8(\theta^2-2)(2\theta^7-5\theta^6-16\theta^5+24\theta^4-40\theta^3-60\theta^2-32\theta+48)\lambda\\&-16(\theta-1)(\theta+2)(\theta^3-\theta^2-\theta+2)(\theta^2-2)^2\end{aligned} \tag{B-36}$$

$$\begin{aligned}\overline{G}_6(\theta, \lambda)=&-(\theta^4-4\theta^3+20\theta^2-32)\theta^2\lambda^3-8(2\theta^5-5\theta^4+8)\lambda^2\\&+8(2\theta^4+4\theta^3-18\theta^2+16)\lambda+8(2-\theta)(2-\theta^2)(2\theta^2-\theta-2)\end{aligned} \tag{B-37}$$

令函数 $\overline{G}_6(\theta, \lambda)$的根分别为 λ_4、λ_5、$\bar{\lambda}_4$ 和 $\bar{\lambda}_5$ 且 $0<\lambda_4<\lambda_5<\lambda_0<\bar{\lambda}_4<\bar{\lambda}_5$。则(i) 当 $\theta\in(0, \theta_3)$时，有 $\overline{G}_6(\theta, \lambda)>0$ 恒成立；(ii) 当 $\theta\in(\theta_3, 1)$时，若

$\lambda\in(0, \lambda_4)$，则 $\overline{G}_6(\theta, \lambda)>0$；若 $\lambda\in(\lambda_4, \lambda_5)$，则 $\overline{G}_6(\theta, \lambda)<0$；若 $\lambda\in(\lambda_5, \lambda_0)$，则 $\overline{G}_6(\theta, \lambda)>0$。其中 $\theta_3\approx0.28$。

令函数 $\overline{G}_6(\theta, \lambda)$ 的根分别为 λ_6、$\overline{\lambda}_6$ 和 $\tilde{\lambda}_6$，且有 $0<\lambda_6<\lambda_0<\overline{\lambda}_6<\tilde{\lambda}_6$。则（i）当 $\theta\in(0, \theta_2)$ 时，$\overline{G}_6(\theta, \lambda)<0$ 恒成立。（ii）当 $\theta\in(\theta_2, 1)$ 时，若 $\lambda\in(0, \lambda_6)$，则 $\overline{G}_6(\theta, \lambda)<0$；若 $\lambda\in(\lambda_6, \lambda_0)$，则 $\overline{G}_6(\theta, \lambda)>0$。其中 $\theta_2\approx0.08$。

综上所述：（1）当 $\theta\in(0, \theta_2)$ 时：（i）若 $c\in(0, c_6)$，则 $\pi_R^{RA-C*}<\pi_R^{RD-C*}$；（ii）若 $c\in(c_6, c_0)$，则 $\pi_R^{RA-C*}>\pi_R^{RD-C*}$。

（2）当 $\theta\in(\theta_2, \theta_3)$ 时：（i）若 $\lambda\in(0, \lambda_6)$ 且 $c\in(0, c_6)$，则 $\pi_R^{RA-C*}<\pi_R^{RD-C*}$；（ii）若 $\lambda\in(0, \lambda_6)$ 且 $c\in(c_6, c_0)$，则 $\pi_R^{RA-C*}>\pi_R^{RD-C*}$；（iii）若 $\lambda\in(\lambda_6, \lambda_0)$，则 $\pi_R^{RA-C*}>\pi_R^{RD-C*}$。

（3）当 $\theta\in(\theta_3, 1)$ 时：（i）若 $\lambda\in(0, \lambda_4)$ 且 $c\in(0, c_6)$，则 $\pi_R^{RA-C*}<\pi_R^{RD-C*}$；（ii）若 $\lambda\in(0, \lambda_4)$ 且 $c\in(c_6, c_0)$，则 $\pi_R^{RA-C*}>\pi_R^{RD-C*}$；（iii）若 $\lambda\in(\lambda_4, \lambda_5)$，则 $\pi_R^{RA-C*}<\pi_R^{RD-C*}$；（iv）若 $\lambda\in(\lambda_5, \lambda_6)$ 且 $c\in(0, c_6)$，则 $\pi_R^{RA-C*}<\pi_R^{RD-C*}$；（v）若 $\lambda\in(\lambda_5, \lambda_6)$ 且 $c\in(c_6, c_0)$，则 $\pi_R^{RA-C*}>\pi_R^{RD-C*}$；（vi）若 $\lambda\in(\lambda_6, \lambda_0)$，则 $\pi_R^{RA-C*}>\pi_R^{RD-C*}$。命题得证。

6. 命题 3.5 证明

证明：当进行数量竞争时，将平台商在两种销售模式模型下的利润做差可得：

$$\pi_P^{RA-C*}-\pi_P^{RD-C*}=\frac{G_7(\theta, \lambda, c)a^2}{64(2-\theta^2)^2(\theta^2\lambda^2-4\lambda-2\theta^2+4)^2} \tag{B-38}$$

其中：

$$\begin{aligned}G_7(\theta, \lambda, c)=&-4(\theta^2\lambda^2-4\lambda-2\theta^2+4)^2\theta^2c^2\\&+4\theta(\theta^2+2\theta-4)(\theta^2\lambda^2-4\lambda-2\theta^2+4)^2c\\&+\lambda\begin{bmatrix}(3\theta^6-4\theta^5-76\theta^4+16\theta^3+256\theta^2-256)\theta^2\lambda^3\\-8(2\theta^7-5\theta^6-12\theta^5-4\theta^4+24\theta^3+64\theta^2-96)\lambda^2\\-4(\theta^8-46\theta^6+8\theta^5+244\theta^4-480\theta^2-64\theta+384)\lambda\\-16(2-\theta^2)(3\theta^5-10\theta^4-6\theta^3+26\theta^2+8\theta-24)\end{bmatrix}\end{aligned} \tag{B-39}$$

令$\bar{c}_7$和c_7为函数的两根，则：（i）当$\overline{G}_7(\theta,\ \lambda)>0$且$\overline{G}_7(\theta,\ \lambda)>0$时，有$\bar{c}_7<0<c_0<c_7$，则$G_7(\theta,\ \lambda,\ c)>0$，$\pi_P^{RA-C*}>\pi_P^{RD-C*}$。（ii）当$\overline{G}_7(\theta,\ \lambda)<0$且$\overline{G}_7(\theta,\ \lambda)<0$时，有$\bar{c}_7<c_7<0<c_0$，则$G_7(\theta,\ \lambda,\ c)<0$，$\pi_P^{RA-C*}<\pi_P^{RD-C*}$。（iii）当$\overline{G}_7(\theta,\ \lambda)<0$且$\overline{G}_7(\theta,\ \lambda)>0$时，有$\bar{c}_7<0<c_7<c_0$，若$c\in(0,\ c_7)$，则$G_7(\theta,\ \lambda,\ c)>0$，$\pi_P^{RA-C*}>\pi_P^{RD-C*}$；若$c\in(c_7,\ c_0)$，则$G_7(\theta,\ \lambda,\ c)<0$，$\pi_P^{RA-C*}<\pi_P^{RD-C*}$。其中：

$$\begin{aligned}\overline{G}_7(\theta,\ \lambda)=&(3\theta^6-4\theta^5-76\theta^4+16\theta^3+256\theta^2-256)\theta^2\lambda^3\\&-8(2\theta^7-5\theta^6-12\theta^5-4\theta^4+24\theta^3+64\theta^2-96)\lambda^2\\&-4(\theta^8-23\theta^6+4\theta^5+244\theta^4-480\theta^2-64\theta+384)\lambda\\&-16(2-\theta^2)(3\theta^5-10\theta^4-6\theta^3+26\theta^2+8\theta-24)\end{aligned}\tag{B-40}$$

$$\begin{aligned}\overline{G}_7(\theta,\ \lambda)=&(3\theta^{10}-80\theta^8+528\theta^6-1536\theta^4+2048\theta^2-1024)\theta^2\lambda^4\\&-8\begin{pmatrix}2\theta^{11}-5\theta^{10}-16\theta^9+24\theta^8+48\theta^7+16\theta^6\\-64\theta^5-320\theta^4+32\theta^3+640\theta^2-384\end{pmatrix}\lambda^3\\&-4\begin{pmatrix}\theta^{12}+4\theta^{11}-42\theta^{10}-32\theta^9+372\theta^8+96\theta^7-1536\theta^6\\-128\theta^5+3360\theta^4+64\theta^3-3648\theta^2+1536\end{pmatrix}\lambda^2\\&+16(\theta^2-2)\begin{pmatrix}3\theta^9-10\theta^8-142\theta^7+74\theta^6+12\theta^5\\-212\theta^4+24\theta^3+248\theta^2-32\theta-96\end{pmatrix}\lambda\\&-16\theta(\theta-1)(\theta^2-4)(\theta^3+3\theta^2-\theta-4)(\theta^2-2)^2\end{aligned}\tag{B-41}$$

令函数$\overline{G}_7(\theta,\ \lambda)$的根分别为$\lambda_7$、$\lambda_8$、$\bar{\lambda}_7$和$\bar{\lambda}_8$且有$0<\lambda_7<\lambda_8<\lambda_0<\bar{\lambda}_7<\bar{\lambda}_8$。若$\lambda\in(0,\ \lambda_7)$，则$\overline{G}_7(\theta,\ \lambda)<0$；若$\lambda\in(\lambda_7,\ \lambda_8)$，则$\overline{G}_7(\theta,\ \lambda)>0$；若$\lambda\in(\lambda_8,\ \lambda_0)$，则$\overline{G}_7(\theta,\ \lambda)<0$。

令函数$\overline{G}_7(\theta,\ \lambda)$的根分别为$\lambda_9$、$\bar{\lambda}_9$和$\tilde{\lambda}_9$且有$0<\lambda_9<\lambda_0<\bar{\lambda}_9<\tilde{\lambda}_9$。若$\lambda\in(0,\ \lambda_9)$，则$\overline{G}_7(\theta,\ \lambda)>0$；若$\lambda\in(\lambda_9,\ \lambda_0)$，则$\overline{G}_7(\theta,\ \lambda)<0$。

综上所述：（1）当$\lambda\in(0,\ \lambda_7)$时：（i）若$c\in(0,\ c_7)$，则$\pi_P^{RA-C*}>\pi_P^{RD-C*}$；（ii）若$c\in(c_7,\ c_0)$，则$\pi_P^{RA-C*}<\pi_P^{RD-C*}$。（2）当$\lambda\in(\lambda_7,\ \lambda_8)$时，$\pi_P^{RA-C*}>\pi_P^{RD-C*}$。（3）当$\lambda\in(\lambda_8,\ \lambda_9)$时：（i）若$c\in(0,\ c_7)$，则$\pi_P^{RA-C*}>\pi_P^{RD-C*}$；（ii）

若 $c\in(c_7, c_0)$，则 $\pi_P^{RA-C*}<\pi_P^{RD-C*}$。（4）当 $\lambda\in(\lambda_9, \lambda_0)$ 时，$\pi_P^{RA-C*}<\pi_P^{RD-C*}$。命题得证。

7. 命题 3.6 证明

证明：当零售商选择代售模式 RA 时，将零售商在两种竞争类型下的利润进行对比可得：

$$\pi_R^{RA-B*}-\pi_R^{RA-C*}=\frac{\theta(1-\lambda)G_8(\theta, \lambda)a^2}{32(\theta+1)(2-\theta^2\lambda-\theta^2)(\theta^2\lambda^2-4\lambda-2\theta^2+4)^2} \tag{B-42}$$

其中：

$$\begin{aligned}G_8(\theta, \lambda)=&(\theta^3+3\theta^2+16\theta+12)\theta^3\lambda^4-8\theta(2\theta^4+\theta^3-3\theta^2-8\theta-4)\lambda^3\\&-8(\theta^5-\theta^4-7\theta^3+2\theta^2+10\theta+8)\lambda^2\\&+8(2-\theta^2)(\theta^4-\theta^3+2\theta+4)\lambda-8\theta^2(2-\theta^2)^2\end{aligned} \tag{B-43}$$

令函数 $G_8(\theta, \lambda)$ 的根分别为 λ_{10}、λ_{11}、$\overline{\lambda}_{10}$ 和 $\overline{\lambda}_{11}$ 且有 $0<\lambda_{10}<\lambda_{11}<\lambda_0<\overline{\lambda}_{10}<\overline{\lambda}_{11}$。那么若 $\lambda\in(0, \lambda_{10})$，则 $G_8(\theta, \lambda)<0$，$\pi_R^{RA-B*}<\pi_R^{RA-C*}$；若 $\lambda\in(\lambda_{10}, \lambda_{11})$，则 $G_8(\theta, \lambda)>0$，$\pi_R^{RA-B*}>\pi_R^{RA-C*}$；若 $\lambda\in(\lambda_{11}, \lambda_0)$，则 $G_8(\theta, \lambda)<0$，$\pi_R^{RA-B*}<\pi_R^{RA-C*}$。命题得证。

8. 命题 3.7 证明

证明：当零售商选择直销模式时，将零售商在两种竞争类型下的利润做差可得：

$$\pi_R^{RD-B*}-\pi_R^{RD-C*}=\frac{G_9(\theta, c)\theta^3a^2}{32(2-\theta^2)(1-\theta^2)} \tag{B-44}$$

其中：

$$G_9(\theta, c)=\theta c^2+2(1-\theta)c+2\theta-2 \tag{B-45}$$

求解可知 $G_9(\theta, c)<0$ 恒成立，因此 $\pi_R^{RD-B*}<\pi_R^{RD-C*}$。命题得证。

9. 命题 3.8 证明

证明：当零售商选择代售模式时，平台商在两种竞争类型下的利润做差可得：

$$\pi_P^{RA-B*}-\pi_P^{RA-C*}=\frac{G_{10}(\theta, \lambda)a^2}{128(\theta+1)(2-\theta^2\lambda-\theta^2)^2(\theta^2\lambda^2-4\lambda-2\theta^2+4)^2} \tag{B-46}$$

其中：

$$G_{10}(\theta,\ \lambda)=-(\theta^3-5\theta^2-136\theta-132)\theta^6\lambda^6-2(3\theta^5-15\theta^4-88\theta^3-36\theta^2+488\theta+464)\theta^4\lambda^5$$
$$-(17\theta^7-53\theta^6+300\theta^5+488\theta^4+144\theta^3-240\theta^2-2304\theta-2112)\theta^2\lambda^4$$
$$-8(\theta^9+3\theta^8+35\theta^7+53\theta^6-268\theta^5-271\theta^4+271\theta^3+304\theta^2+224\theta+192)\lambda^3$$
$$+8(3\theta^9-17\theta^8+23\theta^7+53\theta^6-32\theta^5-12\theta^4-280\theta^3-232\theta^2+448\theta+384)\lambda^2$$
$$-8(2-\theta^2)(3\theta^7-15\theta^6+8\theta^5+48\theta^4-104\theta^3-72\theta^2+144\theta+96)\lambda$$
$$+4\theta(\theta^4-9\theta^3-20\theta^2+24\theta+32)(2-\theta^2)^2$$

（B-47）

令函数 $G_{10}(\theta,\ \lambda)$ 的根为 λ_{12}、λ_{13}、$\bar{\lambda}_{12}$、$\bar{\lambda}_{13}$、$\tilde{\lambda}_{12}$ 和 $\tilde{\lambda}_{13}$ 且有 $0<\lambda_{12}<\lambda_0$。则：（i）当 $\lambda\in(0,\ \lambda_{12})$，$G_{10}(\theta,\ \lambda)>0$，则 $\pi_P^{RA-B*}>\pi_P^{RA-C*}$；（ii）当 $\lambda\in(\lambda_{12},\ \lambda_0)$，则 $G_{10}(\theta,\ \lambda)<0$，$\pi_P^{RA-B*}<\pi_P^{RA-C*}$。命题得证。

10. 命题 3.9 证明

证明：当零售商选择直销模式时，将平台商在两种竞争类型下的利润对比可得：

$$\pi_P^{RD-B*}-\pi_P^{RD-C*}=\frac{G_{11}(\theta,\ c)\theta^5a^2}{64(1-\theta^2)(2-\theta^2)^2} \quad \text{(B-48)}$$

其中：

$$G_{11}(\theta,\ c)=\theta c^2+2(1-\theta)c+2\theta-2 \quad \text{(B-49)}$$

求解可知 $G_{11}(\theta,\ c)<0$ 恒成立，因此 $\pi_P^{RD-B*}<\pi_P^{RD-C*}$。命题得证。

附录3 第4章相关证明

1. 命题4.1证明：

(1)将 π_R^{RD*} 和 π_R^{RA*} 做差可得：

$$\pi_R^{RD*}-\pi_R^{RA*}=\frac{G_1(\theta,\ \lambda,\ c)}{4(1-\theta^2)(4-\theta^2)^2\ (4-\theta^2\lambda-\theta^2)^2} \tag{C-1}$$

$$\begin{aligned}G_1(\theta,\ \lambda,\ c)=&(2-\theta^2)^2\ (4-\theta^2\lambda-\theta^2)^2c^2+2(\theta-1)(\theta+2)(2-\theta^2)(4-\theta^2\lambda-\theta^2)^2c\\&+\lambda\ (1-\theta)^2\ (\theta+2)^2(\theta^4\lambda+3\theta^4-16\theta^2+16)\end{aligned} \tag{C-2}$$

设 c_1 和 $\hat{c}_1$ 是 $G_1(\theta,\ \lambda,\ c)$ 的根，且 $0<c_1<c_0<\hat{c}_1$。其中：

$$c_1=\frac{(1-\theta)(\theta+2)\left[4-\theta^2\lambda-\theta^2-(4-\theta^2)\sqrt{(1-\lambda)}\right]}{(2-\theta^2)(4-\theta^2\lambda-\theta^2)} \tag{C-3}$$

求解可得：当 $c\in(0,\ c_1)$ 时，$G_1(\theta,\ \lambda,\ c)>0$，$\pi_R^{RD*}>\pi_R^{RA*}$；当 $c\in(c_1,\ c_0)$ 时，$G_1(\theta,\ \lambda,\ c)<0$，$\pi_R^{RD*}<\pi_R^{RA*}$。

(2)将 π_R^{AD*} 和 π_R^{AA*} 做差可得：

$$\pi_R^{AD*}-\pi_R^{AA*}=\frac{(1-\theta)(1-\lambda)G_2(\theta,\ \lambda,\ c)}{16(1+\theta)(8-\theta^2\lambda^2-8\lambda+8\theta^2\lambda-8\theta^2)^2} \tag{C-4}$$

$$\begin{aligned}G_2(\theta,\ \lambda,\ c)=&64(1-\lambda)(\theta+1)^2c^2-64(1-\lambda)(\theta\lambda-2\theta+2)(\theta+1)^2c\\&+\theta^4\lambda^4+32\lambda(\theta+1)[\theta^2\lambda^2-(3\theta^2-2)\lambda-2(1-\theta^2)]\end{aligned} \tag{C-5}$$

设 c_2 和 $\hat{c}_2$ 是 $G_2(\theta,\ \lambda,\ c)$ 的根，且 $0<c_2<c_0<\hat{c}_2$。其中：

$$c_2=\frac{4(\theta+1)(1-\lambda)(\theta\lambda-2\theta+2)-\sqrt{(1-\lambda)\begin{bmatrix}64\ (1-\theta^2)^2-16(\theta+1)(\theta+3)\theta^2\lambda^3\\+16(\theta+1)(5\theta^3+7\theta^2-4\theta-4)\lambda^2\\+128\theta(1-\theta^2)(\theta+1)\lambda-\theta^4\lambda^4\end{bmatrix}}}{8(\theta+1)(1-\lambda)} \tag{C-6}$$

此外，$\hat{\lambda}_1$，$\bar{\lambda}_1$，λ_1 和 $\tilde{\lambda}_1$ 是 $g_1(\theta,\ \lambda)$ 的根，θ_0 是 $\bar{g}_1(\theta)$ 的根。其中：

$$\bar{g}_1(\theta)=\theta^8+6\theta^7+41\theta^6+128\theta^5+100\theta^4-168\theta^3-268\theta^2-32\theta+64 \tag{C-7}$$

$$\begin{aligned}g_1(\theta,\ \lambda)=&-\theta^4\lambda^4-32(\theta+1)\theta^2\lambda^3-32(\theta+1)(2\theta^3-3\theta^2-2\theta+2)\lambda^2\\&+64(2\lambda-1)(1-\theta^2)^2\end{aligned} \tag{C-8}$$

当 $\theta\in(0,\ \theta_0)$ 时，$\hat{\lambda}_1<\bar{\lambda}_1<0<\lambda_0<\lambda_1<\tilde{\lambda}_1$，$g_1(\theta,\ \lambda)<0$。当 $\theta\in(\theta_0,\ 1)$ 时，$\hat{\lambda}_1<\bar{\lambda}_1<0<\lambda_1<\lambda_0<\tilde{\lambda}_1$。此时，若 $\lambda\in(0,\ \lambda_1)$，则 $g_1(\theta,\ \lambda)<0$；若 $\lambda\in(\lambda_1,\ \lambda_0)$，则 $g_1(\theta,\ \lambda)>0$ 。

综上所述，当 $g_1(\theta,\ \lambda)<0$，$0<c_2<c_0<\hat{c}_2$ 时，若 $c\in(0,\ c_2)$，则 $G_2(\theta,\ \lambda,\ c)>0$，$\pi_R^{AD*}>\pi_R^{AA*}$；若 $c\in(c_2,\ c_0)$，则 $G_2(\theta,\ \lambda,\ c)<0$，$\pi_R^{AD*}<\pi_R^{AA*}$。当 $g_1(\theta,\ \lambda)>0$，$0<c_0<c_2<\hat{c}_2$ 时，$G_2(\theta,\ \lambda,\ c)>0$，$\pi_R^{AD*}>\pi_R^{AA*}$。

(3)将 π_M^{RA*} 和 π_M^{AA*} 做差可得：

$$\pi_M^{RA*}-\pi_M^{AA*}=\frac{(1-\theta)G_3(\theta,\ \lambda)}{8(\theta+1)(4-\theta^2\lambda-\theta^2)} \tag{C-9}$$

$$G_3(\theta,\ \lambda)=-\theta^2\lambda^2+4(\theta+2)\lambda-(\theta+2)^2 \tag{C-10}$$

设 λ_2 和 $\hat{\lambda}_2$ 是 $G_3(\theta,\ \lambda)$ 的根，θ_2 是 $\bar{g}_2(\theta)$ 的根。其中：

$$\lambda_2=\frac{(\theta+2)(2-\sqrt{4-\theta^2})}{\theta^2} \tag{C-11}$$

$$\bar{g}_2(\theta)=8\theta^4-20\theta^3-3\theta^2+32\theta-16 \tag{C-12}$$

求解可得：当 $\theta\in(0,\ \theta_2)$，$0<\lambda_2<\lambda_0<\hat{\lambda}_2$ 时，若 $\lambda\in(0,\ \lambda_2)$，则 $G_3(\theta,\ \lambda)<0$，$\pi_M^{RA*}<\pi_M^{AA*}$；若 $\lambda\in(\lambda_2,\ 1)$，则 $G_3(\theta,\ \lambda)>0$，$\pi_M^{RA*}>\pi_M^{AA*}$。当 $\theta\in(\theta_2,\ 1)$，$0<\lambda_0<\lambda_2<\hat{\lambda}_2$ 时，$G_3(\theta,\ \lambda)<0$，$\pi_M^{RA*}<\pi_M^{AA*}$。

(4)将 π_M^{RD*} 和 π_M^{AD*} 做差可得：

$$\pi_M^{RD*}-\pi_M^{AD*}=\frac{G_4(\theta,\ \lambda,\ c)}{4(1-\theta^2)(4-\theta^2)(8-\theta^2\lambda^2-8\lambda+8\theta^2\lambda-8\theta^2)} \tag{C-13}$$

$$\begin{aligned}G_4(\theta,\ \lambda,\ c)=&[(\theta^2-2)\lambda^2+4(1-\theta^2)\lambda-4(1-\theta^2)]\theta^2c^2+2\theta(1-\theta)(\theta+2)(2\theta^2-\theta-4)\lambda^2c\\&+[2(\theta+1)(4-3\theta)\lambda-4(1-\theta^2)]c-2(1-\theta)(\theta+2)(2\theta^4-9\theta^2+8)\lambda^2\\&+4(\theta-1)(1-\theta^2)(\theta+2)^2(1-\theta-3\lambda+2\theta\lambda)\end{aligned} \tag{C-14}$$

设 $\hat{c}_3$ 和 c_3 是 $G_4(\theta,\ \lambda,\ c)$ 的根。其中：

$$c_3=\frac{\begin{array}{c}(1-\theta)(\theta+2)[(2\theta^2-\theta-4)\lambda^2+2(\theta+1)(4-3\theta)\lambda-4(1-\theta^2)]\\+\lambda\sqrt{(1-\theta^2)(4-\theta^2)(8-\theta^2\lambda^2-8\lambda+8\theta^2\lambda-8\theta^2)}\end{array}}{\theta[(2-\theta^2)\lambda^2-4(1-\theta^2)\lambda+4(1-\theta^2)]} \tag{C-15}$$

设 λ_3 和 $\hat{\lambda}_3$ 是 $g_2(\theta,\ \lambda)$ 的根，λ_4 和 $\hat{\lambda}_4$ 是 $g_3(\theta,\ \lambda)$ 的根，且 $0<\lambda_3<\lambda_0<\hat{\lambda}_3$，$0<\lambda_4<\lambda_0<\hat{\lambda}_4$，$\lambda_3<\lambda_4$。

其中：

$$g_2(\theta,\ \lambda)=(9\theta^2-2\theta^4-8)\lambda^2+2(1-\theta^2)(\theta+2)(3-2\theta)\lambda-2(\theta+1)(\theta+2)(1-\theta)^2 \tag{C-16}$$

$$g_3(\theta,\ \lambda)=(38\theta^2-9\theta^4-32)\lambda^2+24(1-\theta^2)(2-\theta^2)\lambda-16(1-\theta^2)^2 \tag{C-17}$$

$$\lambda_3=\frac{(1-\theta)\left[(\theta+1)(\theta+2)(3-2\theta)-\sqrt{(\theta+1)(\theta+2)(2-3\theta-\theta^2)}\right]}{2\theta^4-9\theta^2+8} \tag{C-18}$$

$$\lambda_4=\frac{4(1-\theta^2)\left(6-3\theta^2-\sqrt{2\theta^2+4}\right)}{9\theta^4-38\theta^2+32} \tag{C-19}$$

求解可得：(i)当 $\lambda\in(0,\ \lambda_3)$ 时，$g_2(\theta,\ \lambda)<0$，$g_3(\theta,\ \lambda)<0$，$\hat{c}_3<c_3<0<c_0$，$G_4(\theta,\ \lambda,\ c)<0$，$\pi_M^{RD*}<\pi_M^{AD*}$。(ii)当 $\lambda\in(\lambda_3,\ \lambda_4)$ 时，$g_2(\theta,\ \lambda)>0$，$g_3(\theta,\ \lambda)<0$，$\hat{c}_3<0<c_3<c_0$，若 $c\in(0,\ c_3)$，$G_4(\theta,\ \lambda,\ c)>0$，$\pi_M^{RD*}>\pi_M^{AD*}$；若 $c\in(c_3,\ c_0)$，$G_4(\theta,\ \lambda,\ c)<0$，$\pi_M^{RD*}<\pi_M^{AD*}$。(iii)当 $\lambda\in(\lambda_4,\ \lambda_0)$ 时，$g_2(\theta,\ \lambda)>0$，$g_3(\theta,\ \lambda)>0$，$\hat{c}_3<0<c_0<c_3$，$G_4(\theta,\ \lambda,\ c)>0$，$\pi_M^{RD*}>\pi_M^{AD*}$。

(5)设 θ_1 是 $\lambda_1-\lambda_2=0$ 的根，$\theta_1\approx0.6086$，$\theta_2\approx0.7010$。

综合(1)~(5)，即可以得到均衡结果。

2. 命题 4.2~命题 4.4 的证明

证明过程与命题 4.1 类似，此处不再赘述。其中：

$$c_4=\frac{(\theta+2)\left[(\theta-1)(4-\theta^2\lambda-\theta^2)+(2-\theta)\sqrt{(1-\theta^2)\begin{bmatrix}\theta^4\lambda^3+3(4-\theta^2)(\theta+2)\lambda\\-(7-\theta^2)\theta^2\lambda^2+(\theta+2)^2\end{bmatrix}}\right]}{\theta(4-\theta^2\lambda-\theta^2)} \tag{C-20}$$

$$c_5=\frac{4(\theta+1)\begin{bmatrix}\theta^3\lambda^4-\theta(11\theta^2-4\theta-6)\lambda^3-(1-\theta)(41\theta^2+8\theta-28)\lambda^2\\+2(1-\theta^2)(29\theta-28)\lambda+28(\theta+1)(1-\theta)^2\end{bmatrix}+(\theta^2\lambda^2+8\lambda-8\theta^2\lambda+8\theta^2-8)\sqrt{\begin{bmatrix}196(1-\theta^2)^2-392(1-\theta^2)^2\lambda\\+(\theta+1)(196-196\theta)\lambda^2\\+(\theta+1)(267\theta^3-195\theta^2)\lambda^2\\+4\theta^2(\theta+1)(-19\theta-5)\lambda^3\\+16(\theta+1)^2\theta^2\lambda^4\end{bmatrix}}}{4(\theta+1)[4\theta^2\lambda^3-(33\theta^2-28)\lambda^2-56(1-\theta^2)\lambda+28(1-\theta^2)]} \tag{C-21}$$

设 λ_5 是 $H_4(\theta,\lambda)$ 在可行域内的根，且：

$$H_4(\theta,\lambda)=4(\theta+2)^2-3\theta^4\lambda^3-2\theta^2(\theta^2-4\theta-14)\lambda^2-(4-\theta^2)(\theta+4)^2\lambda \tag{C-22}$$

设 λ_6 是 $h_7(\theta,\lambda)$ 在可行域内的根，且：

$$h_7(\theta,\lambda)=\theta(-5\theta^3+13\theta^2+16\theta-16)\lambda^3-16(1-\theta^2)(5\theta^2-3\theta-12)\lambda^2 +16(1-\theta^2)(9\theta^2-3\theta-16)\lambda+64(1-\theta^2)^2 \tag{C-23}$$

3. 推论 4.2 和推论 4.3 证明

证明略。其中：

$c_1^v=\dfrac{8-2\theta-7\theta^2+\theta^4}{24+12\theta-19\theta^2-11\theta^3+3\theta^4+2\theta^5}$,

$c_2^v=\dfrac{2(8-2\theta-7\theta^2+\theta^4)}{32+16\theta-26\theta^2-16\theta^3+4\theta^4+3\theta^5}$,

$\lambda_1^v=c$,

$\lambda_2^v=\dfrac{4\theta+6\theta^2+2c\theta^2-2\theta^3-8+\sqrt{4\theta^2(8c-8c\theta^2)+(-8+4\theta+6\theta^2+2c\theta^2-2\theta^3)^2}}{2\theta^2}$,

$\lambda_3^v=\dfrac{2(\theta-c\theta+\theta^2-2)}{\theta-c\theta+2\theta^2-4}$。

附录 4　第 5 章相关证明

1. 市场需求信息结构证明

证明：在概率论中，对于随机变量 (X, Y) 存在以下性质：

（1）方差：

$$D(X)=E\ (X-E(X))^2=E(X^2)-[E(X)]^2 \tag{D-1}$$

（2）协方差：

$$\mathrm{cov}(X, Y)=E(XY)-E(X)E(Y) \tag{D-2}$$

（3）相关系数：

$$\rho=\frac{\mathrm{cov}(X, Y)}{\sqrt{D(X)}\sqrt{D(Y)}} \tag{D-3}$$

（4）条件期望：

已知 $(X, Y)\sim N(\mu_1, \mu_2, {\sigma_1}^2, {\sigma_2}^2, \rho)$，则 $E(X \mid Y=y)=\mu_1+\rho\dfrac{\sigma_1}{\sigma_2}(y-\mu_2)$ 成立。其中，随机变量 X 的期望值为 μ_1，方差为 σ_1^2；随机变量 Y 的期望值为 μ_2，方差为 σ_2^2；随机变量 X 和 Y 的相关系数为 ρ。

则对于信息结构：

$$E(a \mid f)=\frac{v}{\delta+v}a_0+\frac{\delta}{\delta+v}f\equiv A \tag{D-4}$$

$$E[(f-a_0)^2]=\delta+v \tag{D-5}$$

根据以上性质可以求得以下期望和方差：

$$E(\zeta)=0 \tag{D-6}$$

$$E(\varepsilon)=0 \tag{D-7}$$

$$D(\zeta)=\delta \tag{D-8}$$

$$D(\varepsilon)=v \tag{D-9}$$

$$E(a)=E(a_0+\zeta)=E(a_0)+E(\zeta)=a_0 \tag{D-10}$$

$$E(f)=E(a_0+\zeta+\varepsilon)=E(a_0)+E(\zeta)+E(\varepsilon)=a_0 \tag{D-11}$$

$$E(\zeta^2)=D(\zeta)+[E(\zeta)]^2=\delta \tag{D-12}$$

$$\operatorname{cov}(\zeta,\ \varepsilon)=0 \tag{D-13}$$

$$E(af)=E((a_0+\zeta)(a_0+\zeta+\varepsilon))=E(a_0^2+2\zeta a_0+\zeta^2+a_0\varepsilon+\zeta\varepsilon)=a_0^2+\delta \tag{D-14}$$

$$D(a)=E(a^2)-(E(a))^2=E((a_0+\zeta)^2)-(E(a_0+\zeta))^2=\delta \tag{D-15}$$

$$D(f)=E(f^2)-(E(f))^2=E((a_0+\zeta+\varepsilon)^2)-(E(a_0+\zeta+\varepsilon))^2=\delta+\upsilon \tag{D-16}$$

$$\rho=\frac{\operatorname{cov}(a,\ f)}{\sqrt{D(a)}\sqrt{D(f)}}=\frac{E(af)-E(a)E(f)}{\sqrt{D(a)}\sqrt{D(f)}}=\frac{\delta}{\sqrt{\delta}\sqrt{\delta+\upsilon}}=\frac{\sqrt{\delta}}{\sqrt{\delta+\upsilon}} \tag{D-17}$$

从而可得$(a,\ f)\sim N\left(a_0,\ a_0,\ \delta,\ \delta+\upsilon,\ \dfrac{\sqrt{\delta}}{\sqrt{\delta+\upsilon}}\right)$，条件期望：

$$E(a\mid f)=a_0+\frac{\delta}{\delta+\upsilon}(f-a_0)=\frac{\upsilon}{\delta+\upsilon}a_0+\frac{\delta}{\delta+\upsilon}f \tag{D-18}$$

$$E[(f-a_0)^2]=E[(\zeta+\varepsilon)^2]=E(\zeta^2+2\sigma\varepsilon+\varepsilon^2)=E(\zeta^2)+E(\varepsilon^2)=\delta+\upsilon \tag{D-19}$$

命题得证。

2. 模型最优解证明

证明：通过逆向求解法来求解 model IN 下的最优解。平台商的期望利润函数为：

$$\max_{p_o} E(\pi_P^{IN}\mid f)=E\left(\begin{array}{l}\lambda p_r\left(\dfrac{A}{\theta+1}-\dfrac{p_r}{1-\theta^2}+\dfrac{\theta p_o}{1-\theta^2}\right)\\ +(p_o-w_o)\left(\dfrac{A}{\theta+1}-\dfrac{p_o}{1-\theta^2}+\dfrac{\theta p_r}{1-\theta^2}\right)\mid f\end{array}\right) \tag{D-20}$$

由 $E(a\mid f)=A$ 且$\dfrac{\partial^2 E(\pi_P^{IN})}{\partial p_o^2}=\dfrac{-2}{1-\theta^2}<0$，可知 $E(\pi_P^{IN})$是关于 p_o 的凹函数。因此令其一阶偏导数为零可得：

$$\frac{\partial E(\pi_P^{IN})}{\partial p_o}=\frac{(1-\theta)A-2p_o+\theta(\lambda+1)p_r+w_o}{1-\theta^2}=0 \tag{D-21}$$

求解得平台商最优零售价格：

$$p_o^{IN*}=\frac{[(1-\theta)A+\theta(\lambda+1)p_r+w_o]}{2} \tag{D-22}$$

当平台商不分享预测信息时，零售商和制造商需对其最优决策 p_o 做出预估，则零售商和制造商此时的预估：

$$E(p_o^{IN*})=\frac{[(1-\theta)a_0+\theta(\lambda+1)p_r+w_o]}{2} \tag{D-23}$$

此时零售商的期望利润函数：

$$\max_{p_r} E(\pi_R^{IN})=\frac{[(\lambda-1)p_r+w_r][(2-\lambda\theta^2-\theta^2)p_r+(\theta^2+\theta-2)a_0-\theta w_o]}{2(1-\theta)(1+\theta)} \tag{D-24}$$

由$\frac{\partial^2 E(\pi_R^{IN})}{\partial p_r^2}=\frac{-(1-\lambda)(2-\lambda\theta^2-\theta^2)}{(1-\theta^2)}<0$，可知 $E(\pi_R^{IN})$ 是关于 p_r 的凹函数。令其一阶偏导数为零可得：

$$\partial E(\pi_R^{IN})/\partial p_r=\frac{-2(1-\lambda)(2-\lambda\theta^2-\theta^2)p_r+(2-\lambda\theta^2-\theta^2)w_r+(\lambda-1)[(\theta^2+\theta-2)a_0-\theta w_o]}{2(1-\theta)(1+\theta)}=0 \tag{D-25}$$

此时零售商的最优零售价格：

$$p_r^{IN*}=\frac{(2-\lambda\theta^2-\theta^2)w_r+(\lambda-1)[(\theta^2+\theta-2)a_0-\theta w_o]}{2(1-\lambda)(2-\lambda\theta^2-\theta^2)} \tag{D-26}$$

制造商对平台商的零售价格 p_o 和零售商零售价格 p_r 的预估分别为：

$$E(p_o^{IN*})=[(1-\theta)a_0+\theta(\lambda+1)p_r+w_o]/2 \tag{D-27}$$

$$E(p_r^{IN*})=\frac{(2-\lambda\theta^2-\theta^2)w_r+(\lambda-1)[(\theta^2+\theta-2)a_0-\theta w_o]}{2(1-\lambda)(2-\lambda\theta^2-\theta^2)} \tag{D-28}$$

因此可得制造商期望利润函数：

$$\max_{w_r,w_o} E(\pi_M^{IN})=E\begin{pmatrix} w_r\left(\frac{a_0}{\theta+1}-\frac{E(p_r^{IN*})}{1-\theta^2}+\frac{\theta E(p_o^{IN*})}{1-\theta^2}\right) \\ +w_o\left(\frac{a_0}{\theta+1}-\frac{E(p_o^{IN*})}{1-\theta^2}+\frac{\theta E(p_r^{IN*})}{1-\theta^2}\right)\end{pmatrix} \tag{D-29}$$

制造商期望利润函数的海塞矩阵为：

$$H^{IN}=\begin{bmatrix} \frac{-(2-\lambda\theta^2-\theta^2)^2}{2(1-\theta^2)(1-\lambda)(2-\lambda\theta^2-\theta^2)} & \frac{\theta(1-\lambda)(2-\lambda\theta^2-\theta^2)}{2(1-\theta^2)(1-\lambda)(2-\lambda\theta^2-\theta^2)} \\ \frac{\theta(1-\lambda)(2-\lambda\theta^2-\theta^2)}{2(1-\theta^2)(1-\lambda)(2-\lambda\theta^2-\theta^2)} & \frac{-(1-\lambda)(4-\lambda\theta^2-3\theta^2)}{2(1-\theta^2)(1-\lambda)(2-\lambda\theta^2-\theta^2)}\end{bmatrix} \tag{D-30}$$

求解可得顺序主子式 $H_1^{IN}=\frac{-(2-\lambda\theta^2-\theta^2)^2}{2(1-\theta^2)(1-\lambda)(2-\lambda\theta^2-\theta^2)}<0$，$H_2^{IN}=\frac{1}{(1-\theta^2)(1-\lambda)}>0$。因此制造商期望函数是关于批发价格 w_r 和 w_o 的凹函数。则

$$w_r^{IN*}=\frac{(1-\lambda)a_0}{2} \tag{D-31}$$

$$w_o^{IN*}=\frac{(1-\lambda\theta)}{2} \tag{D-32}$$

将 w_r^{IN*} 和 w_o^{IN*} 代入式(D-27)和式(D-22)中，可以求得最优零售价格，分别为：

$$p_r^{IN*}=\frac{[-(2\lambda+3)\theta^2-\theta+6]a_0}{4(2-\lambda\theta^2-\theta^2)} \tag{D-33}$$

$$p_o^{IN*}=\frac{2(2-\lambda\theta^2-\theta^2)A+(\theta+2)(1-\theta)a_0}{8(2-\lambda\theta^2-\theta^2)} \tag{D-34}$$

将最优价格代入制造商、零售商及平台商的期望利润函数，可得其期望利润，分别为：

$$E(\pi_M^{IN*})=\frac{[4\theta^2(\theta+1)\lambda^2+(\theta^3-5\theta^2-8\theta-4)\lambda-\theta^3-3\theta^2+4\theta+8]a_0^2}{16(2-\lambda\theta^2-\theta^2)(\theta+1)} \tag{D-35}$$

$$E(\pi_R^{IN*})=\frac{(\theta+2)^2(1-\theta)(1-\lambda)a_0^2}{32(2-\lambda\theta^2-\theta^2)(\theta+1)} \tag{D-36}$$

$$E(\pi_P^{IN*})=B_2=\frac{\begin{bmatrix}16\theta^4(\theta+1)\lambda^3+\theta^2(23\theta^3+29\theta^2-56\theta-60)\lambda^2\\+(6\theta^5+18\theta^4-36\theta^3-52\theta^2+48\theta+48)\lambda\\+(1-\theta)(\theta^2-2\theta-4)^2\end{bmatrix}a_0^2}{64(2-\lambda\theta^2-\theta^2)^2(\theta+1)}+\frac{(1-\theta)}{4(\theta+1)}t\delta \tag{D-37}$$

需要说明的是，在其他三种信息分享模式（model IS-M、model IS-R、model IS-MR）下的求解过程与此类似，此处不再赘述。

3. 命题 5.2 证明

证明：将制造商在四种信息分享模型下的期望利润对比可得期望利润大

小关系。

（1）将 model IS-M 和 model IS-MR 下的制造商期望利润做差可得：

$$E(\pi_M^{IS-M*})-E(\pi_M^{IS-MR*})=\frac{3(\lambda-1)(\theta-1)(\theta+2)^2t\delta}{16(2-\lambda\theta^2-\theta^2)(\theta+1)}>0 \tag{D-38}$$

（2）将 model IS-MR 和 model IS-R 下的制造商期望利润做差可得：

$$E(\pi_M^{IS-MR*})-E(\pi_M^{IS-R*})=\frac{3\begin{bmatrix}4\theta^2(\theta+1)\lambda^2+(\theta^3-5\theta^2-8\theta-4)\lambda\\-\theta^3-3\theta^2+4\theta+8\end{bmatrix}t\delta}{16(2-\lambda\theta^2-\theta^2)(\theta+1)}>0 \tag{D-39}$$

（3）将 model IS-R 和 model IN 下的制造商期望利润做差可得：

$$E(\pi_M^{IS-R*})-E(\pi_M^{IN*})=0 \tag{D-40}$$

由（1）~（3）可得 $E(\pi_M^{IS-M*})>E(\pi_M^{IS-MR*})>E(\pi_M^{IS-R*})=E(\pi_M^{IN*})$。命题得证。

4. 命题 5.3 证明

证明：将零售商在四种信息分享模型下的期望利润进行对比可得其大小关系。

（1）将 model IS-R 和 model IS-MR 下的零售商期望利润做差可得：

$$E(\pi_R^{IS-R*})-E(\pi_R^{IS-MR*})=\frac{3(\lambda-1)(\theta-1)(\theta+2)^2t\delta}{32(2-\lambda\theta^2-\theta^2)(\theta+1)}>0 \tag{D-41}$$

（2）将 model IS-MR 和 model IN 下的零售商期望利润做差可得：

$$E(\pi_R^{IS-MR*})-E(\pi_R^{IN*})=\frac{(\lambda-1)(\theta-1)(\theta+2)^2t\delta}{32(2-\lambda\theta^2-\theta^2)(\theta+1)}>0 \tag{D-42}$$

（3）将 model IN 和 model IS-M 下的零售商期望利润做差可得：

$$E(\pi_R^{IN*})-E(\pi_R^{IS-M*})=\frac{(\lambda-1)(\theta-1)(\theta+2)^2t\delta}{8(2-\lambda\theta^2-\theta^2)(\theta+1)}>0 \tag{D-43}$$

由（1）~（3）可得 $E(\pi_R^{IS-R*})>E(\pi_R^{IS-MR*})>E(\pi_R^{IN*})>E(\pi_R^{IS-M*})$。命题得证。

5. 命题 5.4 证明

证明：将平台商在四种信息分享模型下的期望利润进行对比可得其大小关系。

（1）将 model IS-MR 和 model IS-R 下的平台商期望利润做差可得：

$$E(\pi_P^{IS-MR*})-E(\pi_P^{IS-R*})=\frac{J_1(\theta,\lambda)t\delta}{64(\theta+1)(2-\lambda\theta^2-\theta^2)^2} \quad (D-44)$$

其中：

$$J_1(\theta,\lambda)=16(\theta+1)\theta^4\lambda^3+(27\theta^2+31\theta+6)(\theta-2)\theta^2\lambda^2$$
$$+2(7\theta^5-27\theta^4-26\theta^3+46\theta^2+24\theta-8)\lambda+3(\theta-1)(\theta^2-2\theta-4)^2 \quad (D-45)$$

显而易见，当 $J_1(\theta,\lambda)>0$ 时，有 $E(\pi_P^{IS-MR*})>E(\pi_P^{IS-R*})$；当 $J_1(\theta,\lambda)<0$ 时，有 $E(\pi_P^{IS-MR*})<E(\pi_P^{IS-R*})$。

令函数 $J_1(\theta,\lambda)$ 的三个根分别为 λ_1，λ_2，$\hat{\lambda}$ 且 $\lambda_1<\lambda_2<\hat{\lambda}$。通过求解可得：（i）当 $\theta\in(0,\theta_1)$ 时，函数 $J_1(\theta,\lambda)$ 仅有一个实数根 $\hat{\lambda}>1$，此时 $J_1(\theta,\lambda)<0$。（ii）当 $\theta\in(\theta_1,1)$ 时，有 $0<\lambda_1<\lambda_2<1<\hat{\lambda}$，此时若 $\lambda\in(\lambda_1,\lambda_2)$，则 $J_1(\theta,\lambda)>0$；若 $\lambda\in(0,\lambda_1)\cup(\lambda_2,1)$，则 $J_1(\theta,\lambda)<0$。其中 θ_1 为函数 $j_1(\theta)$ 的根且 $\theta_1\approx0.8735$。

$$j_1(\theta)=(96\theta^8-248\theta^7-143\theta^6+541\theta^5+790\theta^4-44\theta^3-1112\theta^2-864\theta-192)$$
$$-4(3\theta+2)\begin{pmatrix}4\theta^4-13\theta^3+\\4\theta^2-18\theta-12\end{pmatrix}\sqrt{(\theta-1)(\theta-2)(2\theta+1)(\theta+1)(2\theta^2+3\theta+2)} \quad (D-46)$$

（2）将 model IS-MR 和 model IS-M 下的平台商期望利润做差可得：

$$E(\pi_P^{IS-MR*})-E(\pi_P^{IS-M*})=\frac{(1-\theta)(\theta+2)J_2(\theta,\lambda)t\delta}{64(\theta+1)(2-\lambda\theta^2-\theta^2)^2} \quad (D-47)$$

其中：

$$J_2(\theta,\lambda)=(5\theta+2)\theta^2\lambda^2+2(\theta-2)(\theta^2+4\theta+2)\lambda-\theta(\theta-2)(3\theta+4) \quad (D-48)$$

设 λ_3 和 λ'_3 为函数 $J_2(\theta,\lambda)$ 的两个实数根且 $0<\lambda_3<1<\lambda'_3$。其中：

$$\lambda_3=\frac{(2-\theta)(\theta^2+4\theta+2)-2\sqrt{(\theta-1)(\theta-2)(2\theta+1)(\theta+1)(2\theta^2+3\theta+2)}}{(5\theta+2)\theta^2} \quad (D-49)$$

因此可得：当 $\lambda\in(0,\lambda_3)$ 时，有 $J_2(\theta,\lambda)>0$，$E(\pi_P^{IS-MR*})>E(\pi_P^{IS-M*})$；当 $\lambda\in(\lambda_3,1)$ 时，有 $J_2(\theta,\lambda)<0$，$E(\pi_P^{IS-MR*})<E(\pi_P^{IS-M*})$。

（3）将 model IS-MR 和 model IN 下的平台商期望利润做差可得：

$$E(\pi_P^{IS-MR*})-E(\pi_P^{IN*})=\frac{J_3(\theta,\lambda)t\delta}{64(\theta+1)(2-\lambda\theta^2-\theta^2)^2} \quad \text{(D-50)}$$

其中：

$$\begin{aligned}J_3(\theta,\lambda)=&16(\theta+1)\theta^4\lambda^3+(39\theta^3+13\theta^2-56\theta-60)\theta^2\lambda^2\\&+2(19\theta^5-7\theta^4-50\theta^3+6\theta^2+24\theta+24)\lambda\\&+(\theta-1)(5\theta^2-2\theta-12)(3\theta^2+2\theta-4)\end{aligned} \quad \text{(D-51)}$$

显而易见，当 $J_3(\theta,\lambda)>0$ 时，$E(\pi_P^{IS-MR*})>E(\pi_P^{IN*})$；当 $J_3(\theta,\lambda)<0$ 时，$E(\pi_P^{IS-MR*})<E(\pi_P^{IN*})$。

设 λ_4，λ'_4，$\breve{\lambda}$ 为函数 $J_3(\theta,\lambda)$ 的三个根且 $\lambda_4<\lambda'_4<\breve{\lambda}$。通过求解可得：（i）当 $\theta\in(0,\theta_2)$ 时，$0<\lambda_4<1<\lambda'_4<\breve{\lambda}$ 成立，此时若 $\lambda\in(0,\lambda_4)$，则有 $J_3(\theta,\lambda)<0$；若 $\lambda\in(\lambda_4,1)$，则 $J_3(\theta,\lambda)>0$。（ii）当 $\theta\in(\theta_2,1)$ 时，若 $\lambda_4<0<1<\lambda'_4<\breve{\lambda}$ 成立，则 $J_3(\theta,\lambda)>0$ 恒成立。其中 $\theta_2=(\sqrt{13}-1)/3\approx0.8685$。

（4）将 model IS-R 和 model IS-M 下的平台商期望利润做差可得：

$$E(\pi_P^{IS-R*})-E(\pi_P^{IS-M*})=\frac{(1-\theta\lambda)J_4(\theta,\lambda)t\delta}{4(2-\lambda\theta^2-\theta^2)^2} \quad \text{(D-52)}$$

其中：

$$J_4(\theta,\lambda)=\theta^2\lambda^2+(2\theta^2-2\theta-1)\theta\lambda+(\theta-1)(\theta^2-\theta-3) \quad \text{(D-53)}$$

显而易见，当 $J_4(\theta,\lambda)>0$ 时，$E(\pi_P^{IS-R*})>E(\pi_P^{IS-M*})$；当 $J_4(\theta,\lambda)<0$ 时，$E(\pi_P^{IS-R*})<E(\pi_P^{IS-M*})$。

设 λ_5 和 λ_6 为函数 $J_4(\theta,\lambda)$ 的两根，其中：

$$\lambda_5=\frac{-2\theta^2+2\theta+1-\sqrt{8\theta^2-8\theta+1}}{2\theta^2} \quad \text{(D-54)}$$

$$\lambda_6=\frac{-2\theta^2+2\theta+1+\sqrt{8\theta^2-8\theta+1}}{2\theta^2} \quad \text{(D-55)}$$

通过求解函数 $J_4(\theta,\lambda)$ 可知：（i）当 $\theta\in(0,\theta_3)$ 时，$J_4(\theta,\lambda)>0$ 恒成立。（ii）当 $\theta\in(\theta_3,\theta'_3)$ 时，$0<\lambda_5<\lambda_6<1$ 成立，此时若 $\lambda\in(\lambda_5,\lambda_6)$，则 $J_4(\theta,\lambda)<0$；若 $\lambda\in(0,\lambda_5)\cup(\lambda_6,1)$，则 $J_4(\theta,\lambda)>0$。（iii）当 $\theta\in(\theta'_3,1)$

时，$0<\lambda_5<1<\lambda_6$ 成立，此时若 $\lambda\in(\lambda_5, 1)$，则 $J_4(\theta, \lambda)<0$；若 $\lambda\in(0, \lambda_5)$，则 $J_4(\theta, \lambda)>0$。其中 θ_3 为函数 $j_3(\theta)=8\theta^2-8\theta+1$ 的根且 $\theta_3\approx0.854$，$\theta'_3=\sqrt{3}/2\approx0.866$。

（5）将 model IS-R 和 model IN 下的平台商期望利润做差可得：

$$E(\pi_P^{IS-R*})-E(\pi_P^{IN*})=\frac{(1-\theta)(\theta+2)J_5(\theta, \lambda)t\delta}{16(\theta+1)(2-\lambda\theta^2-\theta^2)^2} \quad (D-56)$$

其中：

$$J_5(\theta, \lambda)=-3(\theta+2)\theta^2\lambda^2-2(3\theta^3+2\theta^2-2\theta-4)\lambda+\theta(2-\theta)(3\theta+4) \quad (D-57)$$

通过求解函数可得：$J_5(\theta, \lambda)>0$ 恒成立。因此有 $E(\pi_P^{IS-R*})>E(\pi_P^{IN*})$。

（6）将 model IS-M 和 model IN 下的平台商期望利润做差可得：

$$E(\pi_P^{IS-M*})-E(\pi_P^{IN*})=\frac{J_6(\theta, \lambda)t\delta}{16(\theta+1)} \quad (D-58)$$

其中：

$$J_6(\theta, \lambda)=4(\theta+1)\lambda+3\theta-3 \quad (D-59)$$

设 λ_7 为函数 $J_6(\theta, \lambda)$ 的根，且 $0<\lambda_7<1$。

$$\lambda_7=\frac{3(1-\theta)}{4(\theta+1)} \quad (D-60)$$

因此可得：当 $\lambda\in(0, \lambda_7)$ 时，$J_6(\theta, \lambda)<0$，$E(\pi_P^{IS-M*})<E(\pi_P^{IN*})$；当 $\lambda\in(\lambda_7, 1)$ 时，$J_6(\theta, \lambda)>0$，$E(\pi_P^{IS-M*})>E(\pi_P^{IN*})$。

（7）通过比较（1）~（6），可以得到：（i）当 $\theta\in(0, \theta_5)$ 时，$0<\lambda_3<\lambda_7<\lambda_4<1$ 成立；（ii）当 $\theta\in(\theta_5, \theta_3)$ 时，$0<\lambda_4<\lambda_7<\lambda_3<1$ 成立；（iii）当 $\theta\in(\theta_3, \theta_2)$ 时，$0<\lambda_4<\lambda_7<\lambda_3<\lambda_5<\min(\lambda_6, 1)<1$ 成立；（iv）当 $\theta\in(\theta_2, \theta_1)$ 时，$0<\lambda_7<\lambda_3<\lambda_5<\min(\lambda_6, 1)<1$ 成立；（v）当 $\theta\in(\theta_1, \theta_4)$ 时，$0<\lambda_7<\lambda_3<\lambda_5<\lambda_1<\lambda_2<1$ 成立；（vi）当 $\theta\in(\theta_4, 1)$ 时，$0<\lambda_7<\lambda_1<\lambda_5<\lambda_3<\lambda_2<1$ 成立。其中 θ_5 是函数 $j_4(\theta)=27\theta^5+184\theta^4-321\theta^3-450\theta^2+16\theta+96$ 的根且 $\theta_5\approx0.4317$。

综合（1）~（7），命题得证。

6. 命题 5.5 证明

证明：将供应链在四种信息分享模型下的期望利润对比可得期望利润大小关系。

（1）将 model IS-R 和 model IS-M 下的供应链期望利润做差可得：

$$E(\pi_{SC}^{IS-R*})-E(\pi_{SC}^{IS-M*})=\frac{J_7(\theta,\ \lambda)(1-\lambda\theta)t\delta}{4(2-\lambda\theta^2-\theta^2)^2} \tag{D-61}$$

其中：

$$J_7(\theta,\ \lambda)=(\theta^2-\theta+1)\theta\lambda+\theta^3-\theta^2-2\theta+1 \tag{D-62}$$

设 λ_8 为函数 $J_7(\theta,\ \lambda)$ 的根且：

$$\lambda_8=\frac{(-\theta^3+\theta^2+2\theta-1)}{(\theta^2-\theta+1)\theta} \tag{D-63}$$

对于 $\lambda\in(0,\ 1)$ 可得，当 $\lambda\in(\max(0,\ \lambda_8),\ 1)$ 时，$J_7(\theta,\ \lambda)>0$，$E(\pi_{SC}^{IS-R*})>E(\pi_{SC}^{IS-M*})$；当 $\lambda\in(0,\ \max(0,\ \min(\lambda_8,\ 1)))$ 时，$J_7(\theta,\ \lambda)<0$，$E(\pi_{SC}^{IS-R*})<E(\pi_{SC}^{IS-M*})$。

（2）将 model IS-MR 和 model IS-R 下的供应链期望利润做差可得：

$$E(\pi_{SC}^{IS-MR*})-E(\pi_{SC}^{IS-R*})=\frac{J_8(\theta,\ \lambda)t\delta}{64(\theta+1)(2-\lambda\theta^2-\theta^2)^2} \tag{D-64}$$

其中：

$$J_8(\theta,\ \lambda)=(13\theta^3-\theta^2+8\theta+12)\theta^2\lambda^2+2\theta(7\theta^4-11\theta^3-20\theta^2-8)\lambda +\theta^5-21\theta^4-12\theta^3+64\theta^2+32\theta-32 \tag{D-65}$$

设 λ_9 和 λ'_9 为函数 $J_8(\theta,\ \lambda)$ 的两根且 $\lambda_9<\lambda<1<\lambda'_9$。其中：

$$\lambda_9=\frac{-7\theta^4+11\theta^3+20\theta^2+8-2\sqrt{(\theta+1)(9\theta^3+3\theta^2-8\theta+28)(\theta-1)^2(\theta+2)^2}}{(13\theta^3-\theta^2+8\theta+12)\theta} \tag{D-66}$$

则有：当 $\lambda\in(0,\ \max(0,\ \lambda_9))$ 时，$J_8(\theta,\ \lambda)>0$，$E(\pi_{SC}^{IS-MR*})>E(\pi_{SC}^{IS-R*})$；当 $\lambda\in(\max(0,\ \lambda_9),\ 1)$ 时，$J_8(\theta,\ \lambda)<0$，$E(\pi_{SC}^{IS-MR*})<E(\pi_{SC}^{IS-R*})$。

（3）将 model IS-MR 和 model IS-M 下的供应链期望利润做差可得：

$$E(\pi_{SC}^{IS-MR*})-E(\pi_{SC}^{IS-M*})=\frac{J_9(\theta,\ \lambda)(\theta+2)(1-\theta)t\delta}{64(\theta+1)(2-\lambda\theta^2-\theta^2)^2} \tag{D-67}$$

其中：

$$J_9(\theta,\ \lambda)=(3\theta-2)\theta^2\lambda^2+2\theta(\theta^2+2\theta-4)\lambda-\theta^3+6\theta^2+4\theta-8 \tag{D-68}$$

设 λ_{10} 和 λ'_{10} 为函数 $J_9(\theta, \lambda)$ 的两根。其中：

$$\lambda_{10}=\frac{-\theta^2-2\theta+4-2\sqrt{\theta(\theta-1)(\theta+1)(\theta-4)}}{(3\theta-2)\theta} \tag{D-69}$$

对 $\lambda\in(0, 1)$ 可知：当 $\lambda\in(0, \max(0, \lambda_{10}))$ 时，$J_9(\theta, \lambda)>0$，$E(\pi_{SC}^{IS-MR*})>E(\pi_{SC}^{IS-M*})$；当 $\lambda\in(\max(0, \lambda_{10}), 1)$ 时，$J_9(\theta, \lambda)<0$，$E(\pi_{SC}^{IS-MR*})<E(\pi_{SC}^{IS-M*})$。

(4)将 model IS-MR 和 model IN 下的供应链期望利润做差可得：

$$E(\pi_{SC}^{IS-MR*})-E(\pi_{SC}^{IN*})=\frac{J_{10}(\theta, \lambda)t\delta}{64(\theta+1)(2-\lambda\theta^2-\theta^2)^2} \tag{D-70}$$

其中：

$$\begin{aligned}J_{10}(\theta, \lambda)=&(17\theta^3+11\theta^2+8\theta-4)\theta^2\lambda^2+2\theta(19\theta^4+9\theta^3-36\theta^2-16\theta-8)\lambda\\&+21\theta^5+7\theta^4-92\theta^3-32\theta^2+96\theta+32\end{aligned} \tag{D-71}$$

通过求解可知，函数 $J_{10}(\theta, \lambda)>0$ 恒成立，因此 $E(\pi_{SC}^{IS-MR*})>E(\pi_{SC}^{IN*})$。

(5) 将 model IS-R 和 model IN 下的供应链期望利润做差可得：

$$E(\pi_{SC}^{IS-R*})-E(\pi_{SC}^{IN*})=\frac{J_{11}(\theta, \lambda)(\theta+2)(1-\theta)t\delta}{16(\theta+1)(2-\lambda\theta^2-\theta^2)^2} \tag{D-72}$$

其中：

$$J_{11}(\theta, \lambda)=-(\theta+2)\theta^2\lambda^2-2(3\theta+2)\theta^2\lambda-5\theta^3-2\theta^2+12\theta+8 \tag{D-73}$$

通过求解可知，函数 $J_{11}(\theta, \lambda)>0$ 恒成立，因此 $E(\pi_{SC}^{IS-R*})>E(\pi_{SC}^{IN*})$。

(6)将 model IS-M 和 model IN 下的供应链期望利润做差可得：

$$E(\pi_{SC}^{IS-M*})-E(\pi_{SC}^{IN*})=\frac{(5\theta+3)t\delta}{16(\theta+1)}>0 \tag{D-74}$$

显而易见，$E(\pi_{SC}^{IS-M*})>E(\pi_{SC}^{IN*})$。

综合(1)~(6)，命题得证。

7. 命题 5.7 证明

证明：当制造商与零售商联盟时，对比平台商信息分享前后期望利润。

(1) 将 model C-IS 和 model C-IN 下的联盟期望利润做差可得：

$$E(\pi_{M+R}^{C-IS*})-E(\pi_{M+R}^{C-IN*})=\frac{[-2(\theta+1)\lambda+\theta+3]t\delta}{8(\theta+1)}>0 \tag{D-75}$$

（2）将 model C-IS 和 model C-IN 下的平台商期望利润做差可得：

$$E(\pi_P^{C-IS*})-E(\pi_P^{C-IN*})=\frac{J_{12}(\theta,\ \lambda)t\delta}{16(\theta+1)} \tag{D-76}$$

其中：

$$J_{12}(\theta,\ \lambda)=4(\theta+1)\lambda+3\theta-3 \tag{D-77}$$

设 λ_7 为函数的根且 $0<\lambda_7<1$。则当 $\lambda\in(0,\ \lambda_7)$ 时，$J_{12}(\theta,\ \lambda)<0$，$E(\pi_P^{C-IS*})<E(\pi_P^{C-IN*})$；当 $\lambda\in(\lambda_7,\ 1)$ 时，$J_{12}(\theta,\ \lambda)>0$，$E(\pi_P^{C-IS*})>E(\pi_P^{C-IN*})$。

（3）将 model C-IS 和 model C-IN 下的供应链期望利润做差可得：

$$E(\pi_{SC}^{C-IS*})-E(\pi_{SC}^{C-IN*})=\frac{(5\theta+3)t\delta}{16(\theta+1)}>0 \tag{D-78}$$

由（1）~（3）可得，命题得证。

8. 命题 5.8 证明

证明：当零售商与平台商联盟时，对比平台商信息分享前后期望利润。

（1）将 model CC-IS 和 model CC-IN 下的制造商期望利润做差可得：

$$E(\pi_M^{CC-IS*})-E(\pi_M^{CC-IN*})=\frac{t\delta}{4(\theta+1)}>0 \tag{D-79}$$

（2）将 model CC-IS 和 model CC-IN 下的联盟期望利润做差可得：

$$E(\pi_{R+P}^{CC-IS*})-E(\pi_{R+P}^{CC-IN*})=\frac{-3t\delta}{8(\theta+1)}<0 \tag{D-80}$$

（3）将 model CC-IS 和 model CC-IN 下的供应链期望利润做差可得：

$$E(\pi_{SC}^{CC-IS*})-E(\pi_{SC}^{CC-IN*})=\frac{-t\delta}{8(\theta+1)}<0 \tag{D-81}$$

由（1）~（3）可得，命题得证。

附录5 第6章相关证明

1. 模型最优解证明

证明：运用逆向归纳法求解 model N 下的最优解。零售商和平台商的利润函数分别为：

$$\max_{p_r} \pi_R^N = (1-\lambda) p_r q_r - w_r q_r \tag{E-1}$$

$$\max_{p_o} \pi_P^N = (p_o - w_o) q_o + \lambda p_r q_r \tag{E-2}$$

由$\frac{\partial^2 \pi_R^N}{\partial {p_r}^2} = -\frac{2(1-\lambda)}{1-\theta^2} < 0$，$\frac{\partial^2 \pi_P^N}{\partial p_o^2} = -\frac{2}{1-\theta^2} < 0$ 可知，π_R^N是关于 p_r 的凹函数，π_P^N是关于 p_o 的凹函数。因此令其一阶偏导数为零可得：

$$\frac{\partial \pi_R^N}{\partial p_r} = \frac{2(1-\lambda) p_r - \theta(1-\lambda) p_o - w_r - a(1-\lambda)(k-\theta)}{1-\theta^2} = 0 \tag{E-3}$$

$$\frac{\partial \pi_P^N}{\partial p_o} = \frac{\theta(1+\lambda) p_r - 2p_o + w_o + a(1-k\theta)}{1-\theta^2} = 0 \tag{E-4}$$

求解可得零售商和平台商最优零售价格，分别为：

$$p_r^{N*} = \frac{2w_r + \theta(1-\lambda) w_o - a(1-\lambda)(k\theta^2 - 2k + \theta)}{(1-\lambda)(4-\theta^2-\lambda\theta^2)} \tag{E-5}$$

$$p_o^{N*} = \frac{\theta(1+\lambda) w_r + 2(1-\lambda) w_o + a(1-\lambda)(k\lambda\theta - \lambda\theta^2 - k\theta - \theta^2 + 2)}{(1-\lambda)(4-\theta^2-\lambda\theta^2)} \tag{E-6}$$

将零售商和平台商最优决策代入制造商利润函数可得：

$$\max_{w_r, w_o} \pi_M^N = w_r \left(\frac{(k-\theta) a - p_r^{N*} + \theta p_o^{N*}}{1-\theta^2} \right) + w_o \left(\frac{(1-k\theta) a - p_o^{N*} + \theta p_r^{N*}}{1-\theta^2} \right) \tag{E-7}$$

求解可得制造商利润函数的海塞矩阵：

$$H = \begin{bmatrix} \frac{2(1+\lambda)\theta^2 - 4}{(1-\lambda)(1-\theta^2)(4-\theta^2\lambda-\theta^2)} & \frac{2\theta}{(1-\theta^2)(4-\theta^2\lambda-\theta^2)} \\ \frac{2\theta}{(1-\theta^2)(4-\theta^2\lambda-\theta^2)} & \frac{2\theta^2-4}{(1-\theta^2)(4-\theta^2\lambda-\theta^2)} \end{bmatrix} \tag{E-8}$$

计算可知其顺序主子式 $H_1=\frac{2(1+\lambda)\theta^2-4}{(1-\lambda)(1-\theta^2)(4-\theta^2\lambda-\theta^2)}<0$，$H_2=\frac{4}{(1-\lambda)(1-\theta^2)(4-\theta^2\lambda-\theta^2)}>0$。由此可知，制造商利润函数是关于 w_r 和 w_o 的凹函数，则令其偏导数为零可得：

$$w_r^{N*}=\frac{ak(1-\lambda)}{2} \tag{E-9}$$

$$w_o^{N*}=\frac{a(1-k\lambda\theta)}{2} \tag{E-10}$$

将 w_r^{N*} 和 w_o^{N*} 代入式(E-5)和式(E-6)中，可以求得最优零售价格：

$$p_r^{N*}=\frac{a(6k-k\lambda\theta^2-2k\theta^2-\theta)}{2(4-\theta^2\lambda-\theta^2)} \tag{E-11}$$

$$p_o^{N*}=\frac{a(6-2\theta^2\lambda+k\lambda\theta-k\theta-2\theta^2)}{2(4-\theta^2\lambda-\theta^2)} \tag{E-12}$$

将最优解 w_r^{N*}、w_o^{N*}、p_r^{N*}、p_o^{N*} 分别代入制造商、零售商及平台商的利润函数中可求得供应链各成员最优利润，分别为：

$$\pi_M^{N*}=\frac{a^2[(\theta^4\lambda^2-\lambda^2\theta^2-2\lambda\theta^2+\theta^2+2\lambda-2)k^2+(2\theta-2\lambda\theta^3+2\lambda\theta)k+\theta^2-2]}{4(4-\theta^2\lambda-\theta^2)(1-\theta^2)} \tag{E-13}$$

$$\pi_R^{N*}=\frac{a^2(1-\lambda)(k\theta^2-2k+\theta)^2}{4(4-\theta^2\lambda-\theta^2)^2(1-\theta^2)} \tag{E-14}$$

$$\pi_P^{N*}=\frac{a^2\begin{bmatrix}(\lambda^3\theta^4-\lambda^3\theta^6-\lambda^2\theta^6+8\lambda^2\theta^4+2\lambda\theta^4-7\lambda^2\theta^2-14\lambda\theta^2+\theta^2+12\lambda)k^2\\+(2\theta^3-4\theta)k+\lambda\theta^4+\theta^4-\lambda\theta^2-4\theta^2+4\end{bmatrix}}{4(4-\theta^2\lambda-\theta^2)^2(1-\theta^2)} \tag{E-15}$$

需要说明的是，其余模型的求解过程与此类似，此处不再赘述。

2. 推论 6.1 证明

证明：通过最优零售价格对 λ 和 k 求导分析许可费率和初始市场需求比率对各合作模型中零售价格的影响。

首先，最优零售价格 p_r^{N*}、p_o^{N*} 对 λ 求导可得：

$$\frac{\partial p_r^{N*}}{\partial \lambda}=\frac{a\theta^2(2k-k\theta^2-\theta)}{2[(1+\lambda)\theta^2-4]^2}>0 \tag{E-16}$$

$$\frac{\partial p_o^{N*}}{\partial \lambda}=\frac{a\theta(2k-k\theta^2-\theta)}{[(1+\lambda)\theta^2-4]^2}>0 \tag{E-17}$$

然后，最优零售价格 p_r^{N*}、p_o^{N*} 对 k 求导可得：

$$\frac{\partial p_r^{N*}}{\partial k}=\frac{a(\theta^2\lambda+2\theta^2-6)}{2(\theta^2\lambda+\theta^2-4)}>0 \tag{E-18}$$

$$\frac{\partial p_o^{N*}}{\partial k}=\frac{a\theta(1-\lambda)}{2(\theta^2\lambda+\theta^2-4)}<0 \tag{E-19}$$

由此可知，p_r^{N*} 随着 λ 和 k 增大而增大；p_o^{N*} 随着 λ 增大而增大，随着 k 增大而减小。其余模型中的分析过程与此类似，故不再赘述。

3. 命题 6.1 证明

证明：将制造商在不同合作模型下的批发价格进行对比。

（1）将 model N 和 model MR 下制造商批发价格做差可得：

$$w_o^{MR*}-w_o^{N*}=\frac{a(1-k\lambda\theta)}{2}-\frac{a(1-k\lambda\theta)}{2}=0 \tag{E-20}$$

（2）将 model N 和 model MP 下制造商批发价格做差可得：

$$w_r^{MP*}-w_r^{N*}=\frac{a\lambda(1-\lambda)(\theta-k)}{2(2-\lambda)}<0 \tag{E-21}$$

综合(1)和(2)，命题得证。

4. 命题 6.2 证明

证明：将不同合作模型下的平台商零售价格进行对比。

(1)将 model N 和 model MR 下平台商零售价格做差可得：

$$p_o^{MR*}-p_o^{N*}=\frac{a\theta(1+\lambda)(k\theta^2-2k+\theta)}{4(4-\theta^2-\theta^2\lambda)}<0 \tag{E-22}$$

(2)将 model N 和 model MP 下平台商零售价格做差可得：

$$p_o^{MP*}-p_o^{N*}=\frac{a(\lambda\theta^2+k\theta+\theta^2-k\lambda\theta-2)}{2(4-\theta^2-\theta^2\lambda)}<0 \tag{E-23}$$

(3)将 model MP 和 model MR 下平台商零售价格做差可得：

$$p_o^{MP*}-p_o^{MR*}=\frac{a(k\theta-1)}{4}<0 \tag{E-24}$$

综合(1)~(3)可得，不同模型下平台商零售价格关系：$p_o^{MP*}<p_o^{MR*}<p_o^{N*}$。不同模型下零售价格和销售量关系求解过程类似，故不再赘述。其中，$\lambda_1=\frac{3-\sqrt{4\theta^4-8\theta^2+9}}{2\theta^2}$，$\lambda_2=\frac{\theta^2}{2-\theta^2}$，$k_1=\frac{\theta(\lambda^2\theta^2-\theta^2-3\lambda+2)}{\lambda^2\theta^2-\lambda\theta^2+\theta^2-2\lambda}$，$k_2=\frac{\theta(\lambda\theta^2+\theta^2-\lambda-2)}{2\lambda\theta^2-\theta^2-2\lambda}$。

5. 命题 6.3 证明

证明：(1) 将 model N 和 model MR 中的制造商和零售商合作时的总利润做差可得：

$$\pi_{M+R}^{MR*}-\pi_M^{N*}-\pi_R^{N*}=\frac{a^2(1-\lambda)(2-\theta^2-\theta^2\lambda)(k\theta^2-2k+\theta)^2}{8(\theta^2\lambda+\theta^2-4)^2(1-\theta^2)}>0 \tag{E-25}$$

因此，$\pi_{M+R}^{MR*}>\pi_M^{N*}+\pi_R^{N*}$恒成立。

(2) 将 model N 和 model MR 中的平台商利润做差可得：

$$\pi_P^{MR*}-\pi_P^{N*}=\frac{a^2(2k-k\theta^2-\theta)Z_1(\theta,\lambda,k)}{16(\theta^2\lambda+\theta^2-4)^2(1-\theta^2)} \tag{E-26}$$

其中：

$$Z_1(\theta,\lambda,k)=[(3\theta^2-2)\theta^2\lambda^2+(\theta^4-8\theta^2+4)2\lambda-\theta^2(\theta^2-6)]k \\ -\lambda^2\theta^3+(\theta^2+1)2\theta\lambda+\theta(3\theta^2-8) \tag{E-27}$$

令其在可行域内的根为 k_3，则当 $\lambda_3<\lambda<\lambda_4$ 时，有$\underline{k_0}<k_3<\overline{k_0}$。其中：

$$\lambda_3=\frac{2-\theta^2-2\sqrt{1-\theta^2}}{\theta^2} \tag{E-28}$$

$$\lambda_4=\frac{6-\theta^2-2\sqrt{\theta^4-9\theta^2+9}}{3\theta^2} \tag{E-29}$$

$$k_3=\frac{\theta(\lambda^2\theta^2-2\lambda\theta^2-3\theta^2-4\lambda+8)}{3\lambda^2\theta^4+2\lambda\theta^4-2\lambda^2\theta^2-\theta^4-16\lambda\theta^2+6\theta^2+8\lambda} \tag{E-30}$$

则有：当 $\lambda\in(0,\lambda_3)$ 时，$Z_1(\theta,\lambda,k)<0$，$\pi_P^{MR*}<\pi_P^{N*}$；当 $\lambda\in(\lambda_3,\lambda_4)$ 时，若 $k\in(\underline{k_0},k_3)$，则 $Z_1(\theta,\lambda,k)<0$，$\pi_P^{MR*}<\pi_P^{N*}$；若 $k\in(k_3,\overline{k_0})$，则 $Z_1(\theta,\lambda,k)>0$，$\pi_P^{MR*}>\pi_P^{N*}$；当 $\lambda\in(\lambda_4,1)$ 时，$Z_1(\theta,\lambda,k)>0$，$\pi_P^{MR*}>\pi_P^{N*}$。

综合(1)和(2)，命题得证。

6. 命题 6.4 证明

证明：（1）将 model N 和 model MP 中的制造商和平台商合作时的总利润做差可得：

$$\pi_{M+P}^{MP*}-\pi_M^{N*}-\pi_P^{N*}=\frac{a^2 Z_2(\theta,\ \lambda,\ k)}{4(\theta^2\lambda+\theta^2-4)^2(1-\theta^2)(2-\lambda)}>0 \tag{E-31}$$

其中：

$$\begin{aligned}Z_2(\theta,\ \lambda,\ k)=&[(\theta^2-1)\theta^2\lambda^3+4(1-\theta^2)\lambda^2+(\theta^2-1)\theta^2\lambda+\theta^2(2-\theta^2)]k^2\\&+[(1-\theta^2)(2\theta^3\lambda^3-8\theta\lambda^2+4\theta\lambda)-2\theta(\theta^2-2)^2]k\\&+(\theta^2-1)\theta^4\lambda^3+(\theta^4-6\theta^2+5)\theta^2\lambda^2\\&-(\theta^6-\theta^4-4\theta^2+4)\lambda-\theta^6+6\theta^4-12\theta^2+8\end{aligned} \tag{E-32}$$

由于 $Z_2(\theta,\ \lambda,\ k)>0$ 在可行域内恒成立，故 $\pi_{M+P}^{MP*}>\pi_M^{N*}+\pi_P^{N*}$ 恒成立。

（2）将 model N 和 model MP 中零售商利润做差可得：

$$\pi_R^{MP*}-\pi_R^{N*}=\frac{a^2(1-\lambda)\begin{bmatrix}(2\theta^2\lambda-\theta^2-2\lambda)k\\-\lambda\theta^3-\theta^3+\theta\lambda+2\theta\end{bmatrix}\begin{bmatrix}(3\theta^2+2\lambda-8)k\\-\lambda\theta^3-\theta^3-\theta\lambda+6\theta\end{bmatrix}}{4(\theta^2\lambda+\theta^2-4)^2(1-\theta^2)(\lambda-2)^2} \tag{E-33}$$

其中，$(3\theta^2+2\lambda-8)k-\lambda\theta^3-\theta^3-\theta\lambda+6\theta<0$ 恒成立。令 $Z_3(\theta,\ \lambda,\ k)=(\theta^2+2\lambda-2\theta^2\lambda)k+\lambda\theta^3+\theta^3-\theta\lambda-2\theta$ 在可行域的根为 k_4，则当 $\lambda_2<\lambda<1$ 时，有 $\underline{k_0}<k_4<\overline{k_0}$。其中：

$$\lambda_2=\frac{\theta^2}{2-\theta^2} \tag{E-34}$$

$$k_4=\frac{\lambda\theta^3+\theta^3-\lambda\theta-2\theta}{2\lambda(1-\theta^2)+\theta^2} \tag{E-35}$$

则有：当 $\lambda\in(0,\ \lambda_2)$ 时，$Z_3(\theta,\ \lambda,\ k)<0$，$\pi_R^{MP*}<\pi_R^{N*}$；当 $\lambda\in(\lambda_2,\ 1)$ 时，若 $k\in(\underline{k_0},\ k_4)$，则 $Z_3(\theta,\ \lambda,\ k)<0$，$\pi_R^{MP*}<\pi_R^{N*}$；若 $k\in(k_4,\ \overline{k_0})$，则 $Z_3(\theta,\ \lambda,\ k)>0$，$\pi_R^{MP*}>\pi_R^{N*}$。命题得证。

7. 命题 6.5 证明

证明：令 $\nu_1^{MR*-N*}=\pi_{M+R}^{MR*}-\pi_M^{N*}-\pi_R^{N*}$，$\nu_1^{MP*-N*}=\pi_{M+P}^{MP*}-\pi_M^{N*}-\pi_P^{N*}$，则可得：

$$\nu_1^{MR^*-N^*}-\nu_1^{MP^*-N^*}=\frac{a^2Z_4(\theta,\lambda,k)}{8(\lambda\theta^2+\theta^2-4)^2(1-\theta^2)(2-\lambda)} \tag{E-36}$$

其中：

$$\begin{aligned}Z_4(\theta,\lambda,k)=&\begin{bmatrix}(\theta^4-2\theta^2+2)\theta^2\lambda^3-2(\theta^4-3\theta^2+4)\theta^2\lambda^2\\-(\theta^6-12\theta^4+30\theta^2-24)\lambda-2(1-\theta^2)(2-\theta^2)(4-\theta^2)\end{bmatrix}k^2\\&-2[\theta^4\lambda^2+(2\theta^4-10\theta^2+4)\lambda+\theta^4-4\theta^2+8]\theta\lambda k\\&+(2\theta^2-1)\theta^4\lambda^3+2(\theta^4-7\theta^2+4)\theta^2\lambda^2-(2\theta^6-\theta^4-14\theta^2+8)\lambda\\&+2(1-\theta^2)(2-\theta^2)(4-\theta^2)\end{aligned} \tag{E-37}$$

令其在可行域内的根为 k_5，则当 $0<\lambda<\lambda_5$ 时，有 $\underline{k_0}<k_5<\overline{k_0}$。其中，$\lambda_5$ 为 $\lambda\theta^4-\lambda^3\theta^4-\lambda^2\theta^4-\lambda^3\theta^2+8\lambda^2\theta^2+\theta^4+3\lambda\theta^2-6\theta^2-12\lambda+8=0$ 在可行域内的根。

由此可知，当 $\lambda\in(0,\lambda_5)$ 时，若 $k\in(\underline{k_0},k_5)$，则 $Z_4(\theta,\lambda,k)<0$，$\nu_1^{MR^*-N^*}<\nu_1^{MP^*-N^*}$；若 $k\in(k_5,\overline{k_0})$，则 $Z_4(\theta,\lambda,k)>0$，$\nu_1^{MR^*-N^*}>\nu_1^{MP^*-N^*}$；当 $\lambda\in(\lambda_5,1)$ 时，$Z_4(\theta,\lambda,k)<0$，$\nu_1^{MR^*-N^*}<\nu_1^{MP^*-N^*}$。命题得证。

8. 推论 6.2 证明

推论 6.2 的证明与命题 6.5 类似，此处不再赘述。其中，$\lambda_6=\frac{3-\theta^2-\sqrt{\theta^4-2\theta^2+5}}{2}$，$k_6$ 为 $[(2-2\theta^2)\lambda^2+(5\theta^2-6)\lambda+2-2\theta^2]k^2+2\lambda\theta k+(1-2\theta^2)\lambda+2\theta^2-2=0$ 在可行域内的解，

$$\rho_1=\frac{2\{[(\theta^2-1)\theta^2\lambda^2+(2-2\theta^2)\lambda+\theta^2-2]k^2-2\theta(\lambda\theta^2-\lambda-1)k+\theta^2-2\}}{(\lambda\theta^2+\theta^2-4)\{[(2\theta^2-2)\lambda+2-\theta^2]k^2-2\theta k+1\}},$$

$$\rho_2=\frac{(2-\lambda)\{[(\theta^2-1)\theta^2\lambda^2+(2-2\theta^2)\lambda+\theta^2-2]k^2-2\theta(\lambda\theta^2-\lambda-1)k+\theta^2-2\}}{(\lambda\theta^2+\theta^2-4)(k^2-2\theta k+\lambda\theta^2-\theta^2-\lambda+2)}。$$

9. 命题 6.6 证明

证明：将 model MR 和 model MP 中的供应链成员总利润做差可得：

$$\pi_{SC}^{MR^*}-\pi_{SC}^{MP^*}=\frac{a^2\begin{bmatrix}(\lambda\theta-2\lambda-2\theta+2)k\\+2\lambda\theta-\lambda-2\theta+2\end{bmatrix}\begin{bmatrix}(2\theta+2-\lambda\theta-2\lambda)k\\+2\lambda\theta+\lambda-2\theta-2\end{bmatrix}}{16(1-\theta^2)(\lambda-2)^2} \tag{E-38}$$

其中，$(\lambda\theta-2\lambda-2\theta+2)k+2\lambda\theta-\lambda-2\theta+2>0$ 恒成立。令 $Z_5(\theta,\lambda,k)=(2\theta+2-\lambda\theta-2\lambda)k+2\lambda\theta+\lambda-2\theta-2=0$ 在可行域的根为 k_7，则 $\underline{k_0}<k_7<\overline{k_0}$。其中：

$$k_7=\frac{\lambda(2\theta+1)-2(1+\theta)}{\lambda(\theta+2)-2(1+\theta)} \tag{E-39}$$

由此可得：当 $k\in(\underline{k_0}, k_7)$ 时，$Z_5(\theta, \lambda, k)<0$，$\pi_{SC}^{MR*}<\pi_{SC}^{MP*}$；当 $k\in(k_7, \overline{k_0})$ 时，$Z_5(\theta, \lambda, k)>0$，$\pi_{SC}^{MR*}>\pi_{SC}^{MP*}$。命题得证。

10. 命题 6.7 证明

证明：将 model MR 和 model MP 中的消费者剩余做差可得：

$$\pi_{CS}^{MR*}-\pi_{CS}^{MP*}=\frac{a^2Z_6(\theta, \lambda, k)}{32(1-\theta^2)(\lambda-2)^2} \tag{E-40}$$

其中：

$$\begin{aligned}Z_6(\theta, \lambda, k)= & [(4-3\theta^2)\lambda^2+4(3\theta^2-4)\lambda+12(1-\theta^2)]k^2\\ & +2(4-\lambda)\theta\lambda k+(4\theta^2-3)\lambda^2+4(3-4\theta^2)\lambda+12(\theta^2-1)\end{aligned} \tag{E-41}$$

令 $Z_6(\theta, \lambda, k)$ 在可行域的根为 k_8，则 $\underline{k_0}<k_8<\overline{k_0}$。当 $k\in(\underline{k_0}, k_8)$ 时，$Z_6(\theta, \lambda, k)<0$，$\pi_{CS}^{MR*}<\pi_{CS}^{MP*}$；当 $k\in(k_8, \overline{k_0})$ 时，$Z_6(\theta, \lambda, k)>0$，$\pi_{CS}^{MR*}>\pi_{CS}^{MP*}$。命题得证。

11. 命题 6.8 证明

证明：将 model MR 和 model MP 中的社会福利做差可得：

$$SW^{MR*}-SW^{MP*}=\frac{a^2Z_7(\theta, \lambda, k)}{32(1-\theta^2)(\lambda-2)^2} \tag{E-42}$$

其中：

$$\begin{aligned}Z_7(\theta, \lambda, k)= & [(12-5\theta^2)\lambda^2+4(5\theta^2-8)\lambda+20(1-\theta^2)]k^2\\ & +2(12-7\lambda)\theta\lambda k+(12\theta^2-5)\lambda^2+4(5-8\theta^2)\lambda+20(\theta^2-1)\end{aligned} \tag{E-43}$$

令 $Z_7(\theta, \lambda, k)$ 在可行域的根为 k_9，则 $\underline{k_0}<k_9<\overline{k_0}$。当 $k\in(\underline{k_0}, k_9)$ 时，$Z_7(\theta, \lambda, k)<0$，$SW^{MR*}<SW^{MP*}$；当 $k\in(k_9, \overline{k_0})$ 时，$Z_7(\theta, \lambda, k)>0$，$SW^{MR*}>SW^{MP*}$。

12. 命题 6.9 证明

证明：当零售商与平台商进行数量竞争时，令 $\nu_1^{B-(MR*-N*)}=\pi_{M+R}^{B-MR*}-\pi_M^{B-N*}-\pi_R^{B-N*}$，$\nu_1^{B-(MP*-N*)}=\pi_{M+P}^{B-MP*}-\pi_M^{B-N*}-\pi_P^{B-N*}$，则可得：

$$\nu_1^{B-(MR^*-N^*)}-\nu_1^{B-(MP^*-N^*)}=\frac{a^2Z_8(\theta,\lambda,k)}{4(\theta^2+2\lambda-2)(\theta^2+\lambda-2)(\theta^2+4\lambda-4)^2} \quad (E-44)$$

其中：

$$\begin{aligned}Z_8(\theta,\lambda,k)=&\begin{bmatrix}2(\theta^4-6\theta^2+8)+2(5\theta^2+12)\lambda^4+(13\theta^4-6\theta^2-88)\lambda^3\\+3(\theta^6-6\theta^4-10\theta^2+40)\lambda^2-(2\theta^6-3\theta^4-38\theta^2+72)\lambda\end{bmatrix}k^2\\&-2[12\lambda^3+16(\theta^2-2)\lambda^2+4(\theta^4-7\theta^2+7)\lambda-3\theta^4+12\theta^2-8]\theta\lambda k\\&-8\lambda^4+4(\theta^2+10)\lambda^3+3(\theta^4+2\theta^2-24)\lambda^2-2(11\theta^2-28)\lambda\\&-2(\theta^4-6\theta^2+8)\end{aligned} \quad (E-45)$$

令其在可行域内的根为 k_1^B，则当 $0<\lambda<\min(\lambda_1^B,\lambda^B)$ 时，有 $\underline{k_0}<k_1^B<\overline{k_0}$。其中：

$$\lambda_1^B=\frac{2(\theta^4-5\theta^2+4)}{12-11\theta^2} \quad (E-46)$$

由此可知，当 $\lambda\in(0,\min(\lambda_1^B,\lambda^B))$ 时，若 $k\in(\underline{k_0},k_1^B)$，则 $Z_8(\theta,\lambda,k)<0$，$\nu_1^{B-(MR^*-N^*)}<\nu_1^{B-(MP^*-N^*)}$；若 $k\in(k_1^B,\overline{k_0})$，则 $Z_8(\theta,\lambda,k)>0$，$\nu_1^{B-(MR^*-N^*)}>\nu_1^{B-(MP^*-N^*)}$；当 $\lambda\in(\min(\lambda_1^B,\lambda^B),\lambda^B)$ 时，$Z_8(\theta,\lambda,k)<0$，$\nu_1^{B-(MR^*-N^*)}<\nu_1^{B-(MP^*-N^*)}$。命题得证。

13. 命题 6.10 证明

证明：(1) 将 model MR 和 model MP 中的供应链利润做差可得：

$$\pi_{SC}^{B-MP^*}-\pi_{SC}^{B-MR^*}=\frac{a^2Z_9(\theta,\lambda,k)}{4(\theta^2+\lambda-2)^2(\theta^2+2\lambda-2)^2} \quad (E-47)$$

其中：

$$\begin{aligned}Z_9(\theta,\lambda,k)=&[\lambda^4-(2\theta^2+6)\lambda^3-(2\theta^4-\theta^2-13)\lambda^2+(6\theta^2-12)\lambda+\theta^4-4\theta^2+4]\\&+2[3\lambda^3+(6\theta^2-10)\lambda^2+(3\theta^4-13\theta^2+11)\lambda-2\theta^4+6\theta^2-4]\lambda\theta k\\&-\begin{bmatrix}(3\theta^2+4)\lambda^4+(6\theta^4-6\theta^2-16)\lambda^3+(3\theta^6-12\theta^4-\theta^2+24)\lambda^2\\-(2\theta^6-4\theta^4-8\theta^2+16)\lambda+\theta^4-4\theta^2+4\end{bmatrix}k^2\end{aligned} \quad (E-48)$$

令其在可行域内的根为 k_2^B，则当 $0<\lambda<\lambda^B$ 时，有 $\underline{k_0}<k_2^B<\overline{k_0}$。由此可知，当 $k\in(\underline{k_0},k_2^B)$ 时，$Z_9(\theta,\lambda,k)>0$，$\pi_{SC}^{B-MP^*}>\pi_{SC}^{B-MR^*}$；当 $k\in(k_2^B,\overline{k_0})$ 时，$Z_9(\theta,\lambda,k)<0$，$\pi_{SC}^{B-MP^*}<\pi_{SC}^{B-MR^*}$。

（2）将 model MR 和 model MP 中的消费者剩余做差可得：

$$\pi_{CS}^{B-MP*}-\pi_{CS}^{B-MR*}=\frac{a^2Z_{10}(\theta,\lambda,k)}{8(\theta^2+\lambda-2)^2(\theta^2+2\lambda-2)^2} \tag{E-49}$$

其中：

$$\begin{aligned}Z_{10}(\theta,\lambda,k)=&\begin{bmatrix}(3\theta^2-4)\lambda^4+(6\theta^4-26\theta^2+24)\lambda^3+(3\theta^6-28\theta^4+67\theta^2-48)\lambda^2\\-(6\theta^6-34\theta^4+64\theta^2-40)\lambda+2\theta^6-11\theta^4+20\theta^2-12\end{bmatrix}k^2\\&-2[\lambda^3+(\theta^2-4)\lambda^2-(\theta^4+3\theta^2-7)\lambda-\theta^6+2\theta^4+2\theta^2-4]\lambda\theta k\\&+3\lambda^4+(8\theta^2-18)\lambda^3+(4\theta^4-31\theta^2+39)\lambda^2\\&-(12\theta^4-42\theta^2+36)\lambda-2\theta^6+11\theta^4-20\theta^2+12\end{aligned} \tag{E-50}$$

令其在可行域内的根为 k_3^B，则当 $0<\lambda<\lambda^B$ 时，有 $\underline{k_0}<k_3^B<\overline{k_0}$。由此可知，当 $k\in(\underline{k_0},k_3^B)$ 时，$\pi_{CS}^{B-MP*}>\pi_{CS}^{B-MR*}$；当 $k\in(k_3^B,\overline{k_0})$ 时，$\pi_{CS}^{B-MP*}<\pi_{CS}^{B-MR*}$。

（3）将 model MR 和 model MP 中的社会福利做差可得：

$$SW^{B-MP*}-SW^{B-MR*}=\frac{a^2Z_{11}(\theta,\lambda,k)}{8(\theta^2+\lambda-2)^2(\theta^2+2\lambda-2)^2} \tag{E-51}$$

其中：

$$\begin{aligned}Z_{11}(\theta,\lambda,k)=&(4\theta^2-30)\lambda^3-(29\theta^2-65)\lambda^2-(12\theta^4-54\theta^2+60)\lambda\\&+5\lambda^4+-2\theta^6+13\theta^4-28\theta^2+20\\&+2\begin{bmatrix}5\lambda^3+(11\theta^2-16)\lambda^2+(7\theta^4-23\theta^2+15)\lambda\\+\theta^6-6\theta^4+10\theta^2-4\end{bmatrix}\lambda\theta k\\&-\begin{bmatrix}(3\theta^2+12)\lambda^4+(6\theta^4+14\theta^2-56)\lambda^3\\+(3\theta^6+4\theta^4-69\theta^2+96)\lambda^2+28\theta^2-20\\+(2\theta^6-26\theta^4+80\theta^2-72)\lambda+2\theta^6-13\theta^4\end{bmatrix}k^2\end{aligned} \tag{E-52}$$

令其在可行域内的根为 k_4^B，则当 $0<\lambda<\lambda^B$ 时，有 $\underline{k_0}<k_4^B<\overline{k_0}$。由此可知，当 $k\in(\underline{k_0},k_4^B)$ 时，$SW^{B-MP*}>SW^{B-MR*}$；当 $k\in(k_4^B,\overline{k_0})$ 时，$SW^{B-MP*}<SW^{B-MR*}$。

可行域内 k_2^B，k_3^B，k_4^B 存在以下关系：$\underline{k_0}<k_2^B<k_4^B<k_3^B<\overline{k_0}$，故当 $k\in(\underline{k_0},k_2^B)$ 时，$\pi_{SC}^{B-MR*}<\pi_{SC}^{B-MP*}$，$\pi_{CS}^{B-MR*}<\pi_{CS}^{B-MP*}$，$SW^{B-MR*}<SW^{B-MP*}$；当 $k\in(k_2^B,k_4^B)$ 时，$\pi_{SC}^{B-MR*}>\pi_{SC}^{B-MP*}$，$\pi_{CS}^{B-MR*}<\pi_{CS}^{B-MP*}$，$SW^{B-MR*}<SW^{B-MP*}$；当 $k\in(k_4^B,k_3^B)$

时，$\pi_{SC}^{B-MR*}>\pi_{SC}^{B-MP*}$，$\pi_{CS}^{B-MR*}<\pi_{CS}^{B-MP*}$，$SW^{B-MR*}>SW^{B-MP*}$；当 $k\in(k_3^B,\ \overline{k_0})$ 时，$\pi_{SC}^{B-MR*}>\pi_{SC}^{B-MP*}$，$\pi_{CS}^{B-MR*}>\pi_{CS}^{B-MP*}$，$SW^{B-MR*}>SW^{B-MP*}$。命题得证。

14. 命题 6.11 证明

证明：当平台商为 Stackelberg 领导者时，令 $\nu_1^{L-(MR*-N*)}=\pi_{M+R}^{L-MR*}-\pi_M^{L-N*}-\pi_R^{L-N*}$，$\nu_1^{L-(MP*-N*)}=\pi_{M+P}^{L-MP*}-\pi_M^{L-N*}-\pi_P^{L-N*}$，则可得：

$$\nu_1^{L-(MR*-N*)}-\nu_1^{L-(MP*-N*)}$$
$$=\frac{a^2Z_{12}(\theta,\ \lambda,\ k)}{4(2-\lambda)(1-\theta^2)\begin{bmatrix}\lambda^3\theta^2-16(1-\theta^2)\\+8(1-\theta^2)(\lambda^2+1)\end{bmatrix}^2\begin{bmatrix}\lambda^3\theta^2+4(3\theta^4-11\theta^2+8)\lambda^2\\-4(7\theta^4-23\theta^2+16)\lambda\\+16(\theta^4-3\theta^2+2)\end{bmatrix}^2}\tag{E-53}$$

其中：

$$Z_{12}(\theta,\ \lambda,\ k)=l_1(\theta,\ \lambda)k^2+l_2(\theta,\ \lambda)\theta k+l_3(\theta,\ \lambda)\tag{E-54}$$

$$\begin{aligned}l_1(\theta,\ \lambda)=&-(\theta-1)^2(\theta+1)^2\theta^8\lambda^{14}-(1-\theta^2)(35\theta^4-74\theta^2+40)\theta^6\lambda^{13}\\&-(144\theta^{10}-254\theta^8-538\theta^6+1705\theta^4-1504\theta^2+448)\theta^4\lambda^{12}\\&-4(1-\theta^2)(852\theta^{10}-3216\theta^8+3983\theta^6-1390\theta^4-608\theta^2+384)\theta^2\lambda^{11}\\&+4(1-\theta^2)(8596\theta^{10}-41891\theta^8+78183\theta^6-70364\theta^4+30608\theta^2-5120)\theta^2\lambda^{10}\\&-4(1-\theta^2)(496644\theta^{12}-271673\theta^{10}+590636\theta^8-655516\theta^6+389696\theta^4\\&-115072\theta^2+12288)\lambda^9+8(1-\theta^2)(92276\theta^{12}-539203\theta^{10}+1272166\theta^8\\&-1563312\theta^6+1058712\theta^4-373888\theta^2+53248)\lambda^8\\&+16(\theta-1)^2(\theta+1)^2(1170640\theta^{10}-595311\theta^8\\&+1170395\theta^6-1130200\theta^4+540384\theta^2-102400)\lambda^7\\&-32(\theta-1)^2(\theta+1)^2(104406\theta^{10}-547873\theta^8+1120277\theta^6-1131814\theta^4\\&+569664\theta^2-114688)\lambda^6+64(\theta-1)^2(\theta+1)^2(66177\theta^{10}-354589\theta^8\\&+743504\theta^6-771424\theta^4+398760\theta^2-82432)\lambda^5\\&+128(1-\theta)^3(\theta+1)^3(29659\theta^8-131534\theta^6+211920\theta^4\\&-149768\theta^2+39424)\lambda^4-256(1-\theta)^3(\theta+1)^3(9183\theta^8\\&-41222\theta^6+67259\theta^4-47816\theta^2+12544)\lambda^3\\&+512(1-\theta)^3(\theta+1)^3(1867\theta^8-8454\theta^6+13895\theta^4-9872\theta^2+2560)\lambda^2\end{aligned}\tag{E-55}$$

$$
\begin{aligned}
l_2(\theta,\ \lambda)=&\ 4(\theta-1)^2(\theta+1)^2(3-\theta^2)\theta^6\lambda^{13}+2(96\theta^8-526\theta^6+981\theta^4-774\theta^2+224)\theta^4\lambda^{12}\\
&+4(1-\theta^2)(795\theta^8-3941\theta^6+6556\theta^4-4616\theta^2+1216)\theta^2\lambda^{11}\\
&-8(1-\theta^2)(3291\theta^{10}-17326\theta^8+32799\theta^6-29024\theta^4+12320\theta^2-2048)\lambda^{10}\\
&+8(1-\theta^2)(16271\theta^{10}-88203\theta^8+176671\theta^6-169376\theta^4+80000\theta^2-15360)\lambda^9\\
&-16(1-\theta^2)(264830\theta^{10}-145313\theta^8+297773\theta^6-292768\theta^4+140960\theta^2-27136)\lambda^8\\
&-32(\theta-1)^2(\theta+1)^2(30073\theta^8-135972\theta^6+208479\theta^4-134136\theta^2+31488)\lambda^7\\
&+64(\theta-1)^2(\theta+1)^2(24643\theta^8-112564\theta^6+176425\theta^4-116308\theta^2+27776)\lambda^6\\
&-128(\theta-1)^2(\theta+1)^2(147890\theta^8-68769\theta^6+111396\theta^4-766884\theta^2+19264)\lambda^5\\
&-256(1-\theta)^3(\theta+1)^3(6475\theta^6-24414\theta^4+27720\theta^2-10080)\lambda^4\\
&+1024(1-\theta)^3(\theta+1)^3(1008\theta^6-3947\theta^4+4777\theta^2-1864)\lambda^3\\
&-2048(1-\theta)^3(\theta+1)^3(211\theta^6-858\theta^4+1097\theta^2-452)\lambda^2\\
&-2048(2-\theta^2)(\theta-1)^4(\theta+1)^4(64-53\theta^2)\lambda\\
&+4096(2-\theta^2)(\theta-1)^4(\theta+1)^4(4-3\theta^2)
\end{aligned}
\tag{E-56}
$$

$$
\begin{aligned}
l_3(\theta,\ \lambda)=&\ (1-\theta^2)\theta^8\lambda^{13}-(4\theta^8-4\theta^6-57\theta^4+102\theta^2-44)\theta^6\lambda^{12}\\
&-4(1-\theta^2)(\theta^8+127\theta^6-570\theta^4+651\theta^2-204)\theta^4\lambda^{11}\\
&-4(1-\theta^2)(239\theta^{10}-2972\theta^8+10436\theta^6-13963\theta^4+7528\theta^2-1280)\theta^2\lambda^{10}\\
&+4(1-\theta^2)(2897\theta^{12}-28687\theta^{10}+97352\theta^8-146389\theta^6+105288\theta^4\\
&-34560\theta^2+4096)\lambda^9-8(1-\theta^2)(8191\theta^{12}-75575\theta^{10}\\
&+255916\theta^8-409811\theta^6+333792\theta^4-132992\theta^2+20480)\lambda^8\\
&-16(\theta-1)^2(\theta+1)^2(13769\theta^{10}-109108\theta^8+307322\theta^6\\
&-382603\theta^4+215744\theta^2-45056)\lambda^7+32(\theta-1)^2(\theta+1)^2(15037\theta^{10}\\
&-116424\theta^8+329054\theta^6-423767\theta^4+253472\theta^2-57344)\lambda^6\\
&-64(\theta-1)^2(\theta+1)^2(11090\theta^{10}-84447\theta^8+239075\theta^6-314722\theta^4\\
&+195600\theta^2-46592)\lambda^5-128(1-\theta)^3(\theta+1)^3(5584\theta^8-36403\theta^6\\
&+82614\theta^4-76584\theta^2+25088)\lambda^4+256(1-\theta)^3(\theta+1)^3(1895\theta^8\\
&-12218\theta^6+27851\theta^4-26436\theta^2+8960)\lambda^3-512(1-\theta)^3(\theta+1)^3(415\theta^8\\
&-2654\theta^6+6079\theta^4-5884\theta^2+2048)\lambda^2+1024(2-\theta^2)(\theta-1)^4(\theta+1)^4(53\theta^4\\
&-178\theta^2+136)\lambda-2048(4-3\theta^2)(2-\theta^2)^2(\theta-1)^4(\theta+1)^4
\end{aligned}
\tag{E-57}
$$

令 $Z_{12}(\theta, \lambda, k)$ 在可行域内的根为 k_1^L，则当 $0<\lambda<\min(\lambda_1^L, \lambda^L)$ 时，有 $\underline{k_0}<k_1^L<\overline{k_0}$。其中，$\lambda_1^L$ 为 $(\theta^2-1)^2[32(\theta^2-4)(3\theta^2-4)-16\lambda(17\theta^4-104\theta^2+112)+8\lambda^2(31\theta^4-224\theta^2+256)]-\theta^4\lambda^6 4(\theta^2-1)[\lambda^3(17\theta^6-187\theta^4+360\theta^2-192)-\theta^2\lambda^4(\theta^4+8\theta^2-4)-\theta^2\lambda^5(\theta^2-6)]=0$ 在可行域内的根。

由此可知，当 $\lambda\in(0, \min(\lambda_1^L, \lambda^L))$ 时，若 $k\in(\underline{k_0}, k_1^L)$，则 $Z_{12}(\theta, \lambda, k)<0$，$\nu_1^{L-(MR^*-N^*)}<\nu_1^{L-(MP^*-N^*)}$；若 $k\in(k_1^L, \overline{k_0})$，则 $Z_{12}(\theta, \lambda, k)>0$，$\nu_1^{L-(MR^*-N^*)}>\nu_1^{L-(MP^*-N^*)}$；当 $\lambda\in(\min(\lambda_1^L, \lambda^L), \lambda^L)$ 时，$Z_{12}(\theta, \lambda, k)<0$，$\nu_1^{L-(MR^*-N^*)}<\nu_1^{L-(MP^*-N^*)}$。命题得证。

15. 命题 6.12 证明

证明：将不同合作模型下的零售商渠道的产品零售价格进行对比。

（1）将 model N 和 model MR 下零售商渠道的零售价格做差可得：

$$p_r^{L-MR^*}-p_r^{L-N^*}=\frac{a(1-\theta^2)(1-\lambda)Z_{14}(\theta, \lambda, k)}{[\lambda^3\theta^2-8(\theta^2-1)(\lambda^2-2\lambda+1)]Z_{13}(\theta, \lambda)} \tag{E-58}$$

其中：

$$Z_{14}(\theta, \lambda, k)=\begin{bmatrix}\lambda^5\theta^4+(82\theta^4-160\theta^2+64)\lambda^3-(180\theta^4-392\theta^2+192)\lambda^2\\-(14\theta^2-16)\lambda^4\theta^2+(160\theta^4-360\theta^2+192)\lambda-48\theta^4+112\theta^2-64\end{bmatrix}k$$
$$-\theta(2-\lambda)\begin{bmatrix}(2\theta^2-5)\lambda^3\theta^2-(14\theta^4-38\theta^2+16)\lambda^2\\+(20\theta^4-56\theta^2+32)\lambda-8\theta^4+24\theta^2-16\end{bmatrix} \tag{E-59}$$

$$Z_{13}(\theta, \lambda)=\lambda^3\theta^2+(12\theta^4-44\theta^2+32)\lambda^2-(28\theta^4-92\theta^2+64)\lambda+16\theta^4-48\theta^2+32 \tag{E-60}$$

由 $\lambda^3\theta^2-8(\theta^2-1)(\lambda^2-2\lambda+1)>0$，$Z_{14}(\theta, \lambda, k)<0$，$Z_{13}(\theta, \lambda)>0$ 可知，$p_r^{L-MR^*}<p_r^{L-N^*}$ 恒成立。

（2）将 model N 和 model MP 下零售商渠道的零售价格做差可得：

$$p_r^{L-MP^*}-p_r^{L-N^*}=\frac{a(1-\lambda)Z_{15}(\theta, \lambda, k)}{2(2-\lambda)Z_{13}(\theta, \lambda)} \tag{E-61}$$

其中：

$$Z_{15}(\theta,\ \lambda,\ k)=[(2\theta^2-1)\lambda^3\theta^2-(4\theta^4+14\theta^2-16)\lambda^2+(8\theta^4+12\theta^2-16)\lambda-8\theta^4+8\theta^2]k$$
$$-\theta[\lambda^3\theta^2+(8\theta^4-30\theta^2+20)\lambda^2$$
$$-(16\theta^4-52\theta^2+32)\lambda+8\theta^4-24\theta^2+16] \tag{E-62}$$

由 $Z_{13}(\theta,\ \lambda)>0$，$Z_{15}(\theta,\ \lambda,\ k)<0$ 可知，$p_r^{L-MP*}<p_r^{L-N*}$ 恒成立。

(3)将 model MP 和 model MR 下零售商渠道的零售价格做差可得：

$$p_r^{L-MP*}-p_r^{L-MR*}=\frac{a(1-\lambda)Z_{16}(\theta,\ \lambda,\ k)}{2(2-\lambda)[\lambda^3\theta^2-8(\theta^2-1)(\lambda^2-2\lambda+1)]} \tag{E-63}$$

其中：

$$Z_{16}(\theta,\ \lambda,\ k)=[\lambda^3\theta^2-(10\theta^2-8)\lambda^2+(20\theta^2-16)\lambda-8\theta^2+8]k$$
$$-\theta[\lambda^3\theta^2-(8\theta^2-6)\lambda^2+(16\theta^2-12)\lambda-8\theta^2+8] \tag{E-64}$$

令其在可行域的根为 k_2^L，则当 $0<\lambda<\lambda^L$ 时，有$\underline{k_0}<k_2^L<\overline{k_0}$。当 $k\in(\underline{k_0},\ k_2^L)$ 时，$Z_{16}(\theta,\ \lambda,\ k)<0$；当 $k\in(k_2^L,\ \overline{k_0})$ 时，$Z_{16}(\theta,\ \lambda,\ k)>0$。此外，$\lambda^3\theta^2-8(\theta^2-1)(\lambda^2-2\lambda+1)>0$恒成立，故当 $k\in(\underline{k_0},\ k_2^L)$ 时，$p_r^{L-MP*}<p_r^{L-MR*}$；当 $k\in(k_2^L,\ \overline{k_0})$时，$p_r^{L-MP*}>p_r^{L-MR*}$。

综合(1)~(3)可得，不同模型下零售商渠道的零售价格关系：当 $k\in(\underline{k_0},\ k_2^L)$时，$p_r^{L-MP*}<p_r^{L-MR*}<p_r^{L-N*}$；当 $k\in(k_2^L,\ \overline{k_0})$时，$p_r^{L-MR*}<p_r^{L-MP*}<p_r^{L-N*}$。不同模型下批发价格和平台商渠道的零售价格关系求解过程类似，故不再赘述。命题得证。

附录 6　第 7 章相关证明

1. 最优解存在及唯一性证明

证明：在无合作模式下，制造商、零售商和平台商均以自身利润最大化为目标进行决策。根据逆向求解法，平台商先决策其零售价格 p_o^N。平台商的利润函数为：

$$\max_{p_r} \pi_P^N=\lambda p_r\left(\frac{a}{1+\theta}-\frac{p_r}{1-\theta^2}+\frac{\theta p_o}{1-\theta^2}\right)+(p_o-w_o)\left(\frac{a}{1+\theta}-\frac{p_o}{1-\theta^2}+\frac{\theta p_r}{1-\theta^2}\right) \quad (F-1)$$

对平台商利润函数求二阶偏导可得：$\frac{\partial^2\pi_P^N}{\partial p_o{}^2}=\frac{2}{(\theta^2-1)}<0$，因此可得：

$$p_o^{N*}=\frac{[(\lambda+1)\theta p_r-(\theta-1)a+w_o]}{2} \quad (F-2)$$

将其代入零售商利润函数可得：

$$\max_{p_r} \pi_R^N=(1-\lambda)p_r\left(\frac{a}{1+\theta}-\frac{p_r}{1-\theta^2}+\frac{\theta p_o^{N*}}{1-\theta^2}\right)-w_r\left(\frac{a}{1+\theta}-\frac{p_r}{1-\theta^2}+\frac{\theta p_o^{N*}}{1-\theta^2}\right) \quad (F-3)$$

对其求关于零售价格的二阶偏导得：$\frac{\partial^2\pi_R^N}{\partial p_r{}^2}=\frac{(\lambda-1)(2-\lambda\theta^2-\theta^2)}{(1-\theta^2)}<0$。因此可得：

$$p_r^{N*}=\frac{(\theta+2)(1-\theta)(1-\lambda)a+(2-\lambda\theta^2-\theta^2)w_r+(1-\lambda)\theta w_o}{2(1-\lambda)(2-\lambda\theta^2-\theta^2)} \quad (F-4)$$

将 p_o^{N*} 和 p_r^{N*} 代入制造商利润函数可得：

$$\max_{w_r,w_o} \pi_M^N=w_r\left(\frac{a}{1+\theta}-\frac{p_r^{N*}}{1-\theta^2}+\frac{\theta p_o^{N*}}{1-\theta^2}\right)+w_o\left(\frac{a}{1+\theta}-\frac{p_o^{N*}}{1-\theta^2}+\frac{\theta p_r^{N*}}{1-\theta^2}\right) \quad (F-5)$$

制造商利润函数关于 w_r 和 w_o 的海塞矩阵为：

$$H^N=\begin{bmatrix}\frac{(\lambda+1)\theta^2-2}{2(1+\theta)(1-\theta)(1-\lambda)} & \frac{\theta}{2(1+\theta)(1-\theta)}\\ \frac{\theta}{2(1+\theta)(1-\theta)} & \frac{(\lambda+3)\theta^2-4}{2(1+\theta)(1-\theta)(2-\lambda\theta^2-\theta^2)}\end{bmatrix} \quad (F-6)$$

计算可知其顺序主子式为：$H_1^N<0$，$H_2^N=\frac{1}{(1+\theta)(1-\theta)(1-\lambda)}>0$，因此海塞矩阵负定，存在唯一最优解。求解可得：

$$w_r^{N*}=\frac{(1-\lambda)a}{2} \tag{F-7}$$

$$w_o^{N*}=\frac{(1-\lambda\theta)a}{2} \tag{F-8}$$

将式(F-7)和式(F-8)分别代入式(F-4)和式(F-2)中，可求得最优零售价格为：

$$p_r^{N*}=\frac{(-2\theta^2\lambda-3\theta^2-\theta+6)a}{4(-\theta^2\lambda-\theta^2+2)} \tag{F-9}$$

$$p_o^{N*}=\frac{[\theta(\theta^2-7\theta+2)\lambda+\theta^3-7\theta^2-2\theta+12]a}{8(-\theta^2\lambda-\theta^2+2)} \tag{F-10}$$

将式(F-7)、式(F-8)、式(F-9)和式(F-10)代入供应链成员利润函数中，可求解得最优利润，分别为：

$$\pi_M^{N*}=\frac{[4(\theta+1)\theta^2\lambda^2+(\theta^3-5\theta^2-8\theta-4)\lambda-\theta^3-3\theta^2+4\theta+8]a^2}{16(\theta+1)(-\theta^2\lambda-\theta^2+2)} \tag{F-11}$$

$$\pi_R^{N*}=\frac{(1-\lambda)(1-\theta)(\theta+2)^2a^2}{32(\theta+1)(-\theta^2\lambda-\theta^2+2)} \tag{F-12}$$

$$\pi_P^{N*}=\frac{\begin{bmatrix}16(\theta+1)\theta^4\lambda^3+(23\theta^3+29\theta^2-56\theta-60)\theta^2\lambda^2\\+(6\theta^5+18\theta^4-36\theta^3-52\theta^2+48\theta+48)\lambda-(\theta-1)(\theta^2-2\theta-4)^2\end{bmatrix}a^2}{64(\theta+1)(-\theta^2\lambda-\theta^2+2)^2} \tag{F-13}$$

同理，可证明 model MR、model MP 及 model RP 存在最优解。命题得证。

2. 命题 7.2 证明

证明：(1) 将 model N 和 model MR 中制造商和零售商合作时的总利润做差可得：

$$\psi_1=\pi_{M+R}^{MR*}-\pi_{M+R}^{N*}=\frac{(1-\theta)(1-\lambda)(\theta+2)^2a^2}{32(2-\lambda\theta^2-\theta^2)(\theta+1)}>0 \tag{F-14}$$

因此 $\pi_{M+R}^{MR*}>\pi_{M+R}^{N*}$，制造商和零售商有合作动机。

（2）将 model N 和 model MR 下平台商的利润做差可得：

$$\xi_1=\pi_P^{MR*}-\pi_P^{N*}=\frac{(1-\theta)(\theta+2)L_1(\theta,\ \lambda)a^2}{64\,(2-\lambda\theta^2-\theta^2)^2(\theta+1)} \tag{F-15}$$

其中：

$$L_1(\theta,\ \lambda)=-(5\theta+2)\theta^2\lambda^2+2(2-\theta)(\theta^2+4\theta+2)\lambda-(3\theta+4)(2-\theta)\theta \tag{F-16}$$

令其两根分别为 λ_1 和 λ'_1 且 $0<\lambda_1<1<\lambda'_1$。其中：

$$\lambda_1=\frac{(2-\theta)(\theta^2+4\theta+2)-2\sqrt{(1-\theta^2)(2-\theta)(2\theta+1)(2\theta^2+3\theta+2)}}{(5\theta+2)\theta^2} \tag{F-17}$$

则有：当 $\lambda\in(0,\ \lambda_1)$时，$L_1(\theta,\ \lambda)<0$，$\pi_P^{MR*}<\pi_P^{N*}$；当 $\lambda\in(\lambda_1,\ 1)$时，$L_1(\theta,\ \lambda)>0$，$\pi_P^{MR*}>\pi_P^{N*}$。命题得证。

3. 命题 7.3 证明

证明：（1）将 model N 和 model MP 中制造商和平台商合作时的总利润做差可得：

$$\psi_2=\pi_{M+P}^{MP*}-\pi_{M+P}^{N*}=\frac{(1-\theta)\begin{bmatrix}(13\theta^2-4\theta-12)\theta^2\lambda^3+4(4\theta^4+4\theta^3-5\theta^2+4)\lambda^2\\-(7\theta^4+4\theta^3+4\theta^2+16\theta+16)\lambda\\-2(5\theta^4+12\theta^3+4\theta^2-16\theta-16)\end{bmatrix}a^2}{64(\theta+1)(2-\lambda)(2-\lambda\theta^2-\theta^2)^2}>0 \tag{F-18}$$

因此 $\pi_{M+P}^{MP*}>\pi_{M+P}^{N*}$，制造商和平台商有合作动机。

（2）将 model N 和 model MP 下零售商的利润做差可得：

$$\xi_2=\pi_R^{MP*}-\pi_R^{N*}=\frac{(1-\theta)(1-\lambda)L_2(\theta,\ \lambda)a^2}{32(\theta+1)(2-\lambda\theta^2-\theta^2)(2-\lambda)^2} \tag{F-19}$$

其中：

$$L_2(\theta,\ \lambda)=-(\theta+2)^2\lambda^2-4(\theta^2-4\theta-4)\lambda-4\theta(3\theta+4) \tag{F-20}$$

则当 $\theta\in(0.84,\ 1)$时，函数 $L_2(\theta,\ \lambda)$无实数根，$L_2(\theta,\ \lambda)<0$ 恒成立；当 $\theta\in(0,\ 0.84)$时，函数 $L_2(\theta,\ \lambda)$有两个实数根，其中：

$$\lambda_2=\frac{2(-\theta^2+4\theta+4)-2\sqrt{-2(\theta^4+12\theta^3+10\theta^2-8\theta-8)}}{(\theta+2)^2} \tag{F-21}$$

则当 $\theta \in (0, \theta_1)$ 时（$\theta_1 = (4\sqrt{13}-2)/17$），$0<\lambda_2<1<\lambda'_2$。此时若 $\lambda \in (0, \lambda_2)$，则 $L_2(\theta, \lambda)<0$；若 $\lambda \in (\lambda_2, 1)$，则 $L_2(\theta, \lambda)>0$。当 $\theta \in (\theta_1, 0.84)$ 时，$1<\lambda_2<\lambda'_2$。此时，在可行域 $\{(\theta, \lambda) \mid 0<\theta<1, 0<\lambda<1\}$ 内，$L_2(\theta, \lambda)<0$ 恒成立。

综上所述：当 $\theta \in (0, \theta_1)$ 且 $\lambda \in (0, \lambda_2)$ 时，$\pi_R^{MP*}<\pi_R^{N*}$；当 $\theta \in (0, \theta_1)$ 且 $\lambda \in (\lambda_2, 1)$ 时，$\pi_R^{MP*}>\pi_R^{N*}$；当 $\theta \in (\theta_1, 1)$ 时，$\pi_R^{MP*}<\pi_R^{N*}$。命题得证。

4. 命题 7.4 证明

证明：（1）将 model N 和 model RP 中零售商和平台商合作时的总利润做差可得：

$$\psi_3 = \pi_{R+P}^{RP*} - \pi_{R+P}^{N*} = \frac{L_3(\theta, \lambda)a^2}{64(\theta+1)(2-\lambda\theta^2-\theta^2)^2} \tag{F-22}$$

其中：

$$L_3(\theta, \lambda) = -16(\theta+1)\theta^4\lambda^3-(21\theta^3+15\theta^2-56\theta-52)\theta^2\lambda^2 -2(\theta+2)(3\theta^4-5\theta^3-6\theta^2+8\theta+8)\lambda-(\theta^3+3\theta^2-4\theta-8)\theta^2 \tag{F-23}$$

则函数有三个实数根 λ_3、λ'_3 和 λ''_3 且 $0<\lambda_3<1<\lambda'_3<\lambda''_3$。求解可知：当 $\lambda \in (0, \lambda_3)$ 时，$L_3(\theta, \lambda)>0$，$\pi_{R+P}^{RP*}>\pi_{R+P}^{N*}$；当 $\lambda \in (\lambda_3, 1)$ 时，$L_3(\theta, \lambda)<0$，$\pi_{R+P}^{RP*}<\pi_{R+P}^{N*}$。

（2）将 model N 和 model RP 下制造商的利润做差可得：

$$\xi_3 = \pi_M^{RP*} - \pi_M^{N*} = \frac{L_4(\theta, \lambda)a^2}{16(\theta+1)(2-\lambda\theta^2-\theta^2)} \tag{F-24}$$

其中：

$$L_4(\theta, \lambda) = -4(\theta+1)\theta^2\lambda^2-(\theta+2)(\theta^2-3\theta-2)\lambda+\theta(\theta^2-\theta-4) \tag{F-25}$$

则函数 $L_4(\theta, \lambda)$ 有两个实数根且 $0<\lambda_4<1<\lambda'_4$。其中：

$$\lambda_4 = \frac{-(\theta+2)(\theta^2-3\theta-2)-\sqrt{17\theta^6-2\theta^5-95\theta^4-56\theta^3+72\theta^2+64\theta+16}}{8(\theta+1)\theta^2} \tag{F-26}$$

因此求解可得：当 $\lambda \in (0, \lambda_4)$ 时，$L_4(\theta, \lambda)<0$，$\pi_M^{RP*}<\pi_M^{N*}$；当 $\lambda \in (\lambda_4, 1)$ 时，$L_4(\theta, \lambda)>0$，$\pi_M^{RP*}>\pi_M^{N*}$。命题得证。

5. 命题 7.5 证明

证明：对于制造商来说，将其利润做差可得：

$$\begin{aligned}\Delta_1=\psi_1-\psi_2&=(\pi_{M+R}^{MR*}-\pi_{M+R}^{N*})-(\pi_{M+P}^{MP*}-\pi_{M+P}^{N*})\\&=\frac{(1-\theta)L_5(\theta,\ \lambda)a^2}{64(\theta+1)(2-\lambda)(2-\lambda\theta^2-\theta^2)^2}\end{aligned}\tag{F-27}$$

其中：

$$\begin{aligned}L_5(\theta,\ \lambda)=&-(3\theta+2)(5\theta-2)\theta^2\lambda^3-4\theta(\theta-2)(3\theta^2+6\theta+2)\lambda^2\\&+(9\theta^4+12\theta^3-32\theta-32)\lambda+2(3\theta+4)\theta^3\end{aligned}\tag{F-28}$$

则函数 $L_5(\theta,\ \lambda)$ 有三个实数根 λ'_5、λ_5 和 λ''_5 且 $\lambda'_5<0<\lambda_5<1<\lambda''_5$。求解可知：当 $\lambda\in(0,\ \lambda_5)$ 时，$L_5(\theta,\ \lambda)>0$，$\psi_1>\psi_2$，即 $(\pi_{M+R}^{MR*}-\pi_{M+R}^{N*})>(\pi_{M+P}^{MP*}-\pi_{M+P}^{N*})$；当 $\lambda\in(\lambda_5,\ 1)$ 时，$L_5(\theta,\ \lambda)<0$，$\psi_1<\psi_2$，即 $(\pi_{M+R}^{MR*}-\pi_{M+R}^{N*})<(\pi_{M+P}^{MP*}-\pi_{M+P}^{N*})$。命题得证。

6. 命题 7.6 证明

证明：对于零售商来说，将利润做差可得：

$$\Delta_2=\psi_3-\psi_1=(\pi_{R+P}^{RP*}-\pi_{R+P}^{N*})-(\pi_{R+M}^{MR*}-\pi_{R+M}^{N*})=\frac{L_6(\theta,\ \lambda)a^2}{64(\theta+1)(2-\lambda\theta^2-\theta^2)^2}\tag{F-29}$$

其中：

$$\begin{aligned}L_6(\theta,\ \lambda)=&-16(\theta+1)\theta^4\lambda^3-(19\theta^3+9\theta^2-56\theta-44)\theta^2\lambda^2\\&-2(\theta+2)(3\theta^4-5\theta^3-4\theta^2+10\theta+4)\lambda-3\theta^5-9\theta^4\\&+8\theta^3+28\theta^2-16\end{aligned}\tag{F-30}$$

则函数 $L_6(\theta,\ \lambda)$ 有三个实数根 λ_6、λ'_6 和 λ''_6。θ_2 为函数 $l_2(\theta)=-3\theta^5-9\theta^4+8\theta^3+28\theta^2-16$ 的根。则有：(1) 当 $\theta\in(0,\ \theta_2)$ 时，$\lambda_6<0<1<\lambda'_6<\lambda''_6$，函数 $L_6(\theta,\ \lambda)<0$ 恒成立；(2) 当 $\theta\in(\theta_2,\ 1)$ 时，$0<\lambda_6<1<\lambda'_6<\lambda''_6$，此时若 $\lambda\in(0,\ \lambda_6)$，$L_6(\theta,\ \lambda)>0$，$\psi_3>\psi_1$，即 $(\pi_{R+P}^{RP*}-\pi_{R+P}^{N*})>(\pi_{R+M}^{MR*}-\pi_{R+M}^{N*})$；(3) 当 $\lambda\in(\lambda_6,\ 1)$ 时，$L_6(\theta,\ \lambda)<0$，$\psi_3<\psi_1$，即 $(\pi_{R+P}^{RP*}-\pi_{R+P}^{N*})<(\pi_{R+M}^{MR*}-\pi_{R+M}^{N*})$。命题得证。

7. 命题 7.7 证明

证明：对于平台商来说，将其利润做差可得：

$$\begin{aligned}\Delta_3 = \psi_3 - \psi_2 &= (\pi_{P+R}^{RP*} - \pi_{P+R}^{N*}) - (\pi_{P+M}^{MP*} - \pi_{P+M}^{N*}) \\ &= \frac{L_7(\theta,\ \lambda)a^2}{32(\theta+1)(\lambda-2)(2-\lambda\theta^2-\theta^2)}\end{aligned} \tag{F-31}$$

其中：

$$\begin{aligned}L_7(\theta,\ \lambda) = &-8(\theta+1)\theta^2\lambda^3 + (7\theta^3+25\theta^2+16\theta+4)\lambda^2 \\ &+(3\theta^3-11\theta^2-24\theta-12)\lambda + 2(3\theta^3+5\theta^2-4)\end{aligned} \tag{F-32}$$

则函数 $L_7(\theta,\ \lambda)$ 有三个实数根 λ_7、λ'_7 和 λ''_7。θ_2 为函数 $l_3(\theta)=3\theta^3+5\theta^2-4$ 的根。求解可知，当 $\theta\in(0,\ \theta_3)$ 时，有 $\lambda_7<0<1<\lambda'_7<\lambda''_7$，函数 $L_7(\theta,\ \lambda)<0$ 恒成立；当 $\theta\in(\theta_3,\ 1)$ 时，$0<\lambda_7<1<\lambda'_7<\lambda''_7$，此时若 $\lambda\in(0,\ \lambda_7)$，则 $L_7(\theta,\ \lambda)>0, \psi_3>\psi_2$，即 $(\pi_{P+R}^{RP*}-\pi_{P+R}^{N*})>(\pi_{P+M}^{MP*}-\pi_{P+M}^{N*})$；当 $\lambda\in(\lambda_7,\ 1)$ 时，$L_7(\theta,\ \lambda)<0, \psi_3<\psi_2$，即 $(\pi_{P+R}^{RP*}-\pi_{P+R}^{N*})<(\pi_{P+M}^{MP*}-\pi_{P+M}^{N*})$。命题得证。

8. 命题 7.8 证明

证明：由命题 7.5~命题 7.7 可知此命题成立。

9. 命题 7.9 证明

证明：对于整个供应链来说：将四个模型下的供应链两两做差可得：

（1）将 model MP 和 model N 下的供应链利润做差可得：

$$\pi_{SC}^{MP*} - \pi_{SC}^{N*} = \frac{(1-\theta)L_8(\theta,\ \lambda)a^2}{64(\theta+1)(\lambda-2)^2(2-\lambda\theta^2-\theta^2)^2} \tag{F-33}$$

其中：

$$\begin{aligned}L_8(\theta,\ \lambda) = &\ \theta^2(3\theta+2)(2-5\theta)\lambda^4 + 2\theta(\theta^3+4\theta^2+16\theta+8)\lambda^3 \\ &+(17\theta^4+12\theta^3-16\theta^2-64\theta-32)\lambda^2 + 4\theta(\theta^3-4\theta^2+16)\lambda \\ &+4(\theta+2)(\theta^3-6\theta^2-4\theta+8)\end{aligned} \tag{F-34}$$

令函数 $L_8(\theta,\ \lambda)$ 的四个根分别为：λ_8、λ'_8、λ''_8 和 λ'''_8；$l_4(\theta)=\theta^3-6\theta^2-4\theta+8$ 的根为 θ_4。求解可知：当 $\theta\in(0,\ 0.4)$ 时，$\lambda_8<\lambda'_8<0<1<\lambda''_8<\lambda'''_8$，此时在可行域内，$L_8(\theta,\ \lambda)>0$ 恒成立，$\pi_{SC}^{MP*}>\pi_{SC}^{N*}$。当 $\theta\in(0.4,\ \theta_4)$ 时，$\lambda_8<0<\lambda'_8<1<\lambda''_8<\lambda'''_8$，此时在可行域内，$L_8(\theta,\ \lambda)>0$ 恒成立，$\pi_{SC}^{MP*}>\pi_{SC}^{N*}$。当 $\theta\in(\theta_4,\ 1)$ 时，$0<\lambda_8<1<\lambda'_8<\lambda''_8<\lambda'''_8$，此时若 $\lambda\in(0,\ \lambda_8)$，则 $L_8(\theta,\ \lambda)<0$，

$\pi_{SC}^{MP*}<\pi_{SC}^{N*}$；若 $\lambda\in(\lambda_8,\ 1)$，则 $L_8(\theta,\ \lambda)>0$，$\pi_{SC}^{MP*}>\pi_{SC}^{N*}$。

（2）将 model MR 和 model N 下的供应链利润做差可得：

$$\pi_{SC}^{MR*}-\pi_{SC}^{N*}=\frac{(1-\theta)(\theta+2)L_9(\theta,\ \lambda)a^2}{64(\theta+1)(2-\lambda\theta^2-\theta^2)^2} \qquad (\text{F}-35)$$

其中：

$$L_9(\theta,\ \lambda)=(2-3\theta)\theta^2\lambda^2-2(\theta^2+2\theta-4)\theta\lambda+\theta^3-6\theta^2-4\theta+8 \qquad (\text{F}-36)$$

其两根分别为 λ_9 和 λ'_9。其中：

$$\lambda_9=\frac{(-\theta^2-2\theta+4)-2\sqrt{\theta(\theta-1)(\theta-4)(\theta+1)}}{(3\theta-2)\theta} \qquad (\text{F}-37)$$

求解可知：当 $\theta\in(0,\ 2/3)$时，$\lambda'_9<\lambda_9<0$；当 $\theta\in(2/3,\ \theta_4)$时，$\lambda_9<0<1<\lambda'_9$；当 $\theta\in(\theta_4,\ 1)$时，$0<\lambda_9<1<\lambda'_9$。其中，θ_4 为 $l_4(\theta)=\theta^3-6\theta^2-4\theta+8$ 的根。

因此有：当 $\theta\in(0,\ 2/3)$时，$L_9(\theta,\ \lambda)>0$ 恒成立，$\pi_{SC}^{MR*}>\pi_{SC}^{N*}$。当 $\theta\in(2/3,\ \theta_4)$时，$L_9(\theta,\ \lambda)>0$ 恒成立，$\pi_{SC}^{MR*}>\pi_{SC}^{N*}$。当 $\theta\in(\theta_4,\ 1)$时，若 $\lambda\in(0,\ \lambda_9)$，则 $L_9(\theta,\ \lambda)>0$，$\pi_{SC}^{MR*}>\pi_{SC}^{N*}$；若 $\lambda\in(\lambda_9,\ 1)$，则 $L_9(\theta,\ \lambda)<0$，$\pi_{SC}^{MR*}<\pi_{SC}^{N*}$。

（3）将 model RP 和 model N 下的供应链利润做差可得：

$$\pi_{SC}^{RP*}-\pi_{SC}^{N*}=\frac{\theta\begin{bmatrix}-\theta(\theta^3+3\theta^2+8\theta-4)\lambda^2-2(3\theta^4+\theta^3-4\theta^2-8)\lambda\\-5\theta^4+\theta^3+28\theta^2-32\end{bmatrix}a^2}{64(\theta+1)(2-\lambda\theta^2-\theta^2)^2}<0 \qquad (\text{F}-38)$$

（4）将 model MP 和 model MR 下的供应链利润做差可得：

$$\pi_{SC}^{MP*}-\pi_{SC}^{MR*}=\frac{[3(\theta-1)\lambda+4-4\theta]\lambda a^2}{16(\theta+1)(\lambda-2)^2}>0 \qquad (\text{F}-39)$$

（5）将 model RP 和 model MR 下的供应链利润做差可得：

$$\pi_{SC}^{RP*}-\pi_{SC}^{MR*}=-\frac{1}{16}a^2<0 \qquad (\text{F}-40)$$

（6）将 model RP 和 model MP 下的供应链利润做差可得：

$$\pi_{SC}^{RP*}-\pi_{SC}^{MP*}=\frac{[(1-2\theta)\lambda^2+4\theta\lambda-2\theta-2]a^2}{8(\theta+1)(\lambda-2)^2}<0 \qquad (\text{F}-41)$$

综合(1)~(6)，命题得证。

10. 命题 7.10 证明

证明：对于消费者来说，将四个模型下的消费者剩余两两做差。

（1）将 model MP 和 model MR 下的消费者剩余做差可得：

$$\pi_{CS}^{MP*}-\pi_{CS}^{MR*}=\frac{(1-\theta)(4-\lambda)\lambda a^2}{32(\theta+1)(\lambda-2)^2}>0 \tag{F-42}$$

则 $\pi_{CS}^{MP*}>\pi_{CS}^{MR*}$ 恒成立。

（2）将 model MR 和 model N 下的消费者剩余做差可得：

$$\pi_{CS}^{MR*}-\pi_{CS}^{N*}=\frac{(1-\theta)(\theta+2)\begin{bmatrix}-(5\theta+2)\theta^2\lambda^2-2\theta(7\theta^2+6\theta-4)\lambda\\-9\theta^3-10\theta^2+20\theta+24\end{bmatrix}a^2}{128(\theta+1)(2-\lambda\theta^2-\theta^2)^2}>0 \tag{F-43}$$

则 $\pi_{CS}^{MR*}>\pi_{CS}^{N*}$ 恒成立。

（3）将 model N 和 model RP 下的消费者剩余做差可得：

$$\pi_{CS}^{N*}-\pi_{CS}^{RP*}=\frac{\theta\begin{bmatrix}\theta(7\theta^3+5\theta^2+8\theta+4)\lambda^2+2(\theta-2)(5\theta^3+9\theta^2+6\theta+4)\lambda\\+3\theta^4-7\theta^3-20\theta^2+16\theta+32\end{bmatrix}a^2}{128(\theta+1)(2-\lambda\theta^2-\theta^2)^2}>0 \tag{F-44}$$

则 $\pi_{CS}^{N*}>\pi_{CS}^{RP*}$ 恒成立。

综合(1)～(3)，命题得证。

11. 命题 7.11 证明

证明：（1）将制造商合作动机大小做差可得：

$$\begin{aligned}\Delta_4&=(\pi_{M+P}^{C-MP*}-\pi_{M+P}^{C-N*})-(\pi_{M+R}^{C-MR*}-\pi_{M+R}^{C-N*})\\&=\frac{L_{10}(\theta,\lambda)a^2}{16(2-\lambda-\theta^2)(2-2\lambda-\theta^2)(\lambda\theta^2-2\theta^2-4\lambda+4)^2}\end{aligned} \tag{F-45}$$

其中：

$$\begin{aligned}L_{10}(\theta,\lambda)=&\ 8\theta^4\lambda^7+2\theta^2(4\theta^4+4\theta^3-15\theta^2-8)\lambda^6\\&+\theta^2(8\theta^5-19\theta^4-8\theta^3+2\theta^2-40\theta+96)\lambda^5\\&-(\theta^8+4\theta^6+60\theta^5+140\theta^4+48\theta^3-168\theta^2+96\theta-64)\lambda^4\\&-4(5\theta^7-13\theta^6-9\theta^5+43\theta^4-44\theta^3+6\theta^2+64\theta-48)\lambda^3\end{aligned}$$

$$+2(2\theta^8-2\theta^7-14\theta^6+50\theta^5-19\theta^4-144\theta^3+120\theta^2+112\theta-96)\lambda^2$$
$$+(\theta^2-2)(12\theta^5-25\theta^4-28\theta^3+48\theta^2+32\theta-32)\lambda-\theta^3(3\theta-4)(\theta^2-2)^2 \quad (F-46)$$

求解可知，在可行域内，$L_{10}(\theta, \lambda)>0$ 恒成立。因此 $(\pi_{M+P}^{C-MP*}-\pi_{M+P}^{C-N*})>(\pi_{M+R}^{C-MR*}-\pi_{M+R}^{C-N*})$，制造商和平台商合作动机更大。

（2）将平台商合作动机大小做差可得：

$$\Delta_5=(\pi_{P+M}^{C-MP*}-\pi_{P+M}^{C-N*})-(\pi_{P+R}^{C-RP*}-\pi_{P+R}^{C-N*})=\frac{L_{11}(\theta, \lambda)a^2}{8(\theta+1)(2-\lambda-\theta^2)(\lambda\theta^2-2\theta^2-4\lambda+4)^2} \quad (F-47)$$

其中：

$$L_{11}(\theta, \lambda)=(\theta^3-2)(\theta^4-2\theta^3+4\theta+4)\lambda^4-4(\theta^5-4\theta^4+5\theta^3+9\theta^2-4\theta-10)\lambda^3$$
$$+2(1-\theta)(2\theta^6-2\theta^5-4\theta^4+16\theta^3+3\theta^2-24\theta-20)\lambda^2-\theta^5\lambda^5$$
$$+(2-\theta^2)(4\theta^4-13\theta^3+7\theta^2-4)\lambda+(3\theta^3-5\theta^2+4)(\theta^2-2)^2 \quad (F-48)$$

求解可知，在可行域内，$L_{11}(\theta, \lambda)>0$ 恒成立。因此 $(\pi_{P+M}^{C-MP*}-\pi_{P+M}^{C-N*})>(\pi_{P+R}^{C-RP*}-\pi_{P+R}^{C-N*})$，平台商和制造商合作动机更大。

（3）将零售商合作动机大小做差可得：

$$\Delta_6=(\pi_{R+P}^{C-RP*}-\pi_{R+P}^{C-N*})-(\pi_{R+M}^{C-MR*}-\pi_{R+M}^{C-N*})=\frac{L_{12}(\theta, \lambda)a^2}{16(\theta+1)(2-\lambda-\theta^2)(\lambda\theta^2-2\theta^2-4\lambda+4)^2} \quad (F-49)$$

其中：

$$L_{12}(\theta, \lambda)=-8(\theta+1)\theta^4\lambda^6-2\theta^2(4\theta^4-5\theta^3-7\theta^2-8\theta-8)\lambda^5$$
$$-(\theta^7-5\theta^6-6\theta^5-42\theta^4+56\theta^3+64\theta^2-32\theta-32)\lambda^4$$
$$+(20\theta^6-12\theta^5-96\theta^4+104\theta^3+72\theta^2-64\theta-64)\lambda^3 \quad (F-50)$$
$$+4\theta(\theta^6-4\theta^5+4\theta^4+7\theta^3-24\theta^2+12\theta+8)\lambda^2$$
$$-(4\theta^6+22\theta^5-62\theta^4-48\theta^3+144\theta^2-64)\lambda$$
$$-(\theta^2-2)(3\theta^5-9\theta^4-8\theta^3+28\theta^2-16)$$

令函数 $L_{12}(\theta, \lambda)$ 的六个根分别为：λ''_{10}、λ'_{10}、λ_{10}、λ_{11}、λ'_{11} 和 λ''_{11}。则有 $\lambda''_{10}<\lambda'_{10}<0<\lambda_{10}<\lambda_{11}<\bar{\lambda}<\lambda'_{11}<\lambda''_{11}$。

因此有：当 $\lambda\in(0,\ \lambda_{10})$ 和 $\lambda\in(\lambda_{11},\ \bar{\lambda})$ 时，$L_{12}(\theta,\ \lambda)<0$，$(\pi_{R+P}^{C-RP*}-\pi_{R+P}^{C-N*})<(\pi_{R+M}^{C-MR*}-\pi_{R+M}^{C-N*})$；当 $\lambda\in(\lambda_{10},\ \lambda_{11})$ 时，$L_{12}(\theta,\ \lambda)>0$，$(\pi_{R+P}^{C-RP*}-\pi_{R+P}^{C-N*})>(\pi_{R+M}^{C-MR*}-\pi_{R+M}^{C-N*})$。命题得证。

12. 命题 7.12 证明

证明：（1）由命题 7.11 可知，制造商与平台商合作动机更大，平台商与制造商合作动机更大。因此 model MP 为均衡合作策略。

（2）将 model MP 和 model N 下的零售商利润大小做差可得：

$$\xi_4=\pi_R^{L-MP*}-\pi_R^{L-N*}=\frac{(1-\lambda)L_{13}(\theta,\ \lambda)a^2}{8(2-\lambda-\theta^2)^2(\lambda^2\theta^2-2\theta^2-4\lambda+4)^2}\tag{F-51}$$

其中：

$$\begin{aligned}L_{13}(\theta,\ \lambda)=&4\theta^2\lambda^5+(2\theta^6-4\theta^5+10\theta^4+4\theta^3-20\theta^2-8)\lambda^4\\&+(4\theta^6+8\theta^5-39\theta^4+16\theta^3-4\theta^2-8\theta+48)\lambda^3\\&+(\theta-2)(4\theta^6-2\theta^5-4\theta^4-3\theta^3-42\theta^2+30\theta+36)\lambda^2\\&+(\theta^2-2)(\theta^6-4\theta^4-16\theta^3+60\theta^2-32\theta-16)\lambda\\&+\theta(\theta^3-4\theta^2+10\theta-8)(\theta^2-2)^2\end{aligned}\tag{F-52}$$

令函数 $L_{13}(\theta,\ \lambda)$ 的五个根分别为：λ_{12}、λ_{13}、λ'_{12}、λ'_{13} 和 λ''_{13}。则有 $0<\lambda_{12}<\lambda_{13}<\bar{\lambda}<\lambda'_{12}<\lambda'_{13}<\lambda''_{13}$。

因此有：当 $\lambda\in(0,\ \lambda_{12})$ 和 $\lambda\in(\lambda_{13},\ \bar{\lambda})$ 时，$L_{13}(\theta,\ \lambda)<0$，则 $\pi_R^{L-MP*}<\pi_R^{L-N*}$；当 $\lambda\in(\lambda_{12},\ \lambda_{13})$ 时，$L_{13}(\theta,\ \lambda)>0$，则 $\pi_R^{L-MP*}>\pi_R^{L-N*}$。命题得证。

13. 拓展下模型最优解

表 A-1 制造商生产成本为正时的最优解

利润			
π_M^{N-C*}	$\dfrac{[(1-c)(c+3)\theta^3+(1-c)(9-c)\theta^2+4(2-c)\theta+4]\lambda^2+2(1-c)[(c+1)\theta^3+(c-1)\theta^2-6\theta+2c-6]\lambda-(\theta^3+3\theta^2-4\theta-8)(1-c)^2-4(\theta+1)\theta^2\lambda^3}{16(\theta+1)(1-\lambda)(2-\theta^2-\lambda\theta^2)}$	π_M^{RP-C*}	$\dfrac{(1-c)^2}{4(\theta+1)}$
π_R^{N-C*}	$\dfrac{(1-\theta)[(c\lambda+\lambda+c-1)\theta+2c+2\lambda-2]^2}{32(\theta+1)(1-\lambda)(2-\theta^2-\lambda\theta^2)}$	π_{R+P}^{RP-C*}	$\dfrac{(1-c)^2}{8(\theta+1)}$

续表

利润			
$\pi_{P}^{N-C\,*}$	$\dfrac{\left\{\begin{array}{l}16(\theta+1)\theta^4\lambda^5-\left[\begin{array}{l}(c-3)^2\theta^3+(1+c)(3-c)\theta^2\\+4(c+14)\theta+60\end{array}\right]\theta^2\lambda^4\\-\left[\begin{array}{l}4(c^2-c+6)\theta^5+4(2c^2+3c-19)\theta^3-48\theta\\+4(3c^2-17)\theta^2+8(c^2-c+3)\theta^4-48\end{array}\right]\lambda^3\\-[2(3c^2+4c-5)\theta^2+2(7c^2-6c+1)\theta-4(4c^2+c+4)]\theta^3\lambda^2\\+4[3(3c^2-2c+2)\theta^2+4(c^2+c-6)\theta+4c^2+20]\lambda^2\\+4(1-c)\left[\begin{array}{l}(c+2)\theta^5-3(2c+3)\theta^3-(7c+3)\theta^2\\+4(c+3)\theta+2\theta^4+12c+4\end{array}\right]\lambda\\+(1-\theta)(\theta^2-2\theta-4)^2(1-c)^2\end{array}\right\}}{64(\theta+1)(1-\lambda)^2(2-\theta^2-\lambda\theta^2)^2}$	$\pi_{M+P}^{MP-C\,*}$	$\dfrac{(\theta+3-\lambda-\theta\lambda)(1-c)^2}{4(\theta+1)(2-\lambda)}$
$\pi_{M+R}^{MR-C\,*}$	$\dfrac{(3\theta+5-c+\theta c)(c-1)\lambda+2(\theta+1)\lambda^2+(\theta+3)(1-c)^2}{8(\theta+1)(1-\lambda)}$	$\pi_{R}^{MP-C\,*}$	$\dfrac{(\theta-1)(\lambda-1)(1-c)^2}{4(\theta+1)(2-\lambda)^2}$
$\pi_{P}^{MR-C\,*}$	$\dfrac{[(1-\theta)c^2+2(\theta-1)c-9\theta-7]\lambda^2+4(\theta+1)\lambda^3+2(1-c)[(\theta+3)c+3\theta+1]\lambda+(1-\theta)(1-c)^2}{16(\theta+1)(1-\lambda)^2}$		

表 A-2 平台商充当 Stackelberg 领导者时的最优解

利润			
$\pi_{M}^{N-L\,*}$	$\dfrac{(1-\lambda)\left[\begin{array}{l}4(\theta-1)(\theta^7-8\theta^6-49\theta^5-16\theta^4+209\theta^3+171\theta^2-144\theta-128)\lambda^4\\+4\theta^2(\theta^5-2\theta^4-3\theta^3-5\theta^2+2\theta+7)\lambda^5+\theta^6\lambda^6\\-32(\theta+1)(3\theta^5+7\theta^4-38\theta^3-56\theta^2+68\theta+88)(\theta-1)^2\lambda\\+21(\theta+1)(\theta^2-2)(\theta^3+3\theta^2-8\theta-12)(\theta-1)^2\\+4\left(\begin{array}{l}25\theta^8+10\theta^7-473\theta^6-88\theta^5+1786\theta^4\\+192\theta^3-2300\theta^2-112\theta+960\end{array}\right)\lambda^2\\-8(5\theta^8-7\theta^7-122\theta^6+19\theta^5+515\theta^4-10\theta^3-688\theta^2+288)\lambda^3\end{array}\right]}{4[\theta^2\lambda^3+4(3\theta^4-11\theta^2+8)\lambda^2-4(7\theta^4-23\theta^2+16)\lambda+16\theta^4-64\theta^2+48]^2}$	$\pi_{M}^{RP-L\,*}$	$\dfrac{2}{9(\theta+1)}$
$\pi_{R}^{N-L\,*}$	$\dfrac{(1-\lambda)(\theta^2-1)\left[\begin{array}{l}(\theta^5-2\theta^4-3\theta^3-5\theta^2+2\theta+7)\theta^2\lambda^3+2(\theta^3-7\theta^2-2\theta+8)\lambda^2\\-2(3\theta^3-13\theta^2-6\theta+16)\lambda+4(\theta^3-3\theta^2-2\theta+4)\end{array}\right]^2}{4[\theta^2\lambda^3+4(3\theta^4-11\theta^2+8)\lambda^2-4(7\theta^4-23\theta^2+16)\lambda+16\theta^4-64\theta^2+48]^2}$	$\pi_{R+P}^{RP-L\,*}$	$\dfrac{2}{9(\theta+1)}$
$\pi_{P}^{N-L\,*}$	$\dfrac{\theta^2\lambda^4+4(\theta^3-6\theta^2-\theta+6)\lambda^3+4\theta^4+4(\theta^4-\theta^3+9\theta^2-\theta-8)\lambda^2+8\theta^3+8-8(\theta^4+\theta^3-3\theta+1)\lambda-12\theta^2-8\theta}{4[\theta^2\lambda^3+4(3\theta^4-11\theta^2+8)\lambda^2-4(7\theta^4-23\theta^2+16)\lambda+16\theta^4-64\theta^2+48]}$	$\pi_{M+P}^{MP-L\,*}$	$\dfrac{-(\theta+1)\lambda+\theta+3}{4(\theta+1)(2-\lambda)}$

续表

利润			
π_{M+R}^{MR-L*}	$\dfrac{(1-\lambda)\begin{bmatrix}16\theta^2(1-\theta^2)\lambda^5+4(23\theta^4+2\theta^3-41\theta^2+16)\lambda^4\\+4(83\theta^4+26\theta^3-193\theta^2-24\theta+108)\lambda^2\\-16(13\theta^4+6\theta^3-32\theta^2-6\theta+19)\lambda\\+16(3\theta^4+2\theta^3-8\theta^2-2\theta+5)+\theta^4\lambda^6\\-8(31\theta^4+6\theta^3-67\theta^2-2\theta+34)\lambda^3\end{bmatrix}}{4\,[\theta^2\lambda^4+8(1-\theta^2)\lambda^3-4(3+2\theta-5\theta^2)\lambda^2+16\theta(1-\theta^2)\lambda+4\,(1-\theta)^2]^2}$	π_R^{MP-L*}	$\dfrac{(\theta-1)(\lambda-1)}{4(\theta+1)(2-\lambda)^2}$
π_P^{MR-L*}	$\dfrac{\theta^2\lambda^4+8(1-\theta^2)\lambda^3+16\theta(1-\theta^2)\lambda-4(3+2\theta-5\theta^2)\lambda^2+4\,(1-\theta)^2}{4[\theta^2\lambda^4+8(1-\theta^2)\lambda^3-4(3+2\theta-5\theta^2)\lambda^2+16\theta(1-\theta^2)\lambda+4\,(1-\theta)^2]}$		

表 A-3 决策顺序不随合作模型变化时的最优解

利润	
w_r^{MP-D*}	$\dfrac{(3\theta-6-\theta^2)\theta^2\lambda^3-(\theta^4+\theta^3-10\theta^2+4\theta-8)\theta^2\lambda^2+(\theta^4-3\theta^3+2\theta^2+4\theta-16)\lambda+\theta^4+\theta^3-6\theta^2+8}{4(\theta+1)[(\theta^2+3)\theta^2\lambda^2+2(\theta^4-3\theta^2-2)\lambda+\theta^4-5\theta^2+8]}$
p_r^{MP-D*}	$\dfrac{(\theta^2-3\theta+6)\theta^2\lambda^2+2(\theta^4+\theta^3-4\theta^2+4\theta-2)\lambda+\theta^4+\theta^3-6\theta^2-4\theta+12}{2[(\theta^2+3)\theta^2\lambda^2+2(\theta^4-3\theta^2-2)\lambda+\theta^4-5\theta^2+8]}$
p_o^{MP-D*}	$\dfrac{(\theta+3)\theta^2\lambda^2+2(\theta^4-2\theta^2-\theta-2)\lambda+2\theta^4-\theta^3-7\theta^2+2\theta+8}{2[(\theta^2+3)\theta^2\lambda^2+2(\theta^4-3\theta^2-2)\lambda+\theta^4-5\theta^2+8]}$
π_{M+P}^{MP-D*}	$\dfrac{(2\theta^2+3\theta+3)\theta^2\lambda^2+2(2\theta^4-\theta^3-5\theta^2-2\theta-2)\lambda+2\theta^4-\theta^3-9\theta^2+4\theta+12}{4(\theta+1)[(\theta^2+3)\theta^2\lambda^2+2(\theta^4-3\theta^2-2)\lambda+\theta^4-5\theta^2+8]}$
π_R^{MP-D*}	$\dfrac{2(1-\theta)(2-\theta^2\lambda-\theta^2)(1-\lambda)(1-\theta^2\lambda)^2}{(\theta+1)[(\theta^2+3)\theta^2\lambda^2+2(\theta^4-3\theta^2-2)\lambda+\theta^4-5\theta^2+8]^2}$